an introduction to music therapy

音楽療法
実践者のためのガイドブック

津山祐子 [著]
Yuuko Tsuyama

ナカニシヤ出版

音楽療法
実践者のためのガイドブック

目　次

Preludio　1

第 1 章　音楽療法とは？ ……………………………………………… 5

第 2 章　音楽の機能 …………………………………………………… 9
　　［1］感情（情緒）の表現　9
　　［2］美的な楽しみ・喜び　10
　　［3］娯　　楽　11
　　［4］コミュニケーション（伝達）　11
　　［5］象徴的表現　13
　　［6］身体反応　13
　　［7］社会的規範・標準への順応を強化する　14
　　［8］社会制度と宗教的儀式の確認・批准　15
　　［9］文化の継続と安定への貢献　15
　　［10］社会の統合への貢献　16
　　［11］音楽の政治的思想と主義（イズム）の表現・主張　16

第 3 章　音楽療法の歴史 …………………………………………… 19
　Ⅰ　音楽の起源 ……………………………………………………… 19
　Ⅱ　音楽療法の歴史 ………………………………………………… 22

第 4 章　音楽療法を実践するにあたって ……………………… 27
　Ⅰ　音楽療法を実践するにあたって必要な知識と心構え… 27

　　　　Ⅱ　**音楽療法を実践するにあたっての手順** …………… 30
　　　　　　［1］紹　　介　31
　　　　　　［2］アセスメント　　31
　　　　　　［3］計画（プラニング）　　39
　　　　　　［4］実行および修正　　47
　　　　　　［5］記録および検証　　49
　　　　　　［6］評　　価　50
　　　　　　［7］終結または続行　　50

第 5 章　**音楽療法の機能** ……………………………………… 52
　　　　　　［1］修復（回復）　　52
　　　　　　［2］向　　上　55
　　　　　　［3］維　　持　59
　　　　　　［4］方向転換　　60
　　　　　　［5］予　　防　63
　　　　　　［6］QoLの向上　　64

第 6 章　**音楽療法士のための心理学Ⅰ** ……………………… 66
　　　　Ⅰ　**学　　習** …………………………………………………… 67
　　　　　　［1］条件づけ　　68
　　　　　　［2］強　　化　72
　　　　Ⅱ　**記　　憶** …………………………………………………… 75

第 7 章　**音楽療法士のための心理学Ⅱ** ……………………… 79
　　　　Ⅰ　**フロイトについて** ……………………………………… 81
　　　　　　［1］自我，超自我，イド　　82
　　　　　　［2］防衛機制　　84
　　　　Ⅱ　**心理療法について** ……………………………………… 87
　　　　　　［1］生化学的アプローチ　　88

［2］精神分析　90
　　　［3］行動療法　91
　　　［4］ヒューマニスティックセラピー　94
　　　［5］交流分析　96

第 8 章　高齢者と音楽療法　……………………………………………　100
　　　［1］第一次老化・第二次老化　101
　　　［2］生理学的な老化現象の分類　101
　　　［3］高齢化に伴う障害・問題　103
　　　［4］脳器質性障害　103
　　　［5］音楽療法のアプローチ　107
　　　［6］回　想　法　112
　　　［7］プランの紹介　112
　　　［8］高齢者対象のグループホームでの音楽療法　115
　　　［9］パーキンソン病について　117

第 9 章　発　　　達　……………………………………………………　122
　　Ⅰ　エリクソンの発達論　……………………………………………　122
　　Ⅱ　ボウルビーのアタッチメント理論　……………………………　125
　　Ⅲ　ピアジェの発達論　………………………………………………　127
　　　［1］感覚運動期　129
　　　［2］前操作期　130
　　　［3］具体的操作期　132
　　　［4］形式的操作期　133

第 10 章　発達障害と音楽療法Ⅰ　………………………………………　139
　　Ⅰ　知的障害全般 -MR- について　…………………………………　140
　　　［1］MRの診断基準　140
　　　［2］MRの原因　141

　　　　［3］MRの予防　144
　　　　［4］MR児・者へ音楽療法の適用　145
　Ⅱ　**感覚障害** ……………………………………………………… **151**
　　　　［1］聴覚障害　151
　　　　［2］視覚障害　152
　Ⅲ　**身体障害** ……………………………………………………… **152**
　　　　［1］脳性麻痺　153
　　　　［2］脳性麻痺児(者)への音楽療法の適用　154

第11章　発達障害と音楽療法Ⅱ ……………………………… **157**
　　　　［1］学習障害・注意欠陥多動障害　157
　　　　［2］行動障害・情緒障害　161
　　　　［3］自閉症　166

第12章　精神疾患と音楽療法 ………………………………… **182**
　Ⅰ　**精神疾患について** ………………………………………… **182**
　　　　［1］スキゾフレニア・統合失調症　185
　　　　［2］気分障害　188
　　　　［3］その他の神経症レヴェルにおける精神疾患　192
　Ⅱ　**音楽療法の適用** …………………………………………… **195**
　　　　［1］スキゾフレニアの人たちに対する音楽療法　195
　　　　［2］うつ病の人たちに対する音楽療法　200

第13章　ストレスと音楽療法 ………………………………… **208**
　　　　［1］ストレスとは何か？　208
　　　　［2］セリエのストレス学説　209
　　　　［3］ストレッサーに対する防御反応と汎適応症候群　210
　　　　［4］ストレッサーの種類・分類　212
　　　　［5］ストレスによる障害　213

［6］ストレスの解消　215
　　　［7］音楽療法によるストレス・マネージメント（管理）　216
　　　［8］自律訓練法について　218
　　　［9］自律訓練法の一番初歩の練習マニュアル　221

第14章　困った時どうすればいいのでしょう？　Q＆A編 … 227
　　Ⅰ　障害をもつ高齢者 …………………………………………… 227
　　Ⅱ　知的障害者および知的障害を伴う障害者 ………………… 234
　　Ⅲ　精神障害者 …………………………………………………… 243
　　Ⅳ　健　常　者 …………………………………………………… 243

Coda　247
参考文献　249
人名索引　251
事項索引　252

Preludio

　音楽が人間の心を癒す，いい気持ちにさせる，あるいは人と人とのコミュニケーションを容易にするなどということは，実は，太古の昔から私たち人間が知っていたということを，歴史が証明してくれています。音楽の，人間の精神や身体に大きな影響を与え，言い換えれば，作用をもたらす，変化をもたらすという特性が科学的な目でみられるようになり，芸術と科学の融合という新しい分野として，20世紀に入ってからとらえられるようになったのが，現代なおも進化し続けている音楽療法なのです。

　世界中の人類，あらゆる人種・種族が例外なく音楽をもっています。余談ですが，前世紀に入るまで楽器をもたなかった人種はいます。スリランカ（セイロン島）のヴェッダ族です。このことはNHKブックスから出版されている藤井知明先生の『「音楽」以前』（1978）という本に詳しく載っていますから，興味のある方はぜひ読んで下さい。ですが，楽器をもたなくとも，音楽をもたない人種・民族はいないのです。そして人間は，さまざまな形で音楽に反応します。

　それは後章で，徐々に述べていきたいと思いますが，端的に言うと，音楽という外部からの情報（心理学用語では「刺激」と言います）は聴覚，つまり耳を通して脳内に瞬時に広がって認知または識別されると同時に，「中枢神経」（脳と脊髄）に伝わりますが，人間が，その音楽という情報を頭で判断する前に，身体が反応してしまうわけです。みなさんは，音楽を聴いて，思わず手拍子を打ったり，身体を揺らしたりした経験があるでしょう。思わず涙をこぼしてしまった人もいるでしょう。その時，「この音楽は活気があって好ましい，だから私は今から手拍子を打とう」とか，

「この音楽は，何ともの哀しいのだろう，だから私は今から泣こう」とか，「この音楽は自分を興奮させる，だから私は今から自分の心拍数を上げよう」などと考えて行動する人はいるでしょうか？

　つまり，音楽は，簡単に言えば，このような身体的，生理的な人間の反応をごく自然に起こさせるのです。「人間が音楽に反応する」。それは宿命的なものと言っていいかもしれません。

　美しい音楽を聴いていい気持ちになる，一流のオーケストラの演奏会に出かけて行って，感動し，幸せな気持ちになる，とても癒された気分になる。カラオケで，酔いしれる。お風呂の中で鼻歌を歌っていい気分になる。音楽がどういう形態であろうと，このように人間にいい影響を与えている限り，それは音楽療法と呼ぶことができるでしょう。人は，そうやって日常生活の中で自然に音楽療法を行っているのかもしれません。

　しかし，私がこの本の中で語ろうとしているのはもっと専門的なことです。音楽療法であろうと何であろうと，療法・セラピーと名のつく限り，そこには，確立され，体系化され，客観性に基づいた理論・方法（メソード）がなければなりません。体系化され，客観性に基づいた理論・方法（メソード）というのは，それを学んだ人なら誰でも実践し得るものということです。ここで，個人個人の才能についての言及は避けましょう。ただ，専門職と言われる職業は，それなりの能力を備えた人しかなれないことであるとだけ言っておきましょう。

　やはり実力のある人と言われる人たちは，何の分野においても，その分野に対する実に深い知識を身につけ，また，とても深い洞察力があり，発想力・想像力・創造力をもっている人ではないでしょうか？

　そして，音楽療法は，前述したように，芸術と科学の融合ですから，一人の人間が，同時に芸術家で科学者でなければならないという，とても難しい分野と言えるかもしれません。

　音楽療法士は音楽を機能的に提供し，その効果を科学的に立証できる芸術家でなければなりません。音楽療法の世界では，「機能的音楽」という言葉をよく使いますが，それは前述のような意味のことなのです。ですか

ら，まず第一に，音楽療法士は，質のよい音・音楽を提供できる音楽家でなければなりません。音楽理論・和声学などを身につけ，それを現場で応用的に使いこなせなければなりません。瞬時から瞬時に変化する「クライアント」（元来「顧客」という意味ですが，療法士と患者という上下関係を作らないために，心理療法や音楽療法の世界ではクライアントという言葉を使います）に対応できるだけの即興演奏力・移調能力ももたねばなりません。

　また，CD1枚選ぶにもベストなものを選択できるだけの「訓練された耳」をもっていなけれなりません。たとえ話ですが，最近よく話題にあがるストレス管理も音楽療法の大切な分野のひとつです。かつて，私はリラクセーションのために聴きたいからと，クライアントに頼まれて，バッハの《G線上のアリア》を選ぶことになりました。世間には，実にたくさんの《G線上のアリア》がリリースされています。20種類以上あったと思います。その中から，リラクセーションのために必要な一定した呼吸法ができ，「ある程度の緊張（音楽的な盛り上がり）と緩和（沈静化）」が適度にあって退屈しないもの，そしてさらに音楽的に優れているものという条件で探し出すと，その条件にかなうCDは1枚しかありませんでした。リラクセーションをテーマに置かず，好みの問題だけで選択できるのなら，もう少したくさん，選べたかもしれませんが……このようにCD1枚選ぶにも苦労するのがプロの音楽療法士なのです。この1枚を選ぶのに要求される知識または能力は，音楽家としての能力に加えて，心理学，生理学の知識が加わっていることが，みなさんには想像できるでしょうか？

　音楽療法は，とにかく大変な分野です。非常にたくさんの勉強をしなくてはなりません。でも，頑張った結果，あなたの受けもったクライアントが，そのクライアントが少しでもよい方向に変化してくれたら，少しでも幸せになれるお手伝いができたら，こんなに嬉しいことはないでしょう。

　　シアーズ（Sears, W. W.）という高名な音楽療法家は，
　　"Music Provides Experiencing"（1968）

と言っています。

　この"experiencing"があえて名詞ではなく，分詞（進行形）であることに注目して下さい。実に深い意味が"ing"に込められていると思いませんか？

　障害をもったクライアントの変化・進歩は健常者と比べると非常に遅いのは事実です。しかし，そのクライアントの「蟻の一歩」のような変化・進歩に大いなる喜びをそのクライアントと共に感じるみなさんと一緒に，今から，この本を読みながら音楽療法を勉強していきましょう。

第1章 音楽療法とは？

　悲しいことに，世の中には，いまだに音楽療法を単なるリクリエーションとしてとらえている人たちが，各分野の専門家を含めて存在するようです。私のところにもリクリエーションのひとつとして音楽療法を採り入れたいので相談にのってほしいという依頼がよくありましたが，最近，ようやく，音楽療法はリクリエーションではないという認識が少しずつ広まってきているように思います。しかし，「では，具体的に音楽療法とリクリエーションはどう違うのか？」ということを理解している人は，まだまだ少ないようです。どう違うのか一言で言うと，「音楽療法は個々のニーズにかなう"目的"をもったセラピー（療法）である！」ということです。

　いろいろな障害や病気，あるいは問題を抱える人がいると，その人それぞれのニーズが違ってきます。そのニーズは何かを見極めて，それに合ったセラピーを音楽を用いて行うのが音楽療法です。

　ですから，身体機能に問題を抱える人には，理学療法，作業療法的な側面のあるテクニック，あるいは，言語に問題のある人には，言語療法的なテクニックを使用するし，また，精神，心的問題を抱える人には，心理療法的なテクニックを適用します。音楽療法士は，本来，音楽家であることに加えて，これらの知識をもっていなければなりませんし，また，よりよいセラピーを実践するためには，これらの分野の専門家からのアドヴァイスやスーパーヴィジョンを必要とします。常に相談できる医師（特に精神科医や小児科医），臨床心理士，理学療法士，作業療法士，言語聴覚士などの知り合いを作ることはとても大切なことです。

ところで，さまざまな機関や人々が音楽療法を定義しています。いくつか紹介しましょう。

（1） 世界音楽療法連盟の定義　「音楽療法とは，その人がよりよい外的内的個人間関係の統合を達成し，その結果として，よりよい生活の質も達成できるよう，コミュニケーション，人間関係，学習，可動性，表現，そして組織化（身体的，情緒的，精神的，社会的，認知的に）を容易にし，また進めていく過程において，潜在的可能性を発達させ，個人の機能を発達させたり修復させたりするために，音楽療法士，クライアント，クライアント集団によって音楽，そして，または音楽の要素（音，リズム，メロディー，そしてハーモニー）を使うことである」。

（2） アメリカ音楽療法協会の定義　「音楽療法とは，音楽を専門的に活用し，精神保健，身体の健康，ハビリテーション，リハビリテーション，または養護教育において，人々にサーヴィスを提供するものである。……その目的は個々のもつ最大の機能を維持または獲得することである」。

（3） ジュリエット・アルヴァン（Alvin, J.）の定義　「音楽療法とは，身体的，精神的，情緒的に問題を抱える子どもや成人の，治療，リハビリテーション，教育，トレーニングにおいて統制された音楽を用いることである」。

（4） ケネス・ブルーシャ（Bruscia, K.）の最新版の定義　「音楽療法とは，セラピストが音楽を用い，身体的，情緒的，精神的，社会的，運動面，そしてスピリチュアルというすべての面において，クライアントが健康を向上させ，回復させ，または維持させるための人的相互関係のプロセスを言う」。

定義は各国に数え切れないほどにありますが，上記の定義は，とてもよくできたものだと私は思っています。また，アルヴァンもブルーシャも，世界的に高名な音楽療法家ですので，みなさんも名前は覚えて下さい。著作も何冊も出版されています。

（5） 筆者の定義　「人はみな音楽に心理的・身体的・生理的・社会

的に反応を示します。そういう音楽の特性を活かして，それらを科学的な目でとらえながら人々の健康の増進や，病気・障害または問題を抱える人々の心身の機能回復・改善をはかり，最終的に人生の質の向上を目指す『療法的芸術』あるいは，『芸術的療法』と言うべきもの，それが音楽療法です」。

　他にもよくできた定義がありますから読者のみなさんもいろいろ文献を見て下さい。

　ところで，「世の中に音楽をもたない人種は存在しない」と Preludio でも述べましたが，音楽は，ありとあらゆる人に影響を与えます。心地よい音楽は人にとって「快楽刺激」です。逆に心地よくない音楽は人に不快感を与えます。音楽療法を勉強するみなさんはこのことをいつも心に置いて，音楽の質の向上を常に心がけて下さい。

　前述したいろいろな専門分野のテクニックを，快楽刺激である音楽を用いて実践することには，より大きい効果が期待できますし，例えば苦しいリハビリテーションも音楽が存在することにより，苦痛を軽減し，人に意欲をもたらすことができます。また，音楽なしの動作訓練や，発語（言語）訓練で，何回も同じ動作や言葉を繰り返すということによるストレスが，音楽を用いることにより軽減します。同じ指示を言葉だけで何回も言うと，言う方も言われる方も，いらいらしてしまうかもしれませんが，これを歌に乗せて繰り返すと不思議にいらいらしない，つまりストレス（正確に言うと「ストレッサー」：ストレスを与えるもののことを言います）にならないことが多いのです。

　また，セラピストとクライアント，つまりセラピーをする方とセラピーを受ける方の信頼関係，これを「ラポール」と言いますが，ラポールも音楽を使うと容易にとりやすいことが多々あります。音楽が，セラピーの枠内で，セラピストとクライアントの子どもや高齢者を，瞬時にして，仲良しにしてしまう現場を私は無数に経験してきました。これが，音楽療法の特権と言えるべきものではないでしょうか？

ところで，前述の筆者による音楽療法の定義にもあったように，音楽は，人に心理的・身体的・生理的・社会的に反応させます。これらはどういうことを意味するのでしょうか？　具体的に説明してみましょう。

（1）　**心理的反応**　　情緒や感情の反応のことです。感動したり，酔いしれたりすることです。

（2）　**身体的反応**　　音楽という聴覚刺激は脳内に広がると同時に瞬時に中枢神経に伝わるとPredudioでも書きましたが，そのことを言っているわけです。思わず，身体を動かしたり，手拍子を打ったりしてしまうことです。

（3）　**生理的反応**　　音楽を聴いて情動が何らかの刺激を受けると，心拍数，呼吸数，血圧等に変化が現れます。興奮すると上がるし，鎮静化すると下がります。また，心地よい音楽を聴いて快感を覚えると脳内のエンドルフィンという神経伝達物資が放出され，免疫機能も上がると言われています。唾液中のイムノグロブリンA（SigA）という物質や白血球の中のナチュラルキラー細胞など，免疫に関係する物に変化が見られることが数々の実験で分かってきています。

（4）　**社会的反応**　　前述したように，ラポールやコミュニケーションが取りやすくなります。また，音楽を通して人と人との相互作用などの社会的反応も起きてきます。それが治療効果をもたらすことも多々あるのです。

こういう反応は，音楽の要素に起因するものと言っていいと思います。音楽の要素，それは，リズム（拍），メロディー，ハーモニー，そして強弱，音質等ですが，音楽自体の機能というものについて，もっと深く考察する必要があるのではないかと思います。そこで，次章では，音楽の機能について述べようと思います。

第2章

音楽の機能

　音楽を用いて人々の抱える障害や病気，問題などに対処し，その結果として，さまざまな効果をもたらすことを仕事とする音楽療法士にとって，音楽の機能を正確かつ詳細に把握することは非常に大切なことです。中には音楽療法の実践テクニックに直結するものが多々あります。

　しかしながら，通常，「音楽の機能」というものは，音楽心理学の分野で取り扱われることが多く，私は，音楽心理学の本として私の愛読書でもあるホッジズ（Hodges, D. A.）編集の "Handbook of Music Psychology"（1996）よりミリアム（Merriam, A.）という人のあげた「音楽の機能」をこの章で紹介し，私の解釈を入れながら説明したいと思います。

[1] 感情（情緒）の表現

　音楽では，感情（情緒）は，すべての範囲における感情，それは怒り，恐怖から，喜び，幸福感などだけでなく孤独感，物寂しさ，あるいは，反対に満ち足りた気分，夢見るような気持ちなど，形容詞を考えてみれば，いろいろと出てくると思いますが，音楽は言葉で言い尽くせない感情の表現をしてくれるのです。「言葉ではうまく言えないけれど……この音楽は今の私のフィーリングにぴったりだ」という経験をしたことはありませんか？　言葉で人間の感情をすべて表現することが可能なら，音楽は必要ないとさえ言うのは大げさすぎるでしょうか？「非言語による感情表現」，音楽はそれを可能にしてくれます。そして「非言語による感情表現」を通して，人は感情を共有することも可能となります。

[2] 美的な楽しみ・喜び

　これは定義するのが非常に難しい機能です。なぜなら「美的または美学，美しい」ということが文化ごとに違ってくるからです。しかし，美的な楽しみというのは，その「美」がどういうものであれ，人々に喜びをもたらし，人の心を癒すのです。「あなたが自分の望んでいた理想とする音をついに出すことができた」「スタインウェイを作る職人が，自分の望んでいる音が出るピアノを作ることができた」「夕焼けこやけの歌の伴奏をしてくれた音楽療法士のピアノが素晴らしく，思わず聴きほれてしまった」……これらこそが美的な体験であり，普遍的であると同時に，個人的なものなのです。

　こういう時，人の脳では何が起きているのでしょうか？　美的な音楽が聴覚刺激として脳内に入り，フィルタリングされ，処理され，その音楽が，その人にとって美的なものかどうか，その時判断されるわけです。脳で，美的なものへの反応に一番関係の深い部分は，「大脳辺縁系」という情緒を主に司る部分だそうですが，それだけではなく，さまざまな「連合野」が活性化され，快楽を感じた時に放出される「エンドルフィン」という脳内伝達物質がまさに放出され，この心理的反応を促すのです。

　先ほど「美的または美学，美しいということが文化ごとに違っている」と述べましたが，おおむね共通項として，人間が美的なものと感じる音楽には，「形式と表情」「緊張と緩和」「興奮とリラクセーション」などが含まれているようです。そしてそれを聴いたあなたは，「美の極致」を経験するわけです。前述の「形式と表情」「緊張と緩和」や「興奮とリラクセーション」など，こういったものがないと最初は美しいと感じても，やがて人は飽きてしまいます。山の中に行くのではなく，ベッドの上で何十分も小鳥のさえずりばかり聞かされたら人間は退屈します。確かに小鳥のさえずりや，小川のせせらぎなど自然の音に，人は心を揺るがされるけれど，それは美学ではないのです。

[3] 娯　　楽

　娯楽という機能は，よく他の機能や行動と一緒に起きます。例えば，「何となくテレビを見ていて自然にその音楽も楽しんでいる，または，その音楽を知らず知らず一緒に口ずさんで，微笑んでしまう」「何か初めて楽器を手にして音を出してみて，『音が出たよ！』と喜ぶ」「みんなで太鼓を叩き合って，気がついたらみんな一緒に笑っている」などです。これらの行動はおそらく「芸術活動」とは呼べないレヴェルのものでしょうが，でも，楽しい経験でしょう？

　子どもたちもよく自分たちの好きなテレビのテーマソングを友達と仲良く歌っていますよね。音楽にはこういう，単に娯楽・楽しみとしての機能・側面もあるのです。

　ただ，私たちがよく理解しておかねばならないこと，それは，単なる娯楽としての音楽も，深く突き詰めていけば，「芸術」，つまり，「美」になり得ることがあるということです。あなたが単に娯楽でしていたものも，深く追求していけば，そこであなたは美的な経験をすることができるのです。

　余談ですが，一つの例として，関西以西に住んでいる人にしか分からないことをあげるのをお許し下さい。「横山ホットブラザーズ」というお笑い芸人のトリオがいますが，彼らの一人がのこぎりの刃を使って奏でる音楽は，聴衆の笑いを誘いながらも，時に，芸術と呼べるようなレヴェルに達することがないでしょうか？　これが娯楽も突き詰めれば「美」となるということなのです。

[4]　コミュニケーション（伝達）

　音楽はそれ自体，特定の意味を伝達するものではありません。ですから，「音楽は世界共通の言語だ」とよく言う人がいますが，安易にそれを受け入れてはならないと思います。例えば，前述したヴェッダ族の人にモーツァルトの《協奏交響曲》を聴いてもらって示す反応と，モーツァルトをしばしば聴くことのある私たちが示す反応と同じでしょうか？　そういう意

味において，音楽は人間間の共通言語とはなり得ないのです。ですが，ある一定の文化圏内において，音楽はコミュニケーション言語となり得るし，また，ある一定の音楽にあらかじめ約束事として意味をもたせておけば，それは立派なコミュニケーション（伝達）手段となるのです。

　例えば，学校での授業の終了を告げるチャイムとか，軍隊における起床ラッパ，田舎の町村で時々聞こえてくる夕暮れ時の役場から流れるドヴォルザークの《家路》など，それを聴いただけで意味が分かりますね。それはあらかじめ，その音楽を特定の言語として意味をもたせるような約束事にしているからです。ここに，音楽のコミュニケーション（伝達）としての機能があるわけです。

　しかし，本来，音楽の伝えるものは曖昧なものです。そういう意味ではコミュニケーション（伝達）という機能において音楽は言語に劣る面もあるでしょう。

　ところが，この「音楽の伝える曖昧さ」こそ，私たちが忘れてはならない大切なことなのです。同じ音楽を聴いても感じることは人によって千差万別です。また，モーツァルトの長調の音楽を例に出しますが，彼のある音楽を聴いて，嬉しいと感じる人もいれば，悲しみを感じる人もいるのです。ですから，それゆえに，音楽療法士は「音楽の伝える曖昧さ」をフルに活用すべきです。

　カウンセリングを行う際の臨床心理士は，クライアントに問題を言語化してもらおうとします。それに対して，私たち音楽療法士は，クライアントに感じ，鎮静化し，考えて欲しいのです（その後で臨床心理士の出番ということも大いにあり得ることです）。音楽療法士は「音楽の伝える曖昧さ」を音楽の機能の特権と考えてよいでしょう。クライアントは音楽を伝達されて，それを「個人化」するのです。実際に興奮して泣きじゃくるクライアントを臨床心理士がカウンセリングを行う前に，そのクライアントが言語で感情表現・意志表現ができるように，鎮静化するための音楽療法を行うという形態もあるのです。

[5]　象徴的表現

　世の社会学者たちは，音楽を文化のさまざまな側面を象徴化する手段と考えています。音楽は何か他のものに代わってそれを象徴化して伝えるのです。例えば，アメリカ合衆国史において，南北戦争前の黒人霊歌などは，彼らのスピリットや自由への願いを象徴するものでした。また，音楽は国や，学校などの団体，そして文化を象徴化するものです。

　音楽療法において，例えば，重度の知的障害をもつ人にある音楽を提示した場合，その音楽の象徴する意味を分かってもらえないかもしれません。ですが，そのクライアントは自発的に微笑むかもしれません。音楽の象徴的表現という機能はここでは達成されないように見えるかもしれませんが，そのクライアントが自発的に微笑んだとしたら，そのクライアントは，たとえ哲学的にその音楽を理解できていなくても，クライアント自身の中から「微笑み」という何かを象徴するものが出てきたわけです。

[6]　身体反応

　「踊り」は昔から人類にとって普遍的なものでした。そこでは，音楽のリズムの構造が人々の音楽に対する身体反応を引き出しているわけです。前述したように，聴覚に入ってくる情報は，直接，運動神経・筋肉（motor）につながっており，そこに自発的な動きが生まれるのです。若者たちがロックコンサートで激しい音楽にどんな身体反応をしているか，みなさんご存じですね。また，スローな音楽での身体反応がどういうものかもお分かりですね。

　また，反対にエアロビクスやバレー，民族舞踊など，本来音楽と共に存在してきたものから音楽だけを取り除いたら，とてもおかしなものになってしまいますよね。

　音楽療法士は，そういう音楽がもたらす身体反応という機能を活かして，クライアントが身体を動かす練習をしたり，沈静化したり，また社会化するのを手助けするのです。

[7] 社会的規範・標準への順応を強化する

　社会的規範・標準とは何のことでしょう？　これらはもちろん，時代や文化圏によって違うものです。私たちが普通に「社会的規範・標準とは何だろうか？」と考えた時，さまざまなことが浮かんでくると思います。その文化圏に適合した服装をすることなどはその典型的なものです（日本では，普通，男性はスカートをはきませんね？）。

　各世代ごとにも社会的規範や標準的なことがあると思います。ティーンエイジャーたちが，破れたジーンズをはいて，流行のロックを聴くことなども，彼らの社会的標準と言えるかもしれません。

　また，子どもたちは適切な（つまりそれは社会に認められたという意味ですが）行動を身につける必要があります。それを支援・実践するために音楽は最も普通に使われ，そして最も効果的手段です。「セサミストリート」というアメリカの子どもたちのための教育番組をご存じと思いますが，あの番組には，音楽療法といっていいほど大量の音楽が使われています。つまり，音楽を通して，子どもたちは社会の基準，規範，標準といったことを自然に身につけていっているのです。

　また，昔からの音楽，今流行っている音楽を通して，若者たちは，友情や愛などを知り，その規範を知ることも可能です。友情や愛を歌った歌は無数にあり，また，これからも作られ続けていくでしょう。

　ただ，この機能にはネガティヴな面もあります。この機能を活かすためには集団活動（大げさに言えば，国家的活動まで含まれます）がつきもので，人間の特性として，「何かを好きになりなさい」「この音楽を覚えなさい」などと強制されることをとても嫌がる一面があります。これは，当然のことです。しかも，何かの規範を覚えるための音楽に限って幼稚で退屈きわまりないものが多いのも否めません。

　私たち音楽療法士に，子どもたちや，あるいは社会的規範を学習しなければならない集団を手助けする仕事がきた場合，ぜひとも楽しくて，その人たちに好きになってもらえる曲を作曲したいものです。

[8]　社会制度と宗教的儀式の確認・批准

　公式行事，例えばオリンピックや軍隊の出陣，結婚の時の行進曲から始まって，ごく小規模な単位の社会といえる家庭での家族の誕生日の《ハッピーバースデイ》の歌まで含めてこの機能は働いていると言えるでしょう。宗教的儀式も同じです。キリスト教における賛美歌，仏教の声明，他の宗教にもそれぞれ音楽があります。

　上記のような行事に音楽がなかったら，いったいどんなものになっていることでしょう。音楽あってこそ，この機能が働くのです。

[9]　文化の継続と安定への貢献

　中国には，古代より受け継がれた曲が180,000曲以上あり，音楽学者の研究によるとまだまだ膨大な数が出てくると前述のミリアムは言っています。このような膨大な数の音楽が，何千年と受け継がれてきた中国という国の文化の奥の深さは計り知れないものでしょう。中国のような国は特別としても，各国に昔から世代間を超えて歌い続けられた歌や音楽はいっぱいあるはずです。

　子どもたちは，おばあさんから，お母さんからその文化圏を代表する童謡などの古い歌を習い，その子どもが成人したら，お母さんとして，あるいはおばあさんとして，子どもや孫にそれらの歌を教えてあげるでしょう。そうやって文化は，世代を超えて安定して継続していくのです。

　このような世代を通して受け継がれてきた歌は，決してその文化圏の人たちに忘れ去られることがないばかりか，個々のレヴェルで言うと，ある人が，高齢になって認知症を発病しても，幼少時より歌い続けてきた歌は，忘れることが非常に少ないのです。

　私は，ほとんど無反応になってしまった認知症の方のそばで《夕焼けこやけ》を歌っていると，突然，その人が目を開いて「カラスが鳴くから帰りましょ」と歌い出したという経験をしたことがあります。

[10] 社会の統合への貢献

　音楽は，個人がそれぞれ経験するものですが，それよりも第一に，しかも宿命的に，音楽は集団活動です。絵を描いたり詩を書くことは個人的活動ですが，歌うことや，踊ることは集団を巻き込んでしまうとミリアムは言っています。

　ご存じのようにアメリカは多民族で成り立ち，多文化の国です。それぞれの少数民族（マイノリティ）と言われる人たちは英語を使わずに生活していたりするわけです。そんな国の人たちが，共通して，自分たちはアメリカ人なのだという意識，あるいは，誇りをもつためにあるのが「国歌」や「国旗」なのです。国歌を歌う時，文化的背景はどれだけ違おうと，そこに音楽が「社会の統合への貢献」の機能を果たしているわけです。

　ユダヤ人たちは，今でこそイスラエルという国をもちこそすれ，それでも彼らは，何千年にもわたって世界各国に散らばって生きてきました。今でもイスラエルに住まず，世界各国にユダヤ人たちはいます。彼らがそれぞれ各国に散らばりながら「ユダヤ文化」と言われるものを保ち続けることができた大きな要因の一つに音楽があげられます。音楽が世界中に散らばった人たちに，自分たちのアイデンティティを保つことを可能にしたのです。

　以上，ミリアムの言っていることを引用しながら，彼の「音楽の機能10項目」を私の解釈も挟みながら，解説しました。

　これらのことは，音楽療法士にとって直接的・間接的に非常に重要なことです。音楽療法士はこのことをいつも完全に頭に入れて，日々の実践に役立たせるべきと思います。

　実は，私には，どうしても，11番目の機能としてあげたい事柄があります。それをここに紹介します。

[11] 音楽の政治的思想と主義（イズム）の表現・主張

　現代も含めて，人間の全歴史を振り返って見た時，すべての人間の言論

の自由が認められていた時代はありません。そこで，私はこの11番目の機能を付け加えることができると思うのです。なぜなら，前述したように「音楽は曖昧である」からです。

　例をあげましょう。19世紀前半，ナポレオンが共和主義というものを掲げて台頭してきました。それに感激したベートーヴェンは，「ナポレオンに捧ぐ」と表紙に書き込んだシンフォニーを書きました。それはベートーヴェンの共和主義への賛同を示す政治思想の表現だったわけです。ところが，ナポレオンは，アルプスを越えてオーストリアに侵攻しました。ベートーヴェンは激怒し，そして，「ナポレオンに捧ぐ」と書いた表紙を引き破ったそうです。それが，交響曲第3番《エロイカ》なのです。彼が曲ごと破壊しなかったことに感謝しましょう。彼がもし，そうしていたら，あの名曲はこの世に存在しなかったでしょう。

　ショパンはポーランドに生まれました。当時，ポーランドは，ロシア，オーストリア，プロシャ（現在のドイツの中の強力な一国）の三国に分割されて統治されていました。ポーランド国民は，終始，ポーランドという一つの国の統一を願い，政治的地下活動も行われていたようです。そんな中で，ポーランドの統一を常に願って，ショパンはマズルカやポロネーズといった数々の民族の統一という政治的願いを込めた名曲を生み出しました。

　近年に入ると20世紀の話ですが，ソヴィエト連邦が存在し，スターリンが社会主義の名のもとに独裁政治をふるっていたころのことです。多くの罪のない人たちが，讒言（ざんげん）や密告によりシベリアの収容所に送られていったことは，ノーベル文学賞を受賞した小説家ソルジェニーツィンの小説でも明らかです。ショスタコーヴィッチは，15曲のシンフォニーをスターリン独裁政権下で書いています。その中には，スターリンを批判する意味が込められたものや，スターリンを小馬鹿にする表現が数多くあると言われています。しかし，スターリンは，ショスタコーヴィッチをシベリア送りにすることはできませんでした。なぜなら「音楽は曖昧」だからです。また，ショスタコーヴィッチ自身もうまく立ち回りながら，音楽という武

器を行使していた感もあります。

　以上のような例をあげると11番目の機能をお認めいただけるでしょうか？
　私もこれをこの本に入れるかどうか大変悩みましたが，恩師のローバッカー博士（Rohrbacher, M.）の励ましを得て載せることにした次第です。
　ところで，ミリアムはこう言っています。その非常に興味深い箇所を以下にあげてこの章を閉じます。
　「音楽的な行動を人類学的に指摘すると，（中略）『人間に組織化された音』と『音に組織化された人間』に分かれる」。

第3章

音楽療法の歴史

　第2章で，私たちはミリアム先生から音楽療法にとって直接的・間接的に，非常に意義深いことを学びました。読者の方々は，いよいよこれで音楽療法そのものについての事柄を学べるとわくわくしているでしょう。そうです。私たちは今から，音楽療法そのものの勉強に入ります。が，その前に，簡単に音楽療法の歴史について語っておかなければなりません。私は，音楽療法の歴史の専門家ではありませんので，ここでは，これだけは常識として知っていて欲しいということだけを簡単に述べるにとどめましょう。

❖ Ⅰ　音楽の起源

　音楽療法の基盤となるもの，それは何でしょう？　そう，もちろん，音楽です。他の療法ではなく音楽療法のみが音楽を基盤としているのです。ですから，前述したように私たち音楽療法士は，まず優秀な音楽家でなければなりません。音楽家であるなら，音楽の起源を知っておくことは当たり前でしょう。

　音楽の起源，つまりどうやって音楽というものが生まれてきたのか……おそらく太古の昔に……。

　二つの考え方があります。

　一つはいわゆる，「卵が先か，鶏が先か？」というような考え方ですが，「楽器が先か，歌が先か？」という問いです。これに関しては世の大半の音楽学者が「声楽が先である」と，考えているようです。それを証明する

ものではありませんが，現に，前述のスリランカ（セイロン島）のヴェッダ族は，19世紀にクルト・ザックス氏（Sachs, C.; 1881-1959）という文化人類学者に発見され，20世紀半ばに，藤井知明氏によって詳しいことが明らかになったのですが，ヴェッダ族は，彼らの歴史上，石を叩くなどの行為を含めて，一度も楽器をもったことがなかったのです。でも彼らは歌うことを彼らの長い歴史上ずっとしていました。そして，共同作業ということを，ほとんど行わず，「一緒に歌を歌って下さい」と頼むと，各々が自分の歌を隣の人に負けじとばかり，大声で歌った，と藤井氏は書いておられます。

　歌が先であろうと楽器（最初はリズム楽器であったと考えられますよね）が先であろうと，どちらでもいいかもしれません。私たちは音楽という素晴らしいものを生み出してくれた私たちの先祖に感謝するのみです。

　ただ，ここで，私が恩師のローバッカー博士から聞いた話を記したいと思います。認知症の方は，言葉が出てこなくなっても，歌うことはできるとよく言いますが，最重度の人たち，つまり，歌にも呼びかけにも反応を示さなくなったアルツハイマー型認知症の方10人を集め，最初は，その方たちに向かって歌いかけたのでしたが，10人とも反応はまったくありませんでした。次に，ハンドドラムをそれぞれの人の前に持っていき，叩いて見せると，3人（30％）ほど反応を示したそうです。つまり，その人たちは，リズムに反応したわけです。それから，ハンドドラムをこの10人一人一人の膝の上に置き，叩いてみせると7人（70％）が反応したそうです。つまり，人間は，退行して何もできなくなっても，最後に残された反応手段はリズムやその振動であるわけです。

　ある日，私は，偶然にも，何の反応も示さない退行しきった認知症の高齢者に出会うことがありました。このローバッカー博士の話をもとに，私は，その人の前でタンバリンを叩いてみましたが，何の反応もありませんでした。次に，タンバリンで軽くその人の膝をタッピングしました。その人は，実際に膝をちらりと見，自分に何か刺激が加えられたことに気づいた様子でした。そこで私はその人の膝を一定のリズムで，タッピングしな

がら，その人の利き腕である右手をタンバリンのところに持っていき，膝のタッピングはやめ，膝に置いたままのタンバリンをその人の腕で，介助しながら叩き始めると，何とその人は自発的に叩き始めたのです。徐々に感情の高ぶりを示すように，彼は激しく叩き出しました。

　私は，この経験をしてからこう思うのです。「人間，最後に残された反応は，リズムである。それなら『始まり』もリズムであったかもしれないではないか？」……。

　誤解しないで下さい。私の経験は音楽の起源については何も証明するものではありません。ただ，こういうこともあり得るのではないかと思うだけのことです。そして反応することのできなかったその人に，感情が高ぶるほどの喜びを経験していただいてとても嬉しく思いました。「呆ければしようがない」と世の中の人はあきらめたようによく言いますが，音楽療法士である限り，その人が，「何ができるか」「その人に何をしてあげられるか」，そして「その人にとっての喜びとは何か」を常に考えるべきであると私は思います。

　音楽の起源の二番目の考え方ですが，これはもっと学術的なものです。

（1）　ブュッヒャー（Bücher, K.; 1847-1930）の唱えた「労働起源」　これは，人間が共同で同じ作業をする時，日本語なら「よいしょ！」などのかけ声から始まったということだそうです。私がいつもここで思い浮かべるのは，男たちが，一緒になってマンモスを「せーのっ！」とか言いながら一緒に倒そうとしている場面です。

（2）　ダーウィン（Darwin, C.; 1809-1882）の唱えた「恋愛起源」　「オスの虫がメスの気を引くために，いろいろな音を出す」。人類もそうだったのでしょうか？　スペインでは，男性が夜，恋する女性の部屋のバルコニーの下で，ギターを持って恋の歌を奏でていました（今でもそうでしょうか？）。そういうことを，女性である著者の私もされてみたいと思います。世の中には昔から求愛の歌が無数にあります。今，現在も求愛の歌は，

どんどん作られ，流行ったり，忘れられたりしていますよね。

　(3)　**ルソー（Rousseau, J.-J.; 1712-1778）の唱えた「情念起源」**　これは，どういうことかというと，言語には抑揚がつきものであるということに注目し，それを起源と考えたということです。人間は，怒ると大きな声になったり，高い声になったり，また，やさしい気分の時には，やわらかくマイルドな声であったりしますし，文章をしゃべる際にも，必ず，自然に，抑揚がつきます。言葉や口で語る文章には，その人の伝えたい気持ちや意志，つまり情念が込められいるからこそ，抑揚がつくのです。ルソーは，その情念を表現する抑揚こそが音楽の起源であると主張しました。

　以上の三つが，音楽の起源の代表的なものですが，読者のみなさんは，どれに賛成しますか？　実は，また，世の中の大半の音楽学者の意見になりますが，(3)のルソーの「情念起源」が一番有力だそうです。

Ⅱ　音楽療法の歴史

　なぜ，私が音楽の起源について述べたかと言いますと，音楽療法は，音楽療法という名前なしに，すでに音楽の起源と共に存在したと私は思うからです。「労働起源」，すなわち，音楽は人を社会化しているではありませんか？　「恋愛起源」，歌を歌われた女性は感情的・情緒的に反応しないでしょうか？　「情念起源」，人間は，言葉を話す時，強調したい時は大きく，ゆっくりしゃべり，あるいは場合によっては，わざとささやくように言ったり，早口でしゃべったりします。ここに，すでに音楽としての要素，ダイナミックスやテンポが現れていますね。感情や意志表現の仕方によって，人間は話し方が変わります。これらが，音楽につながると思いませんか？　そして，これら，すべてが音楽療法なのです。

　Preludioでも述べたように音楽は，癒しと何らかの関係性をもつと古代から考えられてきました。

　今から，簡単に，歴史上の具体的なことを述べていきましょう。

まず，古代東洋と言えば中国ですが，中国の音階，ペンタトニック（5音音階）は，五臓（五つの内臓）を表していたという説があります。どういうことかと言いますと，ペンタトニックの一つ一つの音が五臓のどれか一つに影響を与えると思われていたのです。これは，当時の「科学」です。また，哲学，社会学的な考え方として，「気」（気功の気です）は，音楽を音に関連づけられる経験的リアリティー（現実感）であり，心の純化につながると考えられていたようです。

　また，孔子は，音楽は，社会に道徳を教えるものと考えていました。

　西洋に転じると，一番古い文献として，古代エジプトの医学書に，音楽は人体に影響を与えると書かれているそうです。

　古代ギリシャ人はしばしば，音楽療法の創始者と呼ばれています。ギリシャの医者・神官は，音楽を体系的に活用することで病気の治療や予防ができると考えていたようです。病気は，身体的問題であると同時に倫理的道徳的問題でもありました。

　古代ギリシャ時代には，私たちが音楽家として知っておかなければならない旋法がたくさん作られました。このギリシャ旋法は，中世にまで引き継がれて使われてきたので教会旋法とも言われていますが，魅力的な音階が多く，私は音楽療法の現場で，よくギリシャ旋法を使って即興演奏をします。

　現在はダイアトニックな音階を使った音楽が主流ですが，ギリシャ旋法を使った曲もたくさんあります。《グリーン・スリーヴス》，サイモンとガーファンクルの《スカボロフェア》，ドゥビッシーの《弦楽四重奏曲》など，みなさんが知っている曲も多いでしょう。みなさんは，宮﨑駿監督のアニメ映画「ルパン三世・カリオストロの城」をご存じですか？　そのクライマックス・シーンは，カリオストロ城が建っている湖の堤防が決壊して水が抜けきると，そこから古代ローマ時代の都市遺跡が出現するというものでしたが，その映画のテーマ曲は，ダイアトニックの中に古代ローマ時代にも使われていたギリシャ旋法を織り交ぜて作曲されています。そのことに気づいた時，私は宮﨑監督の知識の深さに感銘を受けました。興

味のある方はDVDなどで一度聴いてみてはいかがでしょう？

　音楽療法の現場で注意して欲しいことは，ロクリア旋法とリディア旋法は使わない方がよいということです。それぞれ，減音程や増音程を含んでおり，堅さや不安を与えやすいのです。

　フリギア旋法（ミで始まる）は，甘さと活気，ドリア旋法（レで始まる）は，好戦的，イオニア旋法（ドで始まる）は，弱々しく怠惰であると考えられていました。ギリシャ旋法に興味のある方は音楽理論・楽典などの本を読み返してみて下さい。

　上記の有名な古代文明の他にも時を同じくして，いろいろな小文明が存在し，それぞれの土着の文明としてその土地に根付いてきましたが，シャーマニズムや祈祷には音，歌，リズムが不可欠でした。祈祷師たちは，音楽を使って祈祷し，祈祷する方も祈祷される方もトランス状態に入り，それが癒しや回復になったのです。このようなことは，現代にも存在します。もちろん，日本にもあります。

　中世・ルネッサンス期にも音楽と医学は関係性をもっていたようです。ボックスバーガー氏（Boxberger, R., 1962）は，この時代には，音楽が狂気や，うつの治療に使われていたと言っています。

　バロック時代は，情念主義の影響で，喜びだけでなく，憂鬱（ゆううつ）状態，怒り，冷酷さなどが，音楽表現と一致しました。

　どういうことを意味するかというと，バロック時代の音楽は，人間主義といいましょうか，それ以前までは，神様に捧げるものとされてきた音楽が，ルネッサンスの影響を受けて，一気に爆発したように，人間の情念をあふれ出さんばかりに表現し始めたのです。人間の感情表現と音楽が一致したのがバロック音楽なのです。

　ですから，バロック音楽は当時，時代の最先端を行く音楽でした。いつの時代にも新しいものについていけなくて，それを批判する人たちが存在しますが，そういう人たちは，バロック音楽を批判していました。最先端を行く新しいものが，一方では受け入れられ，一方では批判されるということは，いつの時代にもあることですね。

この時代の有名な逸話に，貴婦人たちのアイドルだったファリネッリというカストラートの歌手が，スペイン国王フェリペⅤ世の不眠を，毎晩国王の枕元で美しい歌声で歌うことにより，治したという話があります。

　19世紀になると科学も進み，同時に医学も進歩し，それまで明らかな境界のなかった医療と音楽の間に明確な線引き，つまり，医学は科学であり，音楽は芸術であるという考え方になってきました。近代的な科学精神においては科学と芸術が分離していたわけです。ただし，音楽の癒しの効果が医者たちに否定されていたわけではありません。

　20世紀に入ると，特にアメリカで，近代的音楽療法の研究が始まり，音楽家や精神科医が一緒になって患者たちが音楽療法（当時は音楽を聴くという受動的なものが多かったようですが）というものを体験したり，蓄音機の発明によって音楽が病院の中に運びこまれていったのです。

　また，第1次世界大戦や，第2次世界大戦で負傷した軍人たちを音楽で癒したということが，アメリカにおける音楽療法の発展の大きなきっかけとなっているということは，大変有名な話です。特に第2次世界大戦，ヴェトナム戦争の傷痍軍人を音楽で癒すことから，現代音楽療法の研究は本格的に始まりました。

　そして1950年に，音楽療法士という名の職業がアメリカで生まれました。その1年前，1949年に，カンサス州立大学音楽学部で初めて，音楽療法の大学における正規教育が始まっています。1950年には，全米音楽療法協会（NAMT）が設立されているのですが，このように非常な速さでアメリカの音楽療法は発展していきました。多くの有名な音楽療法家たちがその発展に力を注ぎましたが，中でもガストン（Gaston, E. T.; 1901-1971）は「音楽療法の父」と呼ばれています。

　やがて，別の組織であるアメリカ音楽療法協会（AAMT）が生まれるのですが，NAMTとAAMTが合体して一つの組織「AMTA（アメリカ音楽療法協会）」となります。

　そして，1983年に音楽療法士の認定組織CBMTが，AMTAを含めたすべての団体から独立した形で発足し，国家資格に準じる形，つまり全米ど

の州でも通用する資格の音楽療法士「MT-BC（全米認定音楽療法士）」の資格を，試験により認定を始めたのです。

　アメリカにはIEP，IPPなどと呼ばれる障害をもつ子どもや成人の特別教育プログラムを地方行政が予算も含めて責任をもって行うことが連邦法によって定められています。そのIEPやIPPを組織する人たちは各分野の専門家たちで，医師，臨床心理士，理学療法士，作業療法士，言語療法士，養護教育者等に加えて，音楽療法士（MT-BC）もそのメンバーに加えられているのです。

　こうして，アメリカでは音楽療法が職業として成り立っています。

　日本の状況はどうでしょうか？　私は，明るい希望をもって，あえて日本の現状に触れることを避けたいと思います。

第4章
音楽療法を実践するにあたって

　さあ、いよいよみなさんお待ちかねの「音楽療法をどのように実践するか」を述べる章に入ります。この章は大きく二つに分け、最初に、音楽療法を実践する人にとって必要な知識と心構え（今まで述べてきたことと重複する部分もありますが、重要なことなので、しっかり読んで下さい）、それから次に、音楽療法を実践するにあたっての手順についてお話しします。

✤ Ⅰ　音楽療法を実践するにあたって必要な知識と心構え

　まず、音楽療法士である限り、音楽を用いてその人の役に立ちたいという心をもたねばならないのは当然のことです。と同時に「共感」（empathy）を知らねばなりません。共感とは、これから先の章でも説明しますが、簡単に言うと、その人の立場に立ち、その人に一番必要なもの（ニーズ）は何かを考えることのできる能力のことです。同情（sympathy）、例えば、「ああ、かわいそうに」と思う気持ち、これは普通には誰にでもあることと思います。しかし「共感」は、本当に共感できるよう自分自身を訓練し、また、それに必要な知識と能力をもたないと実践できないものであると私は考えます。「その人の立場に立つ」ということは、言うのは簡単ですが、実際にはとても難しいことなのです。自分に知識や能力がなければ、クライアントに何が一番必要かということが分からないでしょう。
　ところで、音楽療法士には、音楽家としての能力プラス、心理学、発達論、精神病理学、解剖生理学、福祉学などの知識が必要ですが、音楽療法

士の有力な手段，それは何と言っても音楽です。

　音楽家としての能力……それは，演奏，即興演奏，伴奏・移調，歌唱などの能力のことであり，加えて大切なこととして，和声学に基づいた演奏や作曲ができなければなりません。

　また，クライアントは，思いがけない方向に，瞬時に変化することがよくあります。その変化にすぐ臨機応変に対応できる能力をもつことが必要とされます。加えて，レパートリーの広さが要求されます。日本の音楽だけでなく世界の音楽に精通する必要があります。

　私の恩師のローバッカー博士や私は，よくトゥールボックス（道具箱）という呼び方をするのですが，大工さんが必要に応じていろいろな道具を取り出すように，そのトゥールボックスには前述した知識など，ありとあらゆるものが入っていて，必要に応じて，的確な判断を下して，「正しいもの」を取り出してこなければなりません。その「正しいもの」という言葉にはもちろん「質」も含まれます。

　同じ曲のCDでも，演奏者の解釈やレヴェルに大きな違いがあることが多く，例えば，カール・ベーム指揮の《フィガロの結婚序曲》とベルナルト・ハイティンク指揮のとでは，解釈とテンポに大きな違いがあり，それを知っている音楽療法士は，必要に応じてこの二つのCDを使い分けるでしょう。

　また，私の経験からも言えることですが，歌の伴奏の仕方でクライアントの反応（反応性・積極性など）も変わってくるのです。これは，《夕焼けこやけ》とか《赤とんぼ》など，簡単な曲をいかに芸術的・美的に演奏するかということを意味します。私は，こういう曲にこそ対位法の知識が必要であると考えます。音楽療法士は，常にクライアントに「最上の音楽」を提供しなければなりません。

　「最上の音楽」とは，先に述べた質だけではなく，クライアントにとって好きな音楽でなければなりません。そのクライアントが，以前から知っていて好きな音楽というのもたくさんあるでしょうが，何と言っても音楽療法士は，プロです。いろいろな音楽を提供してみて，クライアントに新

しい曲を好きになってもらう（つまり新しい曲を学習してそれを好きになる）こともできます。これは，実はとても重要なことなのです。なぜなら，音楽家ではないクライアントのレパートリーは，プロの音楽家である音楽療法士より少ないことが十分考えられるからです。

　クライアントの好みも学習により変化します。私は脳梗塞後のリハビリテーションの歩行訓練で，「クラシックはどうも苦手でねえ……」と言いながら，ヴェルディのオペラ《アイーダ》の行進曲のメロディーを口ずさみながら，嬉々として自分の歩行を合わせようとしていた人を知っていますし，「私は演歌や民謡しかだめなのよ」とおっしゃっていた軽度の認知症の方が，ラグタイムのリズムで，とても楽しそうにリボン体操をなさっていたのを知っていますし，また，あるグループホームでは，私がアメリカから持って帰って日本語に訳した歌が，そのグループホームのテーマソングのようになってしまったなど，例をあげればキリがありません。クライアントに音楽の幅を広げてもらう，これはとても重要なことなのです。なぜなら，それだけその人の喜びや楽しみが増えるわけですから……そして，それは後章でお話しする予定の「QoLの向上」に大きく関わってくるものなのです。

　ですから，音楽療法を勉強する人にはいろいろなスタイルの音楽を身につけて，それをトゥールボックスに入れてほしいのです。また，そのそれぞれのスタイルの音楽の特有の特性を忘れてはいけません。

　特にダイナミックスとテンポなど，スタイルによって大きな特性があります。スタイルに関係なくとも，最初から最後まで強弱の変化が伴わない音楽は存在しません。テンポの変化も音楽には当然のこととしてありますが，音楽療法の現場では「一定のテンポを保つということ」が，必要とされることがしばしばあります。

　いずれにしても音楽療法の現場ではその人の障害・問題に伴走（伴奏）する，そして，時を経て，その人に，向上または，よい変化が見られ始めると，今度は音楽がその人の障害・問題をリードするということもあります。

ここで，私が言いたいのは，「クライアントに合った音楽をする」ということなのです。これを「同質の原理」と言います。個々の状態に合わせた音楽を，まず提供するのです。そこからが始まりです。

　極度に落ち込んでいる人，うつ病・または抑うつ状態にある人に「がんばろうよ！　気持ちのもちようだよ！」と励ましたら，その人は自殺しかねません。これは絶対してはならないことです。

　「してはならないこと」，これを「禁忌」と言いますが，うつの人への励ましは禁忌です。音楽療法でも，うつの人に励ますような元気な音楽は禁忌です。その人の気分にあった音楽，つまり，まず，もの哀しく緩やかな音楽を提供するところからすべてが始まるのです。

　音楽療法では，「歌を書く」というテクニックも非常に大切です。例えば，歌の歌詞というのは，クライアントが書いたり，セラピストとクライアントが協力して書いたり，または，クライアントが発した言葉をキーワードにセラピストが歌詞を書くなどということが考えられます。それに自ら曲をつけることのできるクライアントは少ないでしょう。セラピストの手助けがここで必ず必要になってきます。しかも，その歌は，一回のセッション中だけで歌われるのではなく，クライアントの変化に沿って，歌詞も変わっていくという心理療法的な側面も歌作りにはある場合があるので，音楽療法士に要求される歌作りの能力がどれだけ重要なものか，分かっていただけるでしょう（もちろん，歌詞の変化に応じてフレーズも多少変えなければならなくなることにも対応できなければなりません）。

　読者のみなさん，どうぞ，しっかり覚えていて下さい。トゥールボックスはどれほど豊かなものでなければならないかということを……。

❧　Ⅱ　音楽療法を実践するにあたっての手順

　音楽療法には豊かなトゥールボックスがあってもそれを使うには，まず手順（順序）が必要です。いくら豊かなトゥールボックスを持っていても，土台も基礎がなければ，建物は造れませんね。では，今からその基礎や土

台にあたるものから説明していきましょう。

[1]　紹　　介

　音楽療法の対象となるクライアントは，いろいろな方面から，いろいろな方法で紹介されてきます。病院に入院している人たち，福祉施設利用者（入居者を含む）などは，施設側の意向によって紹介されてくる場合が主です。その他，日本ではまだまだ珍しいことですが，医師や臨床心理士，理学療法士，作業療法士などが音楽療法を勧める場合もあります。保護者の希望，本人自身の希望である場合もあります。アメリカでは普通教育の特殊クラスで，音楽療法が時間割に組み込まれています。これは，前述した IEP という法律で定められているのです。日本の養護学校でもこのようになってほしいものです。

　ところで，音楽療法を受けるべく人（人々）が紹介されてはきたものの，音楽療法士はすべての人を受け入れるのでしょうか？　ここで問題になるのは，自分の好き嫌いの問題では決してなく，その人が音楽療法で，何かよい変化を遂げることができるだろうか否かということなのです。そこで，アセスメントということが行われます。

[2]　アセスメント

　「アセスメント」という言葉は，日本語で言うと，「査定」とか「評価」を意味します。心理療法など，さまざまな分野で使われる言葉ですが，具体的に言うと，その対象となる人が，どういう状態にあるかという情報をできるだけ収集し，また，それをもとにアセスメントのためのセッション（実際のセラピー）を行い，そのクライアントに何をどのような形で提供すべきかということを判断します。

　情報収集アセスメントは，アセスメントセッションをする前に，必ず行わなければなりません。情報収集アセスメントにおいては，クライアントの種類や状況によって必要なものと，そうでないもの，また，周りの状況によって実施したくてもできない場合もありますが，以下の4項目に分類

されます。

（1） 教育的アセスメント　　そのクライアントが学校などに在籍し，何らかの教育を受ける立場にある場合，そのクライアントに関わっている先生（担任，スクールカウンセラーなど）から，そのクライアントについての情報を集めること。

例えば，
・そのクライアントはどんな勉強を行っていて，その達成度はどれくらいか？
・同じ年代の健常な子と比べて何ができて何ができてないか？
・学校，クラスでの態度はどのようなものであるか？
などに加えて，もう一つ重要なことは，
・知能テストの結果，つまりIQです。ちなみに知的障害者とされる人たちのIQは，たいていどこの国でも75以下とされています。

（2） 社会・文化的（環境）アセスメント　　家庭環境，近隣の環境，文化的背景など，過去にさかのぼって知ることが大切です。保護者から話を聞くのがベストと思います。特に（2）は，情緒障害，行動障害およびその周辺の障害の青少年たち，摂食障害の女性たち，精神障害の人たち，その他，精神疾患の人たちには，非常に重要な意味をもち，この情報があれば大助かりです。

プライヴァシーの保護という観点から，収集できない情報も多々あると思います。もちろん他の項目もそうですが……特に（2）においては，保護者などから本当の話を聞き出すのが大変難しいことが多いのです。ですが，子どもの場合は，特にこれが重要です。例えば，家庭環境や近隣の環境に，その子どもの障害・問題の原因となるものや，成長を妨げるものが存在する場合が多いのです。保護者自身が，医療または，何らかのセラピーを受ける必要があるのに，それに気づいていなくて，子どもに問題が生じているというケースも多々あります。こういう場合，極端な話ですが，親が治療なり療法なりを受けて，親が治れば，子どもは何の治療を受けな

くても治ってしまう場合があるのです。

　音楽療法士には，クライアントの家庭環境に介入する権利もそれを改善する力もありませんが，それを頭に置いてセッションをするのと知らずにするのとには，大きく，かつ繊細な違いがでてくるでしょう。

　(3)　**心理学的アセスメント**　　いわゆる心理テストのことです。臨床心理士が専門的に行うもので，ロールシャッハテスト（インクのシミのような絵を見て何に見えるかということを答えるというテスト），バウムテスト（木の絵を描く）などの投影法や，質問紙法（インヴェントリー）と呼ばれるもので MMPI，STAI と呼ばれるものなどから，知能検査（WAIS-R）など，心理テストは覚えきれないほどたくさんあります。

　心的問題を抱えるクライアントや，精神障害のクライアントは，音楽療法を受ける前にたいてい，こういう心理テストを臨床心理士によって受けている可能性が大きいので，その結果は，非常に重要な情報となると思います。私も心理テストのいくつかはとることができますが，音楽療法士は，心理テストをとることができなくとも，そのテストがどういう時や場合に使われ，何を意味するのかなど，そういう種類や内容は知っておいた方が賢明でしょう。

　(4)　**医学的アセスメント**　　医師によるアセスメントを意味します。つまり，そのクライアントが医師の診察を受けているなら，あるいは，診察を受けるべき問題をもっていたなら，その病気または障害が，どういう診断名で，その障害や病気の進行度，重さはどれくらいか，あるいは，その病気・障害の予後はどういう状態にあるかなどのことを医師から聞いておく必要があります。さらに，そのクライアントが医師の処方を受けて薬を服用しているなら，その種類と量，そしてその副作用を知っておかねばなりません。

　「あるクライアントがいつもは元気なのに，その日，元気がなかった，なぜだろう？　私のやり方に何か問題があるのだろうか？」……実は，それは薬の副作用のせいであったかもしれないのです。ですから，音楽療法士は，精神科や心療内科で処方される典型的な薬の名前や，その薬が人の

どの部分にどのように働きかけるのか，どんな副作用があるのかくらいの勉強はしておくべきでしょう。

　以上，4種類の情報収集アセスメントを説明しましたが，そのクライアントにとってすべてが必要とは限りません。例えば，認知症の高齢者の方には，教育的アセスメントはおそらく必要ない場合が多いでしょう。また，ここで，いかなる情報収集アセスメントが行われようと，また，これから，情報収集アセスメントで得たことをもとに実際にアセスメントセッションを行い，いよいよ音楽療法に入っていくのですが，みなさんに，厳格に守っていただかなければならないことがあります。それは「コンフィデンシャリティ」というものです。

※コンフィデンシャリティ・音楽療法士が守らなければならないこと

　アセスメントセッションの話をする前にこの「厳格に守らなければならないこと」について触れようと思います。それは「コンフィデンシャリティ（守秘義務）」のことです。紹介から始まって，情報収集アセスメントで得たいかなる個人情報も，その後に得られるいかなる個人情報も，非常に細心の注意を払って外部に漏れることを防がなければなりません。「個人情報保護法」という法律がありますが，それができる前から，音楽療法士にはコンフィデンシャリティを守ることが当たり前のこととされてきました。情報収集アセスメントにおいても，また，その後得られた情報は，それが人の生命の危険に関わる場合，犯罪に関係する場合以外は，たとえ，信頼する友人であっても話してはいけません。コンフィデンシャリティを義務づけられている医師とか同僚などや他の専門家にアドヴァイスやスーパーヴィジョンを求める時にも，できるだけ匿名にするべきです。コンフィデンシャリティは非常に大切なことです。みなさんは，これを一生，遠い将来，歳をとって，音楽療法士を辞めた後でも守らなければなりません。

　少し厳しいことを申しましたが，これはクライアントの利益に大きく関わることですので，必ず頭に入れておいて下さい。

それでは，情報収集アセスメントに基づいて行うアセスメントセッションについてお話ししましょう。

（5）**アセスメントセッション**　アセスメントセッションでは，何をどういうふうにすべきなのでしょう？

　①まず，音楽療法セッションを実践するなかで，実際にセラピスト自身の目で情報収集アセスメントで得られた情報を実感すること。あまりよくあることではないのですが，情報収集アセスメントで得た情報と違った印象がする場合があります。

　その場合は，もう一度，情報源となった人と話し合うことが可能なら，もう一度その人に確認するべきでしょうし，情報源が書類ならもう一度見直す必要があるでしょう。果たして自分の抱いた「違った印象」というものが，何を原因とすることなのかを突き止める必要があります。

　ただし，それによって，誰かが傷つくとか，誰かのプライドが損なわれることがあってはなりません。もし，前もって得た情報と違った印象をもった場合，非常に注意深く振る舞わなければなりません。

　私の経験から話をしますと，「一切物を持つことができない」とされていた四肢麻痺の脳性麻痺の子どもが，アセスメントセッションにおいて，「ドラムスティックを手に持つことができた」ということがありました。それは，それより前に得た情報が間違っていたのか，たとえアセスメントセッションだったとはいえ，音楽療法がその子の潜在的可能性を可能にしたからなのか，私は，人間関係を温厚に保つためにしない方がよいと判断し，それをあえて追及することはしませんでした。ただ，どうしてもっと早くにその子に出会うことができなかったのかということが，今でも残念でたまりません。

　②アセスメントセッションで特に重要なのは，クライアントが「何ができないか」ではなくて，「何ができるか」を見極めることです。

　ある認知症の人が，言葉をほとんど失ってしまいました。ですが，その人は，歌うことはできました。私たち音楽療法士はその人の「歌うことはできる」というまだ「健常な部分」に働きかけるのです。

私がここで強調したいのは,「このクライアントは,これもできない,あれもできない」と思うのではなく,「ああ,これができる,あれもできる」と前向きな姿勢で取り組むことの重要性です。そして,できることを強調してクライアントに自尊心（自信）をもってもらうことができれば幸いです。

　あるクライアントが何かできた,あるいはできるようになったとするとそれは自己実現につながります。そして「自己実現」は,「自尊心（自信）」につながります。そして,そのクライアントは次の課題に取り組み,自己実現の達成,自尊心（自信）をもつ,ということの繰り返しで,成長,または回復していくのです。

　障害をもつ人を支援する人たちは,みなこう言います。「障害は個性である」。

　とは言っても,実際にはできないことがあって,それができるようになりたい,あるいは,困難な状況を改善したい,という願いのもとで音楽療法セッションは行われるわけですから,それをありのままに認識すること,そしてそれを認識したうえで,その問題がどのようにすれば改善,または向上,回復されるか考察し,その潜在的可能性を探ることもアセスメントセッションにおける大きな仕事です。

　③そして,その潜在的可能性を念頭に,音楽療法セッションを続けていくことにおいて,ここで「そのクライアントに将来的にどうなってほしいか」という達成目標を定めます。この「将来的にどうなってほしいか」という達成目標を「ゴール」と言います。

　例えば,「脳梗塞で言葉の理解はできるが,失語症になり話せなくなった人の言葉を取り戻す」こともゴールとなり得るでしょう。

　言葉が十分出てこない自閉症の子どもに,アセスメントセッションをしてみて,さらなる発語の可能性をみた場合には,「言語の習得」をゴールとして設定してもいいでしょう。

　音楽が好きな知的障害をもつ子どもには,音楽を使って「学習能力の向上」をゴールにできるでしょう。

認知力や記憶力など知的機能が徐々に退行していくアルツハイマー型認知症の人には，きっと「認知力・記憶力の『維持（maintenance）』または『退行（regression）』をできるだけ緩やかにすること」がゴールとなるでしょう。

例をあげればキリがありませんので，それぞれ，各章で述べることにしましょう。

もちろん，ゴールは複数あって結構です。

④それから，アセスメントセッションでは，音楽療法をする期間，頻度も，各セッションの時間も決めなければなりません。期間，頻度，時間は，クライアントのニーズに基づいて定めることができれば理想ですが，そこに，クライアントや，クライアントの周囲の状況，条件，要望も考慮に入れなければなりません。

例えば，頻度でいうと，アセスメントの結果，1週間に2回行うのが理想的ではあると結論が出たけれども，そのクライアントの利用する施設の都合で1週間に1回しかできない場合もあります。2週間に1回しかできない場合もあります。そうすると，もちろん理想とする1週間に2回ほどの効果は期待できませんが，私の経験上，それなりの効果は期待できます。しかし月にたった1回というのは，あまりにも少なすぎるため，考えられないことです。

また，期間も，一般的に言って，3ヶ月，6ヶ月，長くて1年と定めて，その期間の終了する時に，ゴールが達成できたかどうかを決定して，さらに続行するか，終結するかを考えます。

いずれにしても，日本の今の現状では，残念ながら周囲の環境と折り合いをつけることも必要なようです。しかし，月に一度というように，あまりにひどいようだと，誠意を込めて相手の方と話し合って下さい。

同様にセッションの時間ですが，私は，心理療法にならって，原則的に40分〜50分，長くて1時間と考えます。

しかし，集中力のない小さな子どもや，それに準じる場合，時間はそのクライアントに合った時間を考えるべきです。極端な場合として，ほとん

ど無反応な乳幼児とかそれに準じる子どもに対して，「毎日10分ずつ3回する」などという場合もあります。

　すべて，クライアントのニーズと環境条件を考慮して決めることが大切だと考えます。

　⑤アセスメントセッションにおいて非常に大切なことは，クライアントとの人間関係を築くことです。つまり前述した言葉を使うと「ラポール築き」です。音楽療法士もクライアントも人間であり，つまり，音楽療法セッションは，音楽を媒介とした人間関係なのです。クライアントに信頼されない，あるいは親近感をもたれない，怒らせてしまう，あるいは存在を認められないセラピストは，そこで失格です。もちろん，たった1回や2回のセッションで堅固なラポールを築くことは困難ではありますが，最低限，クライアントが，セラピストのことを「この先生ならいいかな」，同様に，この人なら，このお姉さんなら，このお兄さんなら……などと思ってもらえるよう努力すべきです。

　ただ，ラポールが大切だからと言って，クライアントの病状や，障害の状況を忘れて，親しくしすぎて致命的ミスを犯してはなりません。

　例えば，自閉症の人や子どもに，いきなり微笑みかけながら，近づいていくことは，その人または子どもを非常に興奮させる危険性があります。彼らの多くは目に見えない自分自身のテリトリーをもっていたり，スキンシップを受け入れることができない人たちがいるわけですから，いきなり近づいて親近感を示すのは失格です。そういう人たちには，最初は，存在を認めさせるだけで十分です。いずれにしてもこういう失敗は情報収集アセスメントが正確にできていれば起き得ないことでしょうが……。

　⑥最後にアセスメントセッションは何回行えばよいかという問題ですが，その解答は，「アセスメントができるまで何回でも」です。ただし現実的には，1～2回が妥当です。それ以上アセスメントが必要な場合があるとすれば，それは情報収集アセスメントが十分でないか，セラピストの能力が疑われるでしょう。

　ただし音楽療法が進行していくなかで，新たに何かを発見したり，これ

は方向性がずれてきているのではないかなど，疑問に思うことが出てくることがしばしばあります。そういう時には，迷わず，原点に立ち戻って再アセスメントを行って下さい。

[3] 計画（プランニング）

アセスメントが終わればいよいよその結果に基づいて音楽療法セッションの計画を立てることになります。計画を立てる際にも煩雑な作業をたくさんしなければなりません。以下，順序立ててお話ししましょう。

①まず，アセスメントで定めたゴールに従って，セッションをする期間全体を見渡し，大まかなプランを立てるべきなのですが，前述したようにクライアントは，瞬時から瞬時に，時には思いがけない方向に変化します。予測したとおりに変化しないこともあります。ですから，プランニングには，臨機応変に修正が必要であるということを念頭に置いて，セッションの場でプラン修正ができるようにして下さい。と言っても，経験浅い学生のみなさんや，音楽療法を勉強中の方は，臨機応変に修正するということができず，クライアントのニーズがセッションの場で変わってきているのに，それに気づかず，あるいは，気づいても無理矢理プランどおり実行しようとしたり，あるいはその場でフリーズしてしまうことが多々あります。

経験深い音楽療法士はオプションをいっぱい持っていて，何が起きても大丈夫でしょうが，経験の浅い人は，もしクライアントが思いがけない変化をした場合を想定し，プランニングの時に，変化の可能性の方向性を考えて，常にいくつかのオプションプランを持つようにしましょう。

私は音楽療法の現場で，何をしていいか分からなくて，フリーズする学生を多数見てきました。事前にいろいろなヴァージョンのプランを立てていても，その場で緊張してフリーズするのです。そんな時は，「いいですか，みなさん，フリーズする暇があったら何でもいいから音楽をしなさい」と私は，学生に言い続けてきました。

「音楽の力を信じなさい」。音楽はきっとあなたを助けてくれるでしょう。実際，現実問題として，音楽をとりあえずしている間に次に何をする

べきか考える時間がもてますよね。

　プラン作りは，ゴールに合わせてどんな楽器を使うか，どんな歌を使うか，いつからいつまで使うかなどを大まかに考えればよいと思います。この期間全体を通してのプラン作りに細部までこだわる人がたくさんいますが，私は，大まかでいいと思います。

　その理由は，前述したとおり，クライアントは瞬時から瞬時に変化し，その瞬間をとらえて臨機応変の対応をしなければならないからです。医療で，抗生物質を5日間飲むとか，特定の薬を特定の期間投与するとか，放射線治療を計画した期間中，正確に決められた量だけを正確に決められた部位に照射するという意味での「正確さ」と，音楽療法のプラニングは正反対のものであると思って下さい。

　②それに対して，反対に正確でなければならないのは，ゴールを達成するため，ゴールの趣旨に従って，各セッションごとに（あるいは少数回のセッションごとに）設定する「オブジェクティヴ」というものです。元来オブジェクティヴは「目的」という意味をもつ言葉ですが，ゴールをセッション終結時に達成されるべき大目標としたら，オブジェクティヴは各セッションを実施するための小目標と言っていいでしょう。したがってオブジェクティヴは，ゴールの内容を達成するための，より細かく具体的なものでなければなりません。

　例えば，ゴールが「言語獲得」または，「言語回復」であれば，あるセッションでのオブジェクティヴは，「"ま"という音を言えるようにする」であったり，また別のセッションでは「自分の名前を言えるようにする」であったりするわけです。また，「物を手でつかんで動かすこと」がゴールなら，オブジェクティヴは，ある時は「ドラムスティックを10秒以上握る」ことになるかもしれないし，またある時は「リンゴのシェイカーを持って30秒以上振る」ことになるかもしれません。

　「ゴールは複数あってもよい」と前述しましたが，それに沿ってオブジェクティヴはもっとたくさんあってもよいものであるし，あるべきだと思います。なぜなら，オブジェクティヴはゴール達成のための具体的な案と

言えるものだからです。

　どんなこと（行動）をできるようにするかというオブジェクティヴを達成する時の行動そのものを「標的行動（target behavior）」と言います。例えば，前述した例から取り出して言うと，「ドラムスティックを持つ」という行動，「シェイカーを持つ」という行動，「"ま"と言う」という行動ということになります。オブジェクティヴにできるようになると定めた行動を標的行動と言うのです。

　そして，クライアントが標的行動に沿って反応するとします。つまり，上記の例では，握ったり，振ったり，発語したりするのを10秒間以上とか30秒以上というふうに定義していましたね。これを「反応定義」と言います。もし，反応定義を30秒と決めて10秒しかできなかったら，そのオブジェクティヴは達成できなかったと言えます。

　また，仮に，「クライアントが棒を持って，目の前に置いてある画用紙に描かれた絵を指す」ことがオブジェクティヴだったとしましょう。そうすると，「絵を指すこと」が標的行動です。そのクライアントは，なかなか絵そのものを指すことができません。でも絵が描かれた画用紙を指すことはできます。そして，練習を重ねるごとに指す場所が絵に近づいていっています。こういう時，あらかじめ決められた範囲の絵の周りの特定の広い範囲の部分を指してもOKとし，それができれば徐々にその絵の周りの決められた範囲を狭くしていき，最終的に絵そのものを指すことができるようにするという方法があります。これを「継時近接法」または「シェイピング」と言います。

　③それでは，各回のプランの作成の仕方ですが，1回をだいたい30分から1時間内と考えて，その中で何をどのように行うかという原則を述べたいと思います。

　音楽療法の現場で行うことを私たちはアクティヴィティと呼んでいます。1回の音楽療法が1つのアクティヴィティだけで成り立つということはまずありません。

42　第4章　音楽療法を実践するにあたって

音楽の活動（アクティヴィティ）を分類すると次の4項目になります。
　　　歌うこと（singing）………… S
　　　演奏すること（playing）…… P
　　　動くこと（moving）………… M
　　　聴くこと（listening）………… L

私の恩師ローバッカー博士も常々おっしゃっていることですが，この4項目がなるべく全部，1回のセッションに入っているようにします。つまり「まんべんなく」ということです。また，それからこの4項目が音楽療法を受けて，脳や身体のどの部分に働きかけることができるかということを考えます。その機能とは，

　　　認知（cognition）……………………………… C
　　　運動（motor）…………………………………… M
　　　コミュニケーション（伝達）（communication）… C
　　　社会化（socialization）………………………… S
　　　情緒（emotion）………………………………… E

	C	M	C	S	E
S					○
P			○	○	○
M		○	○	○	○
L		○			○

縦軸の項目はアクティヴィティの種類を示します。横軸の項目は働きかける機能を示します。上の表は一つの例として，ランダムに○を入れてみたものです。音楽療法のアクティヴィティと，脳，身体機能とがすべてこ

のような関係になるとは限りませんが，どのアクティヴィティがどの機能に働きかけるか，このように表にして考えてみてはどうでしょうか？　表の中で上記のように○を入れてみると，均等性がよく分かって便利だと思います。

　Eの部分にはすべて○が入っています。なぜなら音楽は，いかなる場合にも情緒に働きかけるからです。たとえ，運動機能改善のためのアクティヴィティを考えてM（moving）＝動くことが，M（motor）に当てはまるようなアクティヴィティをプランしても，必然的に人間は情緒に影響を受けているわけです。

　この部分，もっとみなさんの理解を深めるために，例をあげて説明しましょう。

　例えば，認知症の高齢者の8人のグループセッションで，参加者の半分で太鼓や鈴を鳴らしながら，残りの半分で木曾節を歌うというアクティヴィティを考えた場合，このアクティヴィティは，SとPの2種類に属し，この場合のSについては，歌詞，つまり言語を使うということで，「言語の"認知"」＝Cになります。Pにあたる太鼓や鈴を演奏することは，リズムを音楽に合わせて正しく叩く「リズムの"認知"」，さらに運動＝Mに当てはまります。また，複数の人数で行うということでそこにC＝communication＝伝達，つまり楽器を担当する人たちと歌を担当する人たちとの間のコミュニケーションが必要となるし，太鼓と鈴がお互いの出番を待つということは，両者の相互作用を必要とするという意味で，それは社会性を必要とすることとなってきます。みなさんもこの方式で考えてみて下さい。慣れてくればこの表は不必要になるでしょう。

　④ここでは，実際的なプランの作成の仕方を説明しましょう。音楽療法を受ける人（あるいは人々）がどういう人たちであるかによって，プランも変わってきます。③の項目で「まんべんなく」という言葉を使いましたが，例えば脳梗塞の後遺症で失語症になった人の言語回復をゴールとした音楽療法セッションに，まんべんなくしなくてはと，MやLやPがたくさん出てくるのはおかしい話で，主なアクティヴィティは，Sでなければ

なりません。

あるいは、行動障害やその周辺領域の障害、暴力的な精神障害をもった人の音楽療法セッションでは、まず、その人たちのストレスや問題を発散させたり、方向転換するために、ドラムを使ったジャムセッションなどが適切です。そういう人たちにLやS、つまり、「一緒に音楽を聴きましょう」とか、「一緒に歌いましょう」というのは無理があります。

今から、おそらく現在、そしてこれからの日本で最も需要の高いと思われる、認知症などの障害をもった高齢者への音楽療法のごく一般的かつ基本的なプランを紹介しますので、これを参考にして、クライアントのニーズに合ったプランを、どの種類のアクティヴィティがどの機能につながるか考えながら、みなさんも個々に作成してみて下さい。今から紹介するプランは私が作成したものですが、これも、どの種類のアクティヴィティがどの機能につながるか考えながら見て下さい。ゴールはすべて機能の「維持（maintenance）」を目指しています。それは知覚‐運動の維持、認知‐運動の維持、身体機能の維持、社会性の維持、コミュニケーション能力の維持、自己表現能力の維持などになります。一口に言って脳と身体機能の維持になるわけです。以上のゴールがどのオブジェクティヴに相当するかも考えて下さい。

ある高齢者施設での音楽療法グループセッションプラン

1. ハローソング
   使用物：ギター、キーボード、キーボードスタンド
   オブジェクティヴ：音楽によりセッションの始まりを告げ、期待感をもってもらう。始まりの認知。
   クライアントの名前を呼びかけることにより、セラピストとクライアント間のラポールを築く。
   流れ：《聖者の行進》のメロディーに合わせて、《こんにちはの歌》を歌い、個人個人のところをまわってアイコンタクトを取りながら挨拶していく。

2. 体　　操
   使用物：CD（サン=サーンスの《白鳥》・演奏；マイスキー）、CDプレイヤー
   オブジェクティヴ：上・下肢や、身体の他の部分を動かすことにより、身体をリ

ラックスさせる。
　セラピストの動きを模倣したり，身体による表現的運動を音楽に合わせて行う。
　流れ：心臓に遠い部位，上・下肢などの動きから徐々に，上半身などを使った運動に入る。はっきりとした大きな動きでクライアントが模倣しやすいよう配慮する。臨機応変に無理のない動きを提示する。

3. トーンチャイムを使った《ふるさと》の合奏

　使用物：トーンチャイムをⅠ，Ⅳ，Ⅴのコード（和音）に振り分け，それぞれ同じコードに同じ色のリボンをつけて色分けしておく。
　《ふるさと》の歌詞を書いた模造紙，ホワイトボード，マグネット
　オブジェクティヴ：指揮者の合図に合わせてトーンチャイムを振る。
　さらに，トーンチャイムを振りながら，《ふるさと》の歌を歌う。歌うことと楽器を演奏する，指揮者の指示に従うなどという複雑な思考を要求されることをして，脳の活性化をはかる。
　流れ：《ふるさと》の歌詞を書いた模造紙をあらかじめホワイトボードに貼っておく。そして各クライアントを3つのグループに分け，各グループが同じコードを振るように同じ色のリボンをつけたトーンチャイムを配る。
　配り終えたら，まず，クライアントに自由にトーンチャイムを振ってもらって音を楽しんでもらう。振り方の分からない人がいれば手助けする。
　その後，指揮者が，トーンチャイムがリボンで色分けされていることを説明し，クライアントに確認してもらう。確認後，色分けされたチームごとに指揮者の合図に合わせてトーンチャイムを振る練習をする。
　コウセラピストのキーボードによる伴奏と共に，《ふるさと》をコード別に振りながら歌ってみる。
　正の強化をしながら，何回か繰り返す。

4. 歌　　唱

　使用物：キーボード，ピアノ等の伴奏楽器，ギターでも可。
　各クライアントに配る《青い山脈》《リンゴの歌》《海》《鯉のぼり》の歌の歌詞カード（A4判の紙にできるだけ大きい字で歌詞を書き，難しい漢字にはルビをふること）
　セラピスト用椅子
　オブジェクティヴ：それぞれの歌詞カードを弁別し，整理する。
　字を読む。
　流れ：《ふるさと》から弾き続いて，流れるようにしてこのアクティヴィティに入る。クライアントに歌詞カードを配り，それぞれ全部そろっているかどうか確かめてもらう。
　セラピストは，クライアントのなかに入っていくような感じで椅子に座り，目線

を同じ位置にする。
　クライアントに何から歌いたいかリクエストを募る。
　リクエストの順に歌っていく。途中で，回想法のような懐かしい話をはさんでも可。

5．パラシュート（セッション用のおもちゃのパラシュート）
　使用物：パラシュート，CD，CDプレイヤー
　オブジェクティヴ：音楽に合わせて，またセラピストの指示に従った動きをする。クライアント間やクライアントと施設職員の親睦をはかり，また，共同作業をすることにより，クライアントに社会性をもってもらう。
　流れ：パラシュートをクライアントや職員らがみんなで持ち，左右に廻したり，上下に上げ下げしたりする。また，パラシュートを上に上げている時には，パラシュートの下から，お互いの名前を呼び合ったり，挨拶をする。

6．《さようならの歌》
　使用物：キーボード（ピアノの音で），ギター
　オブジェクティヴ：歌でセッションの終わりを認知し，次回への期待感をもってもらう。
　流れ：歌でセッションの終わりを告げ，「さよなら」とか「また今度お会いしましょう」と歌いながらクライアント個人個人に挨拶する。

　以上は，ごく一般的な，中・軽度の認知症などの高齢者の集団セッションのほんの一例です。
　この例を示す前に各オブジェクティヴがどのゴールに相当するか考えて下さいと述べましたが，いかがですか？
　1．《ハローソング》のオブジェクティヴは，コミュニケーション能力，社会性の維持につながります。
　2．体操は，上・下肢機能の維持と共に，クライアントの模倣ができるというオブジェクティヴは知覚・認知－運動につながるものです。
　3．トーンチャイムの合奏と歌の組み合わせは，知覚－運動，認知－運動につながるでしょう。
　4．歌唱は，歌詞カードの弁別，整理，文字を読むということはすべて，認知力・記憶力維持につながり，また歌うことは，話すことよりよけいに筋肉を使うので，身体機能維持につながるでしょう。
　5．パラシュートは，上肢機能の維持，社会性の維持につながるでしょう。

6.《さようならの歌》は,《ハローソング》と同じくコミュニケーション能力, 社会性の維持につながります。

どんなアクティヴィティをするかを決めるのは, そのクライアントのニーズを考えて, また, クライアントが意思表示ができる場合は, クライアントの希望も考慮に入れ, アセスメントの結果をもとに決めればよいことなのですが, 最初に,《こんにちはの歌》と最後に《さようならの歌》を入れることは, ほとんどのセッションにおいて欠かせないことです（ほとんどと言ったのは, 例外もあるからです）。

《こんにちはの歌》でクライアントと親しくなる, コミュニケーションを取ることは大切なことですし, また,「挨拶ができる」ということは人間として必要なことです。《こんにちはの歌》でクライアント一人一人とコンタクトを取り, クライアントとセラピストとのラポールを深くすることができます。また,「今から音楽の時間が始まる」という期待感ももってもらえるでしょう。そして, クライアントには, 自分の名前を呼びかけて挨拶してもらうことに喜びを感じてもらえるでしょう。

ただし, 見当識を確かめるため,《こんにちはの歌》では,「こんにちは, お元気ですか？」と歌うだけに留め, すぐ次のアクティヴィティで,《名前の歌》というアクティヴィティを採り入れ, 一人一人に名前や日付を聞いていくという手段を取ることもしばしばあります。

[4] 実行および修正

実際に音楽療法セッションを定期的に行うなかで, アセスメントの結果定まったゴールに沿って毎回のオブジェクティヴも決まり, 毎回のアクティヴィティをそれによって計画していくわけです。何週間か同じアクティヴィティを続ける場合もあります。毎回違ったアクティヴィティになる場合もあります。それらはすべてゴールに基づいたオブジェクティヴがどれだけ各セッションで達成されたかにもよるのですが, このクライアントと共に歩む方向がどのようになるかは, だいたい分かっているはずです。し

かし，毎回の状況を検証し，クライアントがどのように変化したか，あるいはしなかったかによって，また，オブジェクティヴも当初から計画していたのがクライアントにとって簡単すぎる，あるいは難しすぎる場合，臨機応変に潔く修正することが必要となってきます。場合によっては，ゴールの修正までしなければならない時もなきにしもあらずですが，ゴールの修正を行わなければならないというのは，アセスメントが不十分であったと私は思います。

次の段階では，音楽療法セッションの内容を，どの程度の難易度に置くかということが問題となってきます。難易度という言葉をあえて使いましたが，つまりアクティヴィティをどういうレヴェルに置くかということです。その原則は，もしクライアントが音楽療法セッションで要求される行動（標的行動）が，90％以上できれば，それは簡単すぎると思います。クライアントが退屈してしまい，軽度の障害の方なら「こんなばかばかしいことしたくない」と思ってしまうかもしれません。反対に50〜60％以下しかできなければ，それは要求していることが難しすぎるということです。自己意識があるクライアントは，絶望してしまう可能性があります。

ですから，標準的なレヴェルは，全体的に70〜80％達成くらいにねらいを定めればよいと思います。全体的にというのは，100％できるのもあってよいし，50％しかできないとか全然できないもの（これからできるようになるだろうという展望のもとに）があってもよいわけです。では残りの20〜30％はどうすればよいのでしょう？　よほどのことがない限り，「前向きな提言」にして下さい。後の章で出てくる「学習理論」でいうところの「負の強化」とか「罰」はできるだけ使わないようにします。

音楽療法セッションを実践していて，この70〜80％達成を常に成し遂げるには，結構努力が必要です。特にクライアントが子どもの場合に多いことですが，集中力に欠けて，できることもできなくなってしまうことがあります。そういう時には，ちょっと横道にそれて，クライアントの好きな歌を歌ったりして，それを自然な形でもとに戻しましょう。これを「ステップ・イン・ビトゥイーン（step in between）」と言います。

それから70〜80％達成が望ましいと言いましたが，たまには，100％近い達成というのも必要です。これはみなさんも同じことでしょう。テストで100点を取ったときの喜びを思い出して下さい。「よーし，また頑張ろう！」と思い，さらに頑張ったでしょう？

　また，音楽療法において，100％近い達成が必要なのは，演奏会や発表会を行うことをゴールとした場合です。私は，知的障害者の方たちがクリスマスコンサートなどに向けて，例えば，トーンチャイムアンサンブルを一所懸命練習し，本番では，ホールのステージに正装で，つまり演奏会用の服装で立ち，無事演奏会を成功させることを非常に重要なことと考えています。その意味は，前述の自己実現，自尊心（自信）にも大きく関係してくることですが，と同時に，常に社会の片隅に追いやられている障害をおもちの方々が，健常者と同じようにドレスアップして演奏会をする，健常者と同じ社会で生きる（これを「ノーマライゼイション」と言います）ことが非常に重要なことであると考えるからです。

[5]　記録および検証

　毎回の音楽療法セッションは，何をして（刺激）どうなったか（反応）ということを含めて記録されねばなりません。セッション日誌とでも呼んでもいいでしょう。そしてその記録は，必ず次回への参考となるべきものでなければなりません。書き方は自由です。施設によって報告書の書式があるかもしれません。

　いずれにしてもその日誌を毎回検証し，予定どおり，ゴールに向かって進んでいるかどうかを確かめなければなりません。また，音楽療法セッション予定期間の1/3とか半分を過ぎたころ，クライアントが，どれだけゴールに近づいているかを確かめ，その報告書を，保護者や施設長など，その他の関係者など音楽療法にそのクライアントを紹介してきた人に提出するようにしましょう。

　また，音楽療法セッションの予定回数が終了した時，どれだけゴールが達成できたかの記録，報告書も必要です。書式は施設によって決まってい

る場合もありますが，決められた書式がないなら周囲の誰もが理解できる形で書いて下さい。クライアントの名前および生年月日，クライアントの診断名，音楽療法を始めた時の状況を書き，以下に必要な欄を作り，そこに，ゴール，各回のオブジェクティヴ，そしてどういうことを行ったかの説明と共に，達成度・回復度などを書きます。この欄は，詳しく，何がどれだけできたかは，持続時間，頻度など，具体的な数字を必ず入れて下さい。数字は，音楽療法を知らない人たちへの一番の説得材料です。

［6］ 評　　価

　記録され，検証されたことの評価を最後に行います。この評価は［5］の検証と組み合わせても結構です。検証されたことが，ゴールと照らし合わせてどれだけ達成できたかを評価します。

　例えば，「ゴールは，100％以上達成できた」「100％達成はできなかったが，もう少し続ければきっと達成できるだろう」など，いろいろな評価が出てくるでしょう。後者の場合，なぜそう言えるのかを説明する責任があります。このように，上記のようなこと，それから最初に戻って，アセスメントでの結論（ゴールは何か，どんなオブジェクティヴをなぜそのように設定するか），軌道修正するなら，なぜそうするのかなど，私たちにはさまざまなことに対する説明責任があります。そういうことを含めた諸々のことへの説明責任のことを「アカウンタビリティ（accountability）」と言います。クライアントの保護者，教師，施設長とか，クライアントに大きく関わっている人のことを「重要な他者」と言いますが，この重要な他者に音楽療法を行うことの意義や，特に，音楽療法をある一定の期間行ったことの結果の評価を十分理解していただくことは非常に大切なことです。なぜならそれは，次の項目「終結」に大きく関わってくるからです。

［7］　終結または続行

　終結にはいろいろな理由があげられます。まず，一番一般的なのが，ゴールが達成できたことです。ゴールが達成できたかどうかにかかわらず，

アセスメント時に決めた予定期間が終了した場合には，終結を考慮しなければなりません。その際，ゴールが達成できていないけれどもう少しで達成できそうなら，続行することが望ましいでしょう。

また，最初のゴールが達成できていても，さらなるゴールを設定して，音楽療法の続行も考えられます。あるいは，音楽療法を卒業して，音楽のレッスンに移行できるという幸運な場合もあります。また，音楽療法で，他のセラピーを受ける準備ができ，他のセラピー（心理療法など）に移行する場合もあります。

残念なことには，クライアントが途中で亡くなる，引っ越す，施設を退所するなどの理由で予定期間前に終結を余儀なくされることもあります。特に高齢者の施設では，クライアントが亡くなって終結するということを，私もたびたび経験してきました。今でも，その方たちの笑顔が脳裏に浮かんできます。

ある高齢者の施設で，100％達成のゴールとして，「スマップの《世界で一つだけの花》の演奏会を行う」という計画をしたことがあったのですが，その際，ピアノを弾けるクライアントがいらしたので，その方に前奏をお願いして，クライアントのみなさんやセラピストもすごく一所懸命練習していました。ところが，演奏会前日にその方が体調を崩され，急遽，本番は私が代役を引き受けたのですが，その方が，演奏会直後に，演奏会で担当されていたパートを演奏されることなく亡くなってしまうという悲しい経験をしたこともあります。

高齢者施設やホスピスで音楽療法士として働く人には，クライアントの死に直面することが多くあると思いますが，決してその方々のことを忘れないでいて下さい。

その反対にゴールが達成できたときの喜びも，クライアントと同じように（つまり共感をもって）喜びを感じて下さい。音楽療法士の仕事は常に人を支援する仕事です。クライアントと共に歩んで下さい。

第 5 章

音楽療法の機能

　前章で，音楽療法の手順についてお話ししましたが，音楽療法が，実に系統立ったものだということがお分かりいただけたことと思います。本章では，その系統だった手順に従って音楽療法を実践した際，どのような機能に働きかけることができるかという「音楽療法の機能」についてお話しします。

　音楽療法の最先進国のアメリカの文献や論文などを読んでいると，しばしば，restore（回復・修復），improvement（向上），maintenance（維持）などという言葉が出てきます。これらは，音楽療法の目指すもの，すなわち機能と言ってよいでしょう。ところがこの機能を系統立ってまとめた文献が今まで見あたりませんでした。そこで，私の恩師であるローバッカー博士が，これらの言葉を「音楽療法の機能」としてまとめました。

　以下にそれを記します。すなわち，

　①修復（回復），②向上，③維持，④方向転換，⑤予防，⑥ QoLの向上です。

　私はこれらの言葉を説明しながら，それぞれにその機能に対応できる症例をあげ，各々を詳しく説明していきたいと思います。

[1]　修復（回復）

　修復（回復）は，もともとできていた能力が，例えば脳梗塞などの病気とか事故などで，その機能に障害を受け，歩くことができなくなったり話すことができなくなったりしたのを，再びできるようにする，言ってみればリハビリテーションのようなものと思って下さい。

では，例をあげて見ましょう。

　＊タウト（Thaut, M. H.）という高名な音楽療法士が実際にした実験で，パーキンソン病の人が歩行困難になったのを，3週間，拍（リズム）に合わせて歩行を練習するという音楽療法を受けて，健常な人が歩く速さと同じ速さで歩くことができるようになった。拍（リズム）が，人間を組織化した典型例である。

　＊ローバッカー博士は，パーキンソン病で声がほとんど出なくなった元小児科医の人に，高い声域から低い声域へ声を前方に投げかけるように出すことから始まって，腹式呼吸の練習，そして，通常，声楽家が行うような発声練習を行い，再びその人は家族がはっきりと聞き取れる程の声を出せるだけでなく，ライオンズクラブの会合で，自分の好きな歌である《線路は続くよ，どこまでも》を歌うことができた。

　＊脳梗塞で「人の言っていることを理解はできてもしゃべれない」（脳の2つある言語野のうちブローカ野に損傷を受けている）という種類の失語症になった人に行う典型的な音楽療法に，MITとSAというのがある。MITは，メロディック・イントネーション・セラピーと言い，簡単なメロディーにのせて，自分の名前を言うとか簡単な言葉を言う練習をする方法である。SAというのは，スティミュレイション・アプローチと言い，例えば，次に何が来るか分かりきっている言葉「こんにちは」などをメロディーにのせ，セラピストが「こんにち」まで歌い，クライアントに「は」を言ってもらう練習である。どちらも，言語療法と違い，音楽が情緒を司る領野からも言語野を刺激し，また，同じ言葉を繰り返すというストレスが，音楽にのせるだけで軽減される。またメロディーにのせる，つまり歌うことで，発声に必要な筋肉も普通の発声より多く必要で，筋肉の協応も広い範囲でなされるので，発声しやすい。

　＊過食症の若い女性たちが，摂食障害専門の病院に入院しているところで，音楽療法を行った。最初は否定的で単純な言葉しか出てこなかったが，同じ問題を抱える女性同士が，集団で音楽を通して自分の思いのたけを語り合い，歌を作ったりするうちに，徐々に言葉は前向き，肯定的で複雑思考を要するものになっていった。それと同時に過食症も治っていった。これは，音楽を

使った認知行動療法と言えるものである。この症例に関しては他のテクニックも使用されていて、それは、「[4] 方向転換」に当てはまるものなので、再びそこで取り上げよう（Hilliard, 2001）。

＊似たような例で、著者の経験した症例だが、やはり過食症で不登校の女子高校生が、上記と同じように詩を書き、歌を作るという手段で、否定的単純思考から、肯定的複雑思考に進んでいき、大検に合格した。

＊スキゾフレニア（統合失調症）の残遺症状を抱える人が社会復帰を控えて、この病気の残遺特有の意志決定をすることが困難である、自主性がない、無気力である、自分の世話をできないという問題に対して、好きな歌や、楽器を選んでもらう、一つの歌を選んでそれについて話し合ってもらうという音楽療法で、徐々に自主性が出てき始め、自分の世話をすることができるようになった。

＊ローバッカー博士の研究をまたしてもお借りするのだが、事故などで脳損傷（traumatic brain injury）を受けた人たち（脳全体がシェイカーのように振り動かされ、自分の感情と反して突然怒り出したり笑い出したりという症状がある）が集まって、歌作りをした。最初は、なぜ自分だけがこんなに苦しいのかという《怒りの歌》であったが、セラピストを交えてクライアント同士が自分たちの苦しみや、その他抱える問題について話し合いながら、各セッションごとに歌を作っていくというセッションを繰り返しているうちに、徐々にクライアントたちは前向きな考え方をするようになっていき、セッションの終結時には《上を向いて》という肯定的で前向きな歌になっていた。

＊家庭内暴力を振るう息子、あるいは行動障害やその周辺領域の障害の少年たち、そういう少年たちとドラムを使ったジャムセッションをする。最初は、好きなように叩かせ、エネルギーやフラストレーションを発散させる。そして徐々に、セラピストが介入し、セラピストの真似をさせたり、セラピストが叩いている時や、他のクライアントが叩いている時は、自分は叩かずに待ち、我慢することを学ぶ。そういうセッションを行うことにより、彼らは、社会的相互作用を学び、他者を思いやる気持ちを学ぶ。そして徐々に、彼らの生活態度はもとに戻る、つまり修復されることがある。ただ、これは

一応，例としてあげたけれども，非常に難しい問題で，精神科医や臨床心理士による心理療法も並行する必要がある。また，成功例が必ずしも多いとは言えないのが実状である。ただし，成功例の文献も，アメリカには青少年から刑務所に収容された囚人たちの例まで複数あるし，そういう収容施設で働く音楽療法士も数多く存在する。私も，少年院でのドラムセッションを主とした音楽療法を実践してきたが，その場ではうまくいっても，般化（日常生活に応用できること）につながるほどの経験は，残念ながらしていない。

[2] 向　上

　向上は，例えば知的障害者や脳性麻痺などの身体障害をもつ人たちが，少しずつでもいろいろなことができるように，機能の向上を目指すということです。

　ここでは，1月に2回の回数で，私と私の学生たちが一緒に歩んできた，ある最重度の知的障害を伴う脳性麻痺（四肢麻痺）の女性の16歳から18歳までの向上の軌跡をたどってみましょう。その後で，私の経験した他の症例も紹介します。

　　＊Cちゃんの向上の軌跡
　　1）　ゴール＝運動機能（モーター）の向上
　　ベースライン（最初の状態）X年4月
　　四肢麻痺で，物を一切つかんだり握ったりすることができなかった。物をつかもうとすると，腕の収縮筋と伸展筋が同方向に動いてしまうため，手が反り返り，本のページをめくるような動きになっていた。実際，本のページは，めくることができた。

　　オブジェクティヴと「般化」（実生活で応用できるようになること）の目標
　　1．物をつかんだり握ったりすること。般化の目標としては，実生活でスプーンなどの食器を自分で握ることができ，介助者の介助をより楽にすること。
　　2．指を1本ずつ独立して使うことができること。般化の目標としては，コミュニケーションボード（車椅子の前の板の上に置くボードで3センチ四

方くらいのマス目に分かれ，それぞれを押すと，簡単な挨拶や意思表示の言葉をあらかじめ他者により録音された自動音声がしてくれるという装置）を１本指で押して，簡単な意思表示ができるようになるということ。

経　過

第１回目の音楽療法セッション（アセスメントセッション）において，ピアニストであるセラピストが，ピアノを弾く時の肩から先，腕全体を脱力するテクニックを応用し，二の腕を少し上方に持ち上げて支えたところ，手首から手にかけての硬直が取れ，その瞬間をねらってドラムスティックを手のひらに挟み込み，さらにそれを握らせることに成功した。音楽に合わせて二の腕を介助しながら，ドラムを叩く練習をした。回を重ねるごとに，進歩・向上が見られ，両手を使ってドラムを叩くことができるようになった。

２ヶ月後より，つかむ力を強化できる物として，果物の形をしたシェイカーという楽器を使用した。回を重ねるごとにシェイカーをつかんでいることのできる時間が長くなってきたので，あわせて認知機能も併行して向上させるため，種類の違った数個のシェイカーをタンバリンの中に置き，セラピストが指示したとおりのシェイカーを取らせたり，果物の絵を見て，同じシェイカーを選ぶという，より複雑な思考能力を要するアクティヴィティも行った。

Ｃちゃんの脱力のできていない手指は，常に硬直したまま開かれているか，こぶしを握ったままだったので，ドラムの練習と並行して，ピアノを弾くことにより，指を１本ずつ使う練習をした。最初は，１本の指だけ指すように出させると，あとの指は硬直してこぶしを握ったままだった。そこで１本指だけで簡単なメロディーをピアノで弾けるように，手と腕を介助しながら練習した。その際，クライアントの名前を使った《〇〇ちゃんの歌》や《ママの歌》という即興の歌を作り，それを演奏できるよう練習した。

練習を重ねるごとに，１本指でかなり自由に，しかも正確にピアノの鍵盤を押さえられるようになったので，手のひらを開かせて，１本指，または数本の指を介助しながら動かせるような練習を行った。手の硬直がかなり和らぐという進歩が見られるようになり，２と３の指を続けてレガートで弾けるようになった。

２ヶ月後，クライアントの好きな曲《千と千尋》の歌を介助を伴いつつ，人差し指と中指を交互に使いながら演奏することに成功した（これには周りにいた人みんなが感動して泣きました）。

　ほぼ同時期に，より薄い物もつかめるよう，Ｃちゃん用に大きなピックを用意し，それをつかませて，介助しながらギター演奏を行った。そのギターは，「ワンコードチューニング」といって，ギターの６本の弦をすべてかき鳴らすと１つのコードが鳴るように調弦されており，セラピストが介助しながら，数人でギター演奏を楽しむことにより，クライアントの薄い物をつかむ技能が向上した。

　結果：当初のゴールは達成され，般化にも成功した。現在は，これらをさらに強化する練習や，エレクトーンのペダルを使って足の筋力をつけ，歩行につなげる練習を行っており，Ｘ年４月より３ヶ月後の時点で，両腕を支えることにより，63歩歩くことに成功している（この歩行のベースライン《＝当初の能力》は０であった。ただし，上半身を抱えてあげれば，すべるように２〜３歩歩くことはできた）。

２）ゴール＝発語の向上
ベースライン（Ｘ年４月）
　言葉をしゃべることはできず，当初は「ママ」「いや」「おう」「はい」のみを言うことができた。「ママ」と言えるのに「ま」という短音や「まー」という長音は言えなかった。また，一度「ママ」と言うと，次に言うまで筋肉のコーディネーション（協応）に１分ほどかかり，次の発語がすぐに出てこない状態であった。

オブジェクティヴと般化の目標
　１．「ま」という短音と「まー」という長音の発語とそれが続けて言えること。
　２．「ママ」という言葉も連続して言えること。
　３．他の母音の発語
　４．自分の名前の発語，および，親しい人たちの名前の発語

般化については，音楽療法セッション内で言えるようになった言葉が，そのまま実生活で反映できると思われる。

経　過
　発語の練習は，「ママ」という言葉が数回，定期的に出てくる《ママの歌》という歌を即興で作り，「ママ」と歌うべき箇所でセラピストと一緒に「ママ」と言えるように練習した。
　何よりも発語には息を吸うより，吐く力が必要であるため，その練習も必要であった。
　最初に，プラスチックのおもちゃの笛を吹く練習をしたが，うまくいかなかった。そこで，もっと軽いものを考案した結果，「赤い羽根」を思いつき，タンバリンの上にのせた「赤い羽根」を吹く練習をした。この際，ギリシャ旋法で《はーねー，はーねー，とーばーそう》という歌を必ず歌い，条件づけをした。練習を始めて2回目のセッションで，「赤い羽根」を数センチ吹くことに成功し，その数回後，プラスチックの笛も吹くことができるようになった（これには保護者の方も非常に協力的で，家でもＣちゃんに練習をさせてくれたため，進歩が早かったと思われる）。
　それに付随して，「うー」という母音の発語ができるようになった。

　次に「まー」という長音の練習に入った。
　これには，「長い」「短い」という概念が必要であり，セラピストやアシスタントたちがそれぞれモデルを見せたり，またヴァイオリンを使って，弓の長さという視覚刺激とヴァイオリンの長音という聴覚刺激，同時に，クライアントのあごをセラピストの指で引き下げるという，さまざまな行為の組み合わせによって「まー」という発語に成功した。

　そこで次のセッションでは「ま」という短音を続けて言えるための練習に入り，「ま」と言うたびに，セラピストがクライアントのあごを下げたままの状態にして「ママ」と言ってしまうことを防いだりしながら練習するうちに，「ま」「ま」「ま」と3回連続して言えるようになり，また，このクライアントの名前の歌には「ま」を5回連続して歌う箇所があるが，それを言うことにも成功した。

　これに続いて自分の名前を言う練習に入り，また，親しい人の名前の歌を

作り，その人たちの名前を言えるように練習し始め，現在では，不明瞭ではあるが，かなりの人の名を言えるようになったばかりか，自分の好きな「すもう」などの言葉を不明瞭ながらも言えるようになっている。

以上，Cちゃんの例を詳しく述べることによって向上という機能を理解していただけたと思います。他にも向上の例はいっぱいあります。私や私の学生たちの経験した症例を以下に示します。

＊ある知的障害をもつ10歳の男の子は1から10まで数えることができなかった。そこで，《10人の小さなインディアンの子》の歌にのせて，数の練習をしたり，ランダムに《この数は何かな？》という歌で勉強することにより，その男の子は，120円を持って自動販売機でジュースを買えるようになった。

＊ある自閉症の男の子は「手や自分の胸を叩く」という常同行動が激しかったのだが，その子の常同行動のリズムに合わせて，ピアノで即興の音楽を演奏し，徐々にセラピストのペースに乗せていくことで，常同行動が，音楽に合ったリズムに変わり，また，「お休み」（休符）のところではきちんと叩く行為を止めることができるようになった。

[3] 維　　持

人間は誰しも，歳をとったらいろいろな機能が衰えてきます。誰もが運動機能の低下を感じるだろうし，老眼になるだろうし，物覚えも悪くなるのはしかたのないことです。アルツハイマー型認知症などの認知症になったら，残念なことに今の医学では進行を遅らせるとはできても，治すことはできません。音楽療法では，せめてその病気の進行や，機能の退行（衰え）を最小限におさえ，少しでも現状維持をはかろうという目的をもった機能です。

＊認知症が進んでくると言語が出にくくなる。しかし，音楽はその人の脳の健常なところ，つまり情動・情緒を司る大脳辺縁系などを刺激するのであ

60　第5章　音楽療法の機能

る。そして，そこからも脳の他の言語に関係するさまざまな箇所を刺激する。言語の出にくい認知症の人でも音楽がついていれば，歌うことができる場合が非常に多いのはそのせいである。中には前述したが，ほとんど無反応だった人が，いきなり「カラスが鳴くから帰りましょう」と歌って下さったこともあるくらいである。歌うことは言語機能の維持を確実にはかっていると考えていいだろう。

　＊音楽を使ってリボンやスカーフなどを持って軽い運動をするのも，衰えていく上・下肢機能の維持に貢献することができる。

　＊認知症が進行するにつれて，さまざまな機能が失われていくが，多くの人々が，言語を発することが少なくなり，困惑していて，喜怒哀楽を感じていてもそれを表現することができにくくなり，社会性がなくなってくる。そういう人たちと音楽に合わせてパラシュートを一緒に持って上げ下げすることなどで，何か共同作業することにより，楽しい思いで，感情表現の維持，社会性の維持をはかることができる。

[4]　方向転換

　病気や障害によっては痛みを伴うものがあります。他にも，分娩とか歯科治療，手術後の痛み，慢性の痛みなどがありますね。最近ペインクリニック（痛み管理）という言葉が一般化してきましたが，音楽療法はこの分野でも，かなりよい効果を認められています。心地よい音楽によって痛みが和らぐ，つまり音楽によって，痛みに集中していた気持ちが逸れることがあるのです。

　なぜ音楽によって痛みが軽減されるのでしょうか？

　グフェラー（Gfeller, K. E.）という音楽療法家の本（Davis et al., 1999）を読むと，「ゲイト・コントロール理論（Jacox, 1977）」について言及しています。どういことかというと，人間が何らかの刺激を受ける場合，末梢神経から伝わるのですが，最終的に痛みを感知するのは大脳中枢です。そしてそこにはさまざまな刺激（話し声やテレビの音も）が入ってくるのですが，大脳中枢は，刺激を処理し，それに順位をつけて集中させるのです。

しかし，それにもキャパシティがあります。「痛い，痛い」と感じている大脳中枢に，心地よい音楽を注入してあげると，痛みが占める位置がそのキャパシティの中で少なくなり，痛みが和らぐという理論です。

他にも，心地よい音楽は痛みで緊張して硬直していた身体をリラックスさせるという効果もあります。その結果，痛みが和らぐのです。もちろん，音楽だけで痛みがなくなるという意味ではありません。薬は必要です。音楽はその補助的なものと考えて下さい。

例をあげてみましょう。

　　＊アメリカの文献によると，手術時の麻酔量が減り，術後の鎮痛剤の量も減った。

　　＊ローバッカー博士がいつもおっしゃっている例であるが，白血病の男の子が，静脈注射を嫌がって，看護師や，ドクター，母親などがいくらなだめても泣き叫んで，注射ができなかった。そこで，音楽療法士が呼ばれ，その男の子の好きなことがフィッシングだと分かると，即興でフィッシングの歌を作り，トーンチャイムを釣り竿を投げるように振り，一緒に楽しんだ。翌日も同じことをして男の子がフィッシングの歌に夢中になっている瞬間をねらってドクターが，その子の腕に注射をしたが，その子は一瞬叫んだだけで，再びフィッシングの歌の歌に夢中になっていた。ここで，注目すべき点は，トーンチャイムを使って腕を何回も振ることにより，嫌がって緊張していた腕の筋肉の緊張がとれ，ドクターが静脈を見つけやすくなったという副次的効果である。

方向転換の機能は痛みに対してだけではありません。他にも例をあげてみましょう。

　　＊「［1］　修復」のところで例にあげたヒリアード氏の文献の中の過食症の女性たちの治療では，方向転換の機能もかなり使われた。例えば，規則正しく食事が摂れるよう，食事中は，ヘッドフォンで自分の好きな音楽を聴きながら食べて，聴くことに集中するというか，「不適応行動」（不適切な行動

のこと，ここでは「食べる」ということが「適応行動」である）が起きないよう，音楽でマスキングしたりした。そして，彼女たちに音楽療法をする時間は，食後すぐにした。そうすることにより，彼女たちが食べた物を嘔吐するという行為を防いだ。これらは典型的な方向転換である。

＊スキゾフレニア（統合失調症）の人には，幻聴に悩まされる人がたくさんいる。スキゾフレニアの幻聴は，たいてい，否定的で苦しい事柄が多い。そういう人にヘッドフォンで，音楽を聴いてもらい，音楽で幻聴をマスキングする。事実，私の経験から言っても，精神科の病院の病棟に入ると，ヘッドフォンで音楽を聴いている人が非常に多い。彼らは音楽療法士や他の専門家たちより前に，音楽が幻聴をマスキングしてくれることを知っているのではないだろうか？

＊認知症のクライアントで，施設に入居している人で，必ず，夕方になると「家に帰る」と玄関に行こうとする人の腕をとって，その人の好きな踊りの音楽（阿波踊りとか佐渡おけさとか）をかけて「さあ，一緒に踊りましょう，○○さん」と言って踊り出すと，その人は，「家に帰る」ことから方向転換されて，踊りながら施設のリヴィングルームなどへ戻って行くのである。

＊同じように，徘徊する認知症の人に，その人の好きな音楽を聴かせたら，徘徊をしなくなる。足腰が弱くて，徘徊することそのものが危険な人の場合，音楽を聴いてもらうことで方向転換できる場合が多い。

あるスペシャルエピソード

ある高齢者の施設で，暴れたり徘徊したりばかりする人がいました。その人は，ドクターから「頸椎がゆがんでいるので，今度転倒したら命が危ない」と言われていました。施設の職員に私は「音楽療法で何とかなりませんか？」と相談を受け，あらかじめ，その人の好きな音楽を職員の人に聞いて，数枚のCDと，ギターを持って，施設の広いデイルームで何かわけのわからないことを叫んで暴れているその人のところに行きました。そして，即興で，その人の名前を呼びかける歌を歌ったり，その人の好きな童謡を歌ったりすると，ほんの数分間でその人は，静かになりました。そ

してCDをかけたり，また歌ったりという30分を一緒に過ごした後，その人は完全に鎮静化された様子でした。そして，それまで言語を失っているのではないかと思われていたのに，その人は最後に一言ポツリと，「人間，歳とったらあきまへんなあ」とおっしゃったのです。これには遠くで見守っていた職員の方も大変驚かれ，何よりも施設長は，信じられないという様子で「あの人がそんな複雑思考を要する言葉を吐かれるなんて……」と唖然としていました。

音楽って魔法なのですよ，みなさん。

[5] 予　　防

音楽によって人が心地よく感じる時，それは免疫機能の向上をもたらすことが，証明されています。免疫に関係する唾液中のイムノグロブリンA (SigA) という物質が変化するのです。ストレス管理とかリラクセーションなどという言葉をよく耳にしますが，まさに音楽療法は病気にならないための予防医学にも貢献しています。免疫だけではありません。

前章で音楽活動を聴くこと (L)，演奏すること (P)，歌うこと (S)，動くこと (M) に分けたのを覚えているでしょう。この各アクティヴィティが予防につながるのです。

「聴くこと」で，心地よく感じ，ストレスが緩和され，免疫機能も上がります。

「演奏すること」，例えば，ピアノを弾くなど手先の細かい運動（細緻運動）は，認知症予防につながると言われています。これは複数の筋肉を細やかに協応させて使うために脳が意識的・無意識的に働き活性化されているからではないかと思われます。

「歌うこと」，きちんとした姿勢で正しい腹式呼吸で歌を歌うことは，呼吸機能を高め，またしゃべることより，より広範囲の筋肉を大きく使うことで筋力低下も防げます。

「動くこと」，例えばラジオ体操や，音楽に合わせたエアロビクスなどの大きな動きの運動（粗大運動）は，身体全体の機能低下の予防につながり

ます。

[6] QoLの向上

クオリティーオヴライフ，人生の質の向上にも，音楽療法は大きな役割を果たしています。

例えば，終末医療，助からない病気にかかった人，やがて死を迎えようとしている人たちが，せめて心安らかに，人間としての尊厳を保って「死」というものを受け入れられるよう，音楽療法士は少しでもその人の力になれるよう試みています。また，その人を取り囲み，悲嘆にくれる家族とその人との絆を一層強くするなど，でき得る限り支援する試みもしています。

話は変わって，重度の認知症で入浴介助を受ける際，暴れる人がいますが，もしその人が鎮静化するような音楽を聴いて，おとなしく入浴介助を受けることができれば，その人の人間としての尊厳は保たれるのではないでしょうか？

また，知的障害をもつ人が成人して，歳をとると，もはや知的な向上は望めないのが一般的ですが，例えば，入居施設で適応行動がとれるよう支援するとか，楽しい音楽の時間を過ごすとか，その人たちが少しでも幸せに人生を過ごせるよう，音楽療法も，成人の知的障害者対象となると，「[2] 向上」より，QoLの向上を第一の目的にした方がよいと思います。

このQoLは，それだけで上記のような意味がありますが，実は大変重要な意味をもつのです。

QoLはすべての機能につながります。今まであげた音楽療法の各機能がうまく機能すれば，それは，QoLの向上につながるのです。各機能であげた症例をもう一度読み返して下さい。うまくいった場合，すべて結局はQoLの向上につながっていると思いませんか？

すなわち，QoLを向上させることは，音楽療法の究極のゴールでもあるわけです。

私は，1～6と音楽療法の機能を並べ，6にQoLをもってきて，そして

それがすべてを包括するものだと書きましたが，最近，ローバッカー博士は，QoLを「[6]」とせずに最初からすべてを包括するものとしてとらえようとしていらっしゃるようです。ただ，私は，「[6] QoL」で書いた例をみなさんに知ってほしいという願いのもと，あえて「[6] QoL」としました。しかし，QoLの向上こそが最終的な音楽療法のゴールであると思っています。

第6章
音楽療法士のための心理学 I

　私は，自分のことを演奏家で音楽療法家であると紹介することができますが，心理学者と呼ぶには，ほど遠い位置にいます。しかしながら，音楽療法は，まだ新しい分野で，音楽を媒介としながらも，その実験・研究メソード，テクニック，理論など，すべて心理学から借りてきているのが実状で，また，精神病理学（または異常心理学）の知識も絶対に欠かせません。ですから，私自身，常に心理学や精神病理学関連の本や文献にお世話になっていますが，中でも，特にいつも私を助けてくれるのは，ジンバルド（Zimbardo, P.）の"*Psychology*"（2000）と，オルトマンズ（Oltmanns, T.）とエメリー（Emery, R. E.）共著の"*Abnormal Psychology*"（1995），カーク（Kirk, S. A.），ギャラガー（Gallagher, J. J.）とアナスタショウ（Anastasiow, N. J.）共著の"*Educating Exceptional Children*"（2000），そしてDSM-Ⅳ（アメリカ精神医学協会による診断と統計のマニュアル）です。

　また，音楽療法士は心理学，精神病理学，発達学の知識がないと仕事をすることができません。私は音楽療法についての概論のような本を書く際に，常に，必要最小限の心理学と精神病理学，特異児童学の説明を挿入すべきと思ってきました。

　音楽療法士が現場で常々使う心理学の基礎知識として知っておかねばならないのは，学習と記憶のメカニズム，そして心理療法に関する基本的な知識だと思います。クライアントに接する時，あるいは，クライアントの状況を客観的に判断するのに，これらの知識は必要であり，またこれらの知識をもたずに音楽療法セッションを行うことは不可能であると私は断言します。

前置きが長くなりましたが，第6章では，学習理論（記憶を含む），第7章では心理療法について，音楽療法と関連づけながらお話していこうと思います。

もちろん，上記の学者たちの助けを得て，私自身の解釈もはさみながら，できるだけ分かりやすいものにしたいと思います。

❖ I　学　　習

私たちは，毎日多くのことを学習し，記憶しています。本を読んだり，人の話を聴いたり，あるいは自分でやってみて……学習というのは単に勉強することではありません。「学習とは経験により，何らかの新しい行動・行為を身につけること」を言います。自転車に乗れることも，自動車の運転ができることも学習の結果であり，楽器演奏の技能も学習の結果です。あまりよくない例かもしれませんが，アルコール性障害の人は毎日，多量に飲酒することを「学習」し，それを繰り返した結果，アルコール性障害になったのです。「恐怖」も学習し得るもので，一度その恐怖を学習してしまうと，それは一生消し去ることのできないものになることもあります。

幼児期の頃から，私たちは学習行為を行ってきました。人間が乳児期に行う学習に「愛着（アタッチメント）の形成」があります。自分の養育者（母親や，それに代わる人）を見分けて，その人と特別に親しい関係になるということが，まず最初の学習行為としてあげられるのではないでしょうか。自分の力では自分を守ることができない赤ちゃんが，お乳を飲ませてくれたり身の回りの世話をしてくれる人とそうでない人とを，区別して覚える学習が成り立つことによって，初めて愛着が形成されるのです。

幼いころから，私たちは膨大な量の学習をし，それを蓄積し，すなわち，「記憶」してきました。

ですから「学習」とは学校で習うような意図的なものだけとは限りません。そして，私たちの行動は多かれ少なかれ毎日の経験（学習）により変

容しているのです。人生の初期，乳児期の学習として，母親を特定する，ということがありますが，おそらくそれが人生最初の学習ではないでしょうか。ちなみに乳首を教えられなくても吸うということは，「原始反射」と言われるDNAに組み込まれた反射のひとつで，学習ではありません。

それでは具体的な学習理論に入りましょう。

[1] 条件づけ

初期の学習理論に顕著な貢献をしたのがロシアの生理学者イヴァン・パヴロフ（Pavlov, I. P.; 1849-1936）とアメリカの心理学者スキナー（Skinner, B. F.; 1904-1990）です。前者は古典的条件づけ，後者はオペラント条件づけで知られています。

（1）　古典的条件づけ　　パヴロフの有名な実験（1928）は，学校で習って知っている人も多いでしょう。「犬はえさを見ると無条件に唾液を出す。そこで，パヴロフは，犬にえさを与える時に必ずベルを鳴らした。それを何回か繰り返すと，ベルが鳴るだけで，犬は唾液を出すようになった」という実験ですが，彼はこれに関する実験により，古典的条件づけを発展させたのです。

この場合，与えられる「えさ」が「無条件刺激」として意味づけられます。無条件反射とは，自動的に反応（反射）（ここでは唾液の分泌）を引き出すことです。そして，この場合の「ベル」は，「条件刺激」であり，本来は「中立の刺激（中性刺激・ニュートラル刺激という）」ですが，「えさ」という無条件刺激と組み合わせることにより，反応（反射）を引き出したので「条件刺激」となりました。そして，「ベル」という条件刺激に引き出される反応（それも唾液の分泌ですが）を「条件反射」と言います。条件づけにより行動（反射）を学習することを「習得」と言います。この条件づけで使われる条件刺激として用いられるのは，その類似するものでも同じ反応（反射）を引き起こすことがあります。これを「般化」（似たような他の場合にも同様に行動が起きるということ）と言います。

ところが，この実験を繰り返して行った後，条件刺激（ベル）が無条件刺激（えさ）に伴われずに与えられるということをしばらく続けると，条件刺激は条件反射を引き出さなくなります。これを「消去」と言います。つまり，一度条件づけされたものが永続的に行動のレパートリーになるわけではないのです。ところが，しばらくの間，条件刺激を与えず，ほって置く，そしてある一定の期間を置いてから再び条件刺激を提示すると，消去された条件反射（一度学習されてから消去されたもの）が，また，自発的に戻ってくる場合があります。これ「自発的回復」と言います。

この一連のことを分かりやすい他の例と結びつけて話しましょう。
あなたがこの条件づけによって恐怖を学習・克服する過程の話です。
あなたは，もともと蜘蛛が嫌いです。そこであなたは実験で，いつも白いハンカチと共に蜘蛛を見せられました。そのたびに恐怖を覚え，あなたは叫び声をあげました。しばらくするとあなたは白いハンカチを見ただけで，恐怖の叫び声をあげるようになりました。白いハンカチどころか，白いソックスを見ても恐怖の叫び声をあげました。それから，次の実験では，白いハンカチを引き続き見せられましたが，今度は蜘蛛はいませんでした。そうするうちに，あなたは白いハンカチを見ても怖くなくなりました。ところが数日後，あなたはたまたま机の上にあった白いハンカチを見て，思わず恐怖の叫び声をあげてしまいました。

上記の私が作った話をパヴロフ氏と共にまとめてみましょう。

```
無条件刺激　………えさ………………蜘蛛
無条件反射　………唾液………………恐怖の叫び
条件刺激　…………ベル………………白いハンカチ
条件反射　…………ベルに対する唾液……白いハンカチに対する恐怖の叫び
般化…………………………………白いソックスにも反応する
消去…………………………………白いハンカチだけでは怖くなくなった
自発的回復…………………………白いハンカチを見て再び恐怖を覚えた
```

どうですか？　古典的条件づけのこと理解できましたか？

音楽療法では古典的条件づけをどのように適用するのでしょうか？

例えば，幼児や，知的障害をもつ子どもたちに「片づけをする」という行動を学習してほしいとき，《お片づけの歌》を作って，それが流れると片づけをするということが考えられます。みなさんが幼稚園児だった頃，そういう歌があって，みんなそろって条件づけされていたのではないでしょうか？　それは古典的条件づけを適用した音楽療法そのものなのです。また，障害をもつ子どもたちを席に着かせたいとき，《お席に座りましょう》という歌も作れます。いろいろな行動を条件づけするために歌は大いに役立つトゥールです。

(2)　オペラント条件づけ　　スキナーのオペラント条件づけの原理は「行動とは因果関係の機能である」，つまり原因となるもの（行動）があって結果（別の行動）があるということです。特に，行動は，「報酬」を得ると増加し，罰せられると減少します。

スキナーボックスというねずみや鳩を使った実験は，とても有名です。験者（実験をする人）は，箱の中の丸い部分を鳩がつつくように鳩に学習させたいとしましょう。そこで，鳩が箱の中にいて，偶然ある丸い部分をつつくとえさが出てくるような仕掛けをしておくと，えさ＝「強化子」が欲しい鳩は，自発的にいろいろつつく中，偶然に丸い部分をつついてえさを獲得すると，それからもその丸い部分をつつくようになりました。鳩はその行動を学習し，験者の思いどおりになったのです。鳩はその丸い部分をつついてえさを食べるようになります。これは，えさがある特定の場所をつつくという行動を「強化」したと言えるわけです。

パヴロフの条件づけは，無条件刺激を使って強制的に条件づけする（学習させる）ものでしたが，スキナーの場合は，動物がある行動を自発的に行う（反応する）ように，「刺激（報酬）」（その行動＝《反射》が引き出される条件）を与えるもので，これをオペラント条件づけと言います。オペラントとは観察できる自発性という意味です。

スキナーに先立ち，パヴロフと同時代にアメリカではソーンダイク（Thorndike, E. L.; 1874-1949）がパヴロフと違った実験を行っています。それは「試行錯誤（trial-and-error-learning）」と言われるものです。ソーンダイクは猫を使いました。ロシアの犬が古典条件づけされていたころ，アメリカの猫が試行錯誤を行っていたわけです。
　猫が簡単なパズルを与えられる，例えば，箱（puzzle box）の中に閉じ込められて，いろいろなこと（右前足でどこかを押さえて，左前足で何かをして，など）をして偶然，出口のドアを開けることができると，えさ（報酬）が与えられるようにします。そうすることによって，猫のますますドアを開けようという行動が増加します（これを「強化」と言います）。えさが与えられなくなると，行動は減少します。先にスキナーの言葉を借りて，行動を形づけるのは，「因果関係（consequence）」であると言いましたが，それをソーンダイクは「効果の法則」（law of effect）と名づけました。
　ソーンダイクの後継者であるスキナーは，この原理を引き継いで展開させました。しかしながら，彼は，有機的な意志，目的などに対する推察を拒んでいます。つまり，彼が言うには，「動物が欲することとか，どのように満足を得るかということは重要ではない」ということなのです。誰かがスキナーを「過激なしかし根源的な行動主義者」と呼んでいます。スキナーは有機体の中で何が起きているかについて仮説を立てることを拒んだのです。なぜなら，そのような推察は行動観察によって証明できないからです。ここにスキナーに代表される行動主義の根本があると私は思います。行動主義については次章でお話ししますが，とりあえず理解していただきたいのは，「行動とは観察できるものである」ということです。例えば，私たちは，「食べる」という行動を観察できても，飢え，すなわち，食物に対する欲求そのものは観察できません。というふうに言えばお分かりいただけるでしょうか？

それでは具体的にオペラント条件づけについてその専門用語と共に説明しましょう。

[2] 強化 (reinforcement)

行動（反応）を強化つまり増やす出来事（刺激）を「強化子」と言います。一般的に言って，楽しい刺激は強化子です。不愉快な刺激を取り除くことも強化子です。例えば，難しい宿題をするのをやさしいお兄さんがそばで見ていて時々教えてくれたから，宿題がはかどったとすれば，この場合，やさしいお兄さんが強化子と言えます。お母さんが読みたい本を買ってくれたので，ピアノの練習を一所懸命したとなれば，本が強化子となります。

強化子とか強化という言葉がいっぱい出てきますが，強化にもいくつか種類があります。今からそれらについて説明しましょう。

(1) 正の強化 (positive reinforcement)

ある刺激を与えることによって求められる行動が増える，つまり，強化されることを正の強化と言います。一所懸命勉強したら，お母さんが誉めてくれて，ケーキを買ってくれた。だから子どもはもっと勉強する。この場合のケーキが「正の強化子」となるわけです。つまり簡単に言うとご褒美のことなのですが，専門用語で，「強化子」，または「報酬」と言います。また，よく使われる例ですが，「たまたま嫌いな教科を頑張って勉強してみたら，試験でいい点数が取れた。だからもっと勉強した」。このいい点数が「正の強化子（報酬）」です。そして，勉強するという行為が強化されたわけです。反対に言うと，その刺激が欲しくて行動を強化すると言ってもよいでしょう。だから正の強化における強化刺激（強化子）は好ましい刺激，つまり快楽刺激であると考えていいと思います。

(2) 負の強化 (negative reinforcement)

どういう刺激であっても，その刺激を取り除くことによって，求められる行動が増える，つまり，強化されることを負の強化と言います。言い換えると不快な刺激を与えて

(つまり，不快な刺激を与えるということは，もともと快適だった状態を取り上げてしまうということです)，求められる行動を増やすと言ってもいいでしょう。一見，別々のことのようですが，反対から見ると，不快な刺激を取り除くためにその行動を増やすわけなのです。「怠けていたら，お母さんにしかられてTVゲームを取り上げられたので，仕方なく勉強した」。この場合のお母さんがTVゲームを取り上げたことが「負の強化子」です。なぜなら，勉強するという行動が強化されたわけだからです。つまり行動は増加しています。また，お母さんにしかられるという「刺激」が「負の強化子」であると考えた方が分かりやすいでしょうか。しかられるという刺激を取り除くために勉強するという行動が強化されるのです。

　　負の強化というときの負という言葉は，文字どおりnegative 否定的な言葉であるから，刺激（強化子）を受けて行動が減少することと誤解しやすいのですが，正の強化も負の強化も，強化という言葉を基盤に考えて下さい。どちらも行動（反応）は増加する，つまり強化されるのです。刺激が正と負では違うのです。「行動は双方とも増加する（強化される）」これを必ず頭に入れて下さい。

　　正と負の強化を対比した場合，強化される行動が長続きするのは正の強化です。みなさん，自分の経験を思い出してみれば納得していただけるでしょう。

（3）　罰（punishment）　　刺激を与えて行動を減らすこと，つまり強化の反対を行います。たいてい，この場合の行動とは望ましくない行動であり，例えば，親にしかられたから，お金を使うのをやめるなどです。

（4）　レスポンスコスト法（response cost）　　刺激を除いて行動を減らすこと，例えば，暴力を振るう傾向のある子どもが暴力を振るうたびに，お小遣いを取り上げるなどということです。

　　レスポンスコストと罰とペアで考えるとよいと思います。両者共に反応（行動）を減らす，つまり，強化の反対を目指すものであるのです。

　　「レスポンスコスト」は，刺激を取り除き，「罰」は刺激を与えます。そして双方とも行動の減少を求めます。

　　正の強化と負の強化は行動を増やす，罰とレスポンスコストは行動を減らすことを基盤に覚えて下さい。

(5) 消去（extinction） 　古典的条件づけとオペラント条件づけにおいて消去の概念は同じですが，オペラントでは，行動と因果関係にある（偶発的な）刺激が取り除かれた時に行動（オペラント条件づけで学習したことも含む）がなくなる，消去されることを言います。例えば，試験で良い点数をもらうたびにお母さんにケーキを買ってもらっていたが（正の強化），お母さんがもう飽きて，ケーキも何も買ってくれなくなったら勉強もしなくなった，ということ。「ケーキ」という正の強化子が取り除かれて，「勉強する」という反応が消去されたわけです。あるいは，自動販売機にお金を入れたのに，缶が出てこない。その時，あなたは，自動販売機を何回か蹴ってみます。そうしたら，缶が出てきました。あなたはにんまりして，もう一度か二度，自動販売機を蹴らないでしょうか？　ところが，同じ状況で，何回か蹴っても缶が出てきませんでした。そうするとあなたは，あきらめて自動販売機を蹴らなくなるでしょう。そこであなたの行動は消去されたわけです。

(6) タイムアウト法（time out） 　一定の期間を設けて，強化子を与えない方法です。正の強化子を与えない期間を設けるとか，反対に負の強化子を取り除く期間を作る場合もあります。簡単に言うと時間制限を設けて，その間，報酬など刺激を与えないことです。

　人間は多かれ少なかれ，みんな条件づけされて生きています。自分の子ども時代から現在を含めて人生を振り返ると，なんと条件づけされたことばかりかとため息が出るかもしれませんね。これは自虐的な言い方かもしれませんが，そうやって人は調教され，大人になるのでしょう。

　これらの実験には，ねずみや猫や犬など動物がたくさん登場するので，まさしく調教というイメージがぬぐえないかもしれませんが，条件づけ，特にオペラント条件づけは，養護教育には欠かせないものです。

　養護教育という側面をもつ障害をもつ子どもたちに対する音楽療法においてもこの条件づけのテクニックが必須であることは前述の例のとおり明白です。ちなみに，知的障害をもつ子どもに対する音楽療法の内容として，

70％～80％は正の強化であるべきだというのは前述したとおりです。罰やタイムアウト法を使うのは，行動障害やその周辺領域の障害（反抗挑戦性障害，行為障害，ある時期のADHDなど）の子どもたちに，やむを得ず使うこともありますが，原則的にそういうことは養護教育の先生方におまかせして，できるだけ正の強化でいきたいものです。また，音楽療法は，養護教育的側面をもつと言いましたが，音楽療法が通常の教育テクニックと違うのは，音楽という快楽刺激を使うということであり，そもそも音楽療法自体が，正の強化子となると私は思います。

また，音楽療法セッション中，よくできたアクティヴィティと次のアクティヴィティの間に入れるステップ・イン・ビトゥイーンは，報酬・正の強化子として使えます。子どもたちは，具体的な報酬が好きです。特に，知的障害をもつ子どもたちは，内的な報酬が理解できにくいので，具体的な報酬，例えば，「にこちゃんマーク」のシールをあげるとか，拍手するとか，褒めるための歌を歌うとか，その子の好きな歌を歌うとか，もしギターが好きなら，ギターのコードを一つ教えてあげるとか，強化子になる報酬は限りなく考えられます。

❖ Ⅱ 記　　憶

ジンバルド氏曰く「記憶とは情報を構成的に符号化し，貯蔵し，検索する知覚のシステムである（Zimbardo, 2000）」。端的に言えば，新しく学習したことを保持することを記憶と言うのです。

記憶の機能を過程別に分けると，記銘（符号化→精緻化）→保持→アクセス・検索（再認・再生）となります。この言葉をそれぞれ説明していきましょう。

（1）記　　銘　　情報が脳内に入る時の一番最初の一瞬。記憶表像が掲載されるまでのことです。まず，脳内の巨大な無数のインプットからその刺激を選び出し，その刺激を分別します。それは音なのか，においなのか，見えるものか，大きいか，小さいか，やわらかいか，硬いかなど（符

号化），それからそれに意味をもたせるわけです。過去に記憶されたものと関連させます（精緻化）。これによって長期記憶に保存しやすくします。

（2） **保　　持**　　文字どおり，符号化・精緻化された記憶を保持することです。

（3） **アクセス・検索**　　保持された記憶が貯蔵してある場所にアクセスして引き出すことです。

（4） **再認・再生**　　再生とは，今経験していること，（この場合の「経験」とは，今，目の前にある対象や，今耳に聞こえている音など）が過去に経験されたかどうかということを検索することです。再認は思い出された記憶が果たして本当に正しいかどうかを判断することです。

　記憶のシステムを分類すると，感覚記憶，短期記憶，長期記憶の３つに分けられます。

（1） **感覚記憶インプット**　　（感覚器で受容されること）からもたらされる最初の束の間のイメージ，視覚記憶（1/4秒）・聴覚記憶（数秒）・触覚記憶・嗅覚記憶・味覚記憶など。無意識的に行われます。

（2） **短期記憶**　　システムの第２段階，感覚記憶と長期記憶をリンクします。ごく最新の記憶を貯蔵するだけで，ほんの20秒くらい続きます。例えて言えば，電話番号を人から聞いて，それを覚えてプッシュするくらいの間のことです。ただその貯蔵は意識的に行われるのが感覚記憶と違うところです。

（3） **長期記憶**　　システムの第３段階，記憶の巨大な貯蔵庫。「さっきお昼ごはんに何を食べたか？」という記憶から「大化の改新は何年か？」という記憶などまで，すべてを含みます。

　長期記憶を分類すると次のようになります。

①**手続記憶**　　物事がどういうふうに行われるかの記憶で，例えば自転車の乗り方からボタンのかけ方まで。意識的な作業は，その最初の段階だけで，後はほとんど無意識に行われます。例えばプロの演奏家の演奏などにもそういうところがあると思われます。

②**宣言的記憶**　　特定の出来事，事柄などの記憶。道順をたどって車を運転することなど，ある程度意識的作業を要求されます。宣言的記憶から，事柄を呼び出そうとする時，人はまばたきをしたり，顔をしかめたりするようです。その時，人は宣言的記憶の中の2つの種類のどちらかを探しているのですが，その2つとは，

　エピソード記憶；個人的な記憶，自分の人生の中のエピソード，それが，いつ，どこで？　ということ。

　意味記憶；言語や概念の記憶で，いつ，どこは関係しません。内的辞書または内的データベースと言えるでしょう。

ある悲劇的な話

　てんかんの治療のために海馬と小脳扁桃を除去したH. M.氏は，前向性健忘症（健忘状態を引き起こす原因となった外傷や疾患を受けた後に起きた事柄についての健忘症）になり，短期記憶から長期記憶への移行ができなくなりました。

　手術以前の記憶があっても新しい出来事をエピソード記憶に結びつけることができません。手続記憶は健全のままでした。

　本を見ながら，字を書き写すことはできても，何を書いたか覚えていないのです。

　この症例により，海馬と小脳扁桃が短期記憶と長期記憶をリンクする場所であることが分かりました。また，その後の研究で，小脳扁桃だけの切除では記憶障害は起こらないことが分かったので，新しい記憶の形成には，海馬が関与していることが分かっています。また，海馬は場所の学習にも重要な役割を果たすことが分かっています。

　H. M.氏は短期記憶と手続記憶には問題はありませんでした。短期記憶には頭頂葉，側頭葉が関わりをもつと言われています。

　H. M.氏のエピソードは「H. M.氏の悲劇」としてよく知られている話です。

記憶に関しての音楽療法に関わる話はこの章では特にありませんが，後の章でこの知識が要求される章がありますので，よく覚えていて下さい。

第7章

音楽療法士のための心理学 II

　アメリカでは，最近，心理療法の分野で，クライアント中心療法（client centered therapy）と言うよりも，人（person）という言葉をクライアントの代わりに使う傾向が見られるようになってきました。音楽療法の分野もそれにならって，最近では，クライアントという言葉よりも人という言葉を使い，person centered therapy（"その人中心療法"とでも言いましょうか）という傾向が徐々に芽生えつつあるようです。それはロジャーズ（Rogers, C. R.）という人が実践した，ヒューマニスティック心理学を基盤にしています。

　前章で述べたスキナーの考え方は行動主義または行動療法と呼ばれるものです。いずれにしても前述もしましたが，音楽療法はそのテクニックをガイドする根本的な考え方や，理論，実験・研究，手法論などのすべてと言っていいほど心理学から借用しています。音楽療法は心理療法の一分野であると言う人もいるくらいです。それは，決して間違ってはいませんが，少しばかり極端な表現でしょう。

　音楽療法士が使うテクニックのかなりな部分は心理療法的側面をもっていますし，また，音楽療法は言葉を使った心理療法をより容易に進行させる前段階手段として，最も有効なメソードであるとも言えます。どういうことかと言えば，トラウマをもっている人や，精神障害，あるいは転換性障害などの精神疾患，その他何らかの原因で取り乱していて，一時的に言語を使って自分の思いや感情を表現できない人，言葉を使った心理療法を受けることができない人を，音楽活動に従事させること——それは受動的音楽活動，つまり沈静化のための音楽を聴くことであったり，能動的音楽

活動，つまりドラムなどを演奏して混乱した気持ちを演奏の中で爆発させ徐々にそれを鎮静化へと導いていき，音楽の力を借りて，自分を客観視できる状態にもっていくことなどですが——ができれば，その人は，同時進行あるいは音楽療法の後で受ける心理療法による回復が期待できる状態になる，ということです。

　私たち音楽療法士はあくまで音楽を提供する側であり，そこでは，患者の深層心理に入っていくことはしません。音楽を使って，現在の患者の状態，あるいは，行動を修正する（これを行動変容と言う）のです。ここでは音楽療法士の立場は，行動主義者に近いものと言っていいかもしれません，と，一応申しておきます。これについては，後ほど補足しながら説明したいと思います。

　さて，この章では，直接的には音楽療法そのものから少し離れて，しかし音楽療法士が知っておくべき心理学および心理療法の話をしましょう。必要なことではありますが，ちょっと息抜きにもなる章です。

　18世紀から19世紀の西洋，それはいろいろなことを科学的にとらえようとした時期でした。特に産業革命以降，市民階級が力をつけ，近代民主主義の基盤となるものが芽生え始めた時期です。例えば，啓蒙思想が盛んになり，社会が大きく変遷しました。高校で習いましたね。思い出して下さい。

　それまでは精神病患者や知的障害者はお情けで生かされていたようなところがあり，中世では悪魔の仕業とされ，おそらく精神疾患をもった，しかし，まったく無実の多くの女性たちが魔女として殺されたりしていましたが，この時期になり「精神病患者は保護してやらねばならぬ」という考え方ができてきて，大規模なアサイラム＝瘋癲院(ふうてん)に数多くの精神病患者や知的障害者が収容されました。この時期にはまだ精神科医というものはいなくて，この分野に経験のある内科医が患者たちの面倒を見ていました。

　このころ，進行麻痺という原因不明の病気が流行っていました。これは実はコロンブスたちが西インド諸島からヨーロッパにもって帰ってきたと

言われる梅毒が進行して脳神経系が冒される状態のことなのですが，進行麻痺の原因が梅毒であるということが分かったのが19世紀後半なのです。梅毒は非常にポピュラーな病気で，ベートーヴェンもシューベルトもシューマンも梅毒であったと言われています。

　20世紀に入り，精神病理学，つまり精神疾患に関する研究が飛躍的に発展した大きな要因として3つの事柄があげられるのですが，その1つが進行麻痺の原因が分かったこと，2番目がヴント（Wundt, W.; 1832-1920）により「心理学」という新しい学問の分野が生まれたこと，そして3番目がフロイトの登場であると言われています。ちなみにヴントは「心理学の父」と呼ばれ，人の無意識の世界に初めて目を向けた人ですが，それについて深い研究はしませんでした。それを引き継ぐ形で登場したのがフロイトなのです。

I　フロイトについて

　フロイト（Freud, S.; 1856-1939）はウイーンの精神科医でしたが，「神経症（特に，ヒステリー＝現在では転換性障害と呼ばれる病気）」を心理学的な状態の変遷として説明しようとし，「精神分析」を提唱し，後の精神医学に多大な影響を与えました。フロイトは，この転換性障害を病理学的に研究しようとしたフランスのシャルコー（Charcot, J.-M.; 1825-1893）という人に師事したのですが，フロイト自身が，この障害を病理的なものではないとらえ方をするにつれ，シャルコーと立場を異にしていきました。フロイトの陰に隠れてシャルコーはほとんど忘れ去られていましたが，近年，神経症を病理学的に研究するようになって，シャルコーの名は，再び研究者たちに思い出されるようになりました。ところで，この「ヒステリー（hysteria）」はもはや病理学的には存在しない言葉です。ヒステリーという言葉が実は，女性の子宮を意味する言葉であり，この障害も婦人病であると考えられていましたが，女性に対する偏見を生むため，この言葉はもはや使われません。DSM-Ⅳ（アメリカ精神医学協会発行の精神疾患の

診断・統計マニュアル）では「転換性障害（conversion disorder）」という言葉で定義されて医学の分野でもこの名称を使っているので，この本でも，もちろん，転換性障害という言葉を使うことにします。

ところでフロイトのことですが，彼は人間の精神的発達に関して，すべてを性に結び付けて考えているので，近年では批判を浴びることも多々ありますが，それでも彼の残した数多くの理論は，現在も有効に使われている貴重なものが多いのです。それらのうちから主なものを紹介しましょう。もちろん心理学者でない私を助けてくれるのは前章にも書いた人たちです。

[1]　自我（ego），超自我（superego），イド（id）

フロイトは意識・無意識という言葉を使い，人間の心は，無意識の領域を含めて3つの構造からなる「精神構造論」を唱えました。その3つとは，エゴ＝自我，スーパーエゴ＝超自我，そしてイド（idまたはes）です。

まず，イドについてですが，これは，食欲，性欲，排泄欲などの欲求，～したいという衝動（欲求）そのもののことです。人間が生まれつきもっている本能的機能であり，快感を求める，快楽原理（pleasure principle）に従い，自分と外界を区別しない，無意識の領域にあるものです。

次に，超自我（スーパーエゴ）についてですが，これは3つの精神構造の中で最も最後に現れるものです。（フロイトの唱える精神発達段階説の第3期の男根期のあたりで形成される）超自我の内部には，2つの下部領域があり，それは良心（してはならない）と理想自我（こうあるべきだという理想の追求）です。これも無意識の領域にあるものです。

そして，自我（エゴ）ですが，これはイドと超自我，あるいは，イドと外界を仲介し，現実原則（reality principle）に従い，行動するための知的手段であり，「～しよう」というようなものです。人格の中核と言われるもので，これは前意識と言われるものの領域にあるとされています。

この3つを図式で説明しましょう。

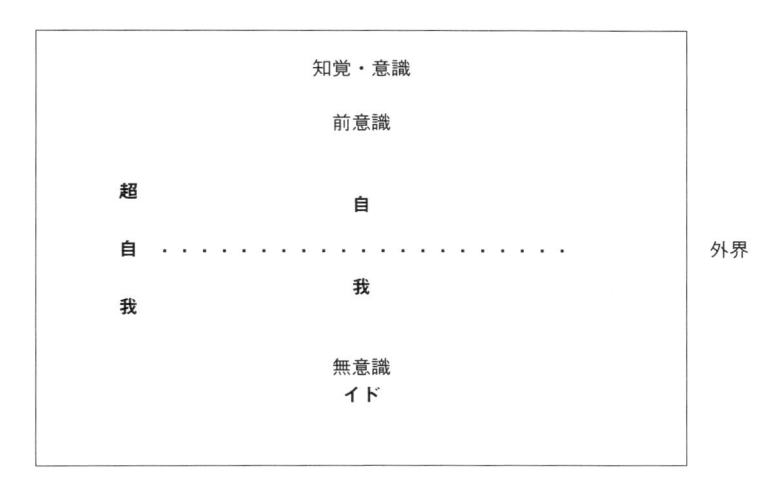

```
              知覚・意識
              
               前意識
        
   超              自
   自 ・・・・・・・・・・・・・・・・・・・・・・・        外界
   我              我
              
              無意識
               イド
```

　ここに書いた「意識」・「無意識」・「前意識」という言葉もフロイトの考え方で，図の上の方には意識が存在しますが，時に無意識が入り込もうとして押し戻されるということが起きます。それを前意識と呼んだのです。

　ところで，エゴ，スーパーエゴ，イドについてもっと理解を深めるために，たとえ話をしましょう。

　仮に，ある公園にとてもきれいな気に入った花がありました。誰も見ていません。引き抜いて盗もうかと一瞬でも思ったら，それはイドの働きです（みなさんは思わないことを望みます）。それを思いとどまるのは，スーパーエゴ，そして園芸店で売っていたら買おうと考えるのがエゴなのです。つまりエゴがスーパーエゴとイドの折り合いをつけたわけです。

　また，イドとスーパーエゴとの葛藤が大きくなるとそれは神経的不安となり，エゴとスーパーエゴとの間の葛藤が大きくなると道徳的不安を引き起こすと言われています。

　不安は自我を脅かす危険な状況を知らせる信号としての機能をもつものであり，自我はその危険を避けるためにさまざまな防衛手段を講ずることになります。そうした心の仕組みは「防衛機制（defense mechanisms）」と呼ばれています。今から，その防衛機制について，エメリー氏・オルトマンズ氏（Emery & Oltmans, 2000）や磯貝芳郎先生（2000）の本から助

けを借りて，また私自身の解釈もはさみながら説明します。

[2] 防衛機制

　防衛機制とは，不安や欲求不満を緩和，解消するためにエゴがとるさまざまな防衛的措置であり，無意識的に行われるものです。以下，代表的なものをあげ，例も付け加えながら，それらの説明をしましょう。

　（1）　**抑圧（repression）**　　大きな不安，不快をもたらすような，受け入れがたい想念や願望を意識から締め出して，忘却すること（磯貝）。

　その経験や記憶を否認はしないが，それを忘れようとする行為に現れる（Emery & Oltmanns）。

　（2）　**否認（denial）**　　不安を起こすような現実を知覚しているにもかかわらず，それを認知することを拒否すること（磯貝）。

　経験や，記憶，内的欲求があたかも存在しないかのように振る舞う。例えば，苦痛なことを記憶から締め出し，それが起きなかったかのように振る舞う（Emery & Oltmanns）。

　（3）　**置き換え（displacement）**　　自分にとって受け入れがたい表象が，それと何らかの結びつきのある，より自我に受け入れやすい別のものとして表されること（磯貝）。

　例えば，上司に腹が立っても上司は殴れないから，家に帰って自室で枕を振りまわしたり投げつけたりしたり，あるいは，飼っている犬を叩いたりすること。

　（4）　**投影（projection）**　　自分の中にある感情や欲望で，自分では意識したくないものを，他者がもっているものとして認知すること（磯貝）。

　例えば，夫婦喧嘩で，夫が，本当は自分が怒っているのに，妻が怒っているとすること（Emery & Oltmanns）。

　達成できなかった自分の夢を子どもに押し付けたり託したりすることも投影である。

　（5）　**合理化（rationalization）**　　自分のとった態度や行動，思考や感情に対して，理屈に合った，あるいは非難されないような説明をしようと

すること，自我が傷つかないための一種の言い訳である（磯貝）。

就職がうまくいかなかったら，もともとそれは自分が望んでいた仕事ではなかったと言うこと（Emery & Oltmanns）。

（6） **反動形成**（reaction formation）　自我にとって受け入れがたい本能衝動が意識にのぼるのを防ぐために，その衝動とは反対の態度を強調すること。例えば劣等感の裏返しの尊大な態度（思い当たる人たくさんいるでしょう？）や，気にくわない相手に対する慇懃無礼な態度などがそれにあたる。

過度に子どもを甘やかす態度が，子どもを愛せない気持ちを意識化しないための防衛となっていることもある（磯貝）。

別れた恋人を憎んでいると他者に言うその裏に，本当はまだ愛しているという気持ち（Emery & Oltmanns）。

（7） **昇華**（sublimation）　欲動が，本来向かうべき目標に向かえない時に，そのエネルギーを社会的に価値あるものに振り向けること。性向的防衛とも呼ばれ，一種の置き換えの機制であるが，エネルギー自体は抑圧されない点で，他の防衛機制と異なっている。芸術や知的研究などはその例であり，文化的創造の源泉ともなっている（磯貝）。

イドの衝動を建設的で受け入れやすいはけ口に向けること。現在の快楽に負けてしまうより，一生懸命勉強して，良い点を取るという快感に自分を向ける（Emery & Oltmanns）。

青少年期の性的な欲求をスポーツや知的活動，芸術活動に向ける（音楽療法もこの機制を使って，非行少年や暴力を振るう人たちのセラピーをする。例えば，思いっきりドラムセッションをする，楽器を好きなだけ演奏させるなど……）。

その他の防衛機制
（8） **退行**（regression）　いわゆる子ども帰りで，幼い段階に戻ってしまうこと。自我が衝動や葛藤を感じない段階や対象関係に戻ることで不安を避けようとする（磯貝）。

幼い頃からの親との関係が原因で摂食障害，あるいは転換性障害などの障害をもつ少女などには，逆に子ども帰りが必要で，親にカウンセリングにおいてそれを勧めることがある。

（9）**逃避**（escape）　嫌なこと，しなければならないのにしたくないことから逃れるために働く機制。

現実への逃避＝講義のための原稿を書かねばならないのに，パソコン・ゲームにふけってしまう筆者。

空想への逃避＝白昼夢。あるいは，自分は本当は両親の子でなく，もっと高貴な家の生まれであるなどと空想にふける。

病気への逃避＝転換性障害の症状として見られる身体の痛みなど。転換性障害ではないが，どこも悪くないのに身体のどこかが痛くなったりする＝ひどい時には心身症として診断されることもある。

学校に行きたくない子どもが，朝になるとお腹が痛くなる。実際に本当に病気になってしまうこともある。

（10）**同一化**（identification）　自分の憧れの人や自分より権威のある人などを自分と同一視する対象とし，その人のまねをする。実際，人間は同一化しながら成長する。

（11）**分離**（separation）　行動や観念，あるいは思考と感情がばらばらに切り離されていること。例えば強迫神経症に見られる何度も手を洗う行為は受け入れがたい情動を切り離しているとも言える（磯貝）。

以上，防衛機制はまだあるのですが，紹介は主だったもののみとして，以上で留め置きましょう。

こういった防衛機制は，誰もがもっているもので，自分を振り返ってみると思い当たることがたくさんあると思います。この機制が過剰になる，特定の機制が過剰に強くなると，つまり不適切であると，神経症的な症状や行動が現れやすくなったり，実際に，神経症レヴェルの病気になってしまうこともあるのです。

Ⅱ　心理療法について

と言うわけで，私たちは誰しもが，さまざまな精神疾患に罹ることがあります。もちろん精神障害と呼ばれるものには遺伝的要因がかなり関係していることは，残念ながら否定できませんが，遺伝的要因が唯一の要因（専門用語で変数という）ではなく，環境要因と相関関係が大きいのです。例えば遺伝的要素が大きいとされるスキゾフレニアの親をもつ一卵性双生児が2人とも発症する率は50％なのです。それだけ，環境要因・ストレスが大きいことがお分かりいただけるでしょう。

いずれにしても，こういう精神疾患，あるいは神経症レヴェルの障害に罹ると，投薬と心理療法の併用が有効です。そういう障害をもたずとも心理療法的なテクニックは音楽療法には必要なテクニックです。

以下に生化学的アプローチを含めた主要な心理療法の基本的アプローチを示します。

アプローチの仕方	生化学的 biochemical	精神分析 psychoanalysis	行動主義 behaviorism	ヒューマニスティック humanistic
生来の人間の性質の見解	競争的でもあるが愛他性もある	攻撃的 性的	（中立）	基本的には性善説
精神異常の原因	遺伝子 神経科学的	幼・少年期の経験	社会の影響，つまり社会的学習	社会における（対する）欲求不満
治療のタイプ（種類）	投薬，その他身体に対する療法	精神力動的（指示的）	認知，行動療法（指示的）	非直接的，非指示的療法
基盤になるもの，焦点を当てるもの	身体の機能と構造	無意識の心，潜在意識	行動観察	人の自由な意志

[1] 生化学的アプローチ

これはいわゆる精神科の治療法で，精神科医が行います。

精神障害や神経症レヴェルの病気は，化学物質や神経伝達物質，脳内の物質の変化により起きるとされています。神経伝達物質（neurotransmitter）とはニューロンの先端にあるシナプスという部分から，他のニューロンのシナプスへとシナプス間隙という間隙において情報を伝達する化学物質です（ニューロン自体がくっつき合っているわけではないのです）。神経伝達物質は100種類以上あると言われていますが，すべてが解明できているわけではありません。主なものをあげると以下のようなものがあります。

アセチルコリン（acetylcholine = ACH） 脳内のACHは記憶・学習に関係する物質として重要である。アルツハイマー型認知症では大脳皮質，海馬などで低下する。

ノルアドレナリン（norepinephrine） 覚醒や注意のレヴェルを高め，驚きや怒りと関係がある。また記憶の保持にも関係している。双極性障害と関係があると言われている。

ドーパミン（dopamine） 睡眠や気分，脳内の多様な機能に影響する。パーキンソン病では量が低下している。スキゾフレニアでは脳内のドーパミンが過剰に活動することで幻覚や妄想などの陽性症状を引き起こすと言われている。これを「ドーパミン仮説」と言う。

メラトニン（melatonin） 心地よい気分，眠気を催させる物質，時差ぼけはメラトニンレヴェルの調整がうまくいかず，体内時計が狂うことから起きる。

セロトニン（cerotonin） これは最近非常に注目されている物質で，体温の調節，睡眠，摂食，性機能，不安などの情動の調節などに関係する。多くの精神疾患にこの物質が関係していると言われ，それは双極性障害，スキゾフレニアの陰性症状（正常な機能の欠損，意思表示，感情表現がなくなる，じっとうずくまって動かないなど）にみられる。

神経症レヴェルでは，うつ病，抑うつ状態，PTSD（心的外傷後ストレ

ス障害）などのストレス障害，睡眠障害，摂食障害，アルツハイマー型認知症などである。ちなみにうつ病で自殺した人の脳内のセロトニンは非常に少ないそうである。

　精神科の治療はこういった神経伝達物質に関係した薬などの投薬が中心となります。薬のみを信頼し，心理療法の効果を認めていない医師も，昔よりは減ってきましたが，いまだに存在します。しかしながら，統計的に言うと，投薬と心理療法の両方を受けるのが一番効果があるのです。

　スキゾフレニアは最近，薬が発達したので，症状を抑えることもできるようにもなってきました。昔は廃人になってしまうケースが多く，一生精神病院で過ごす人も多かったのですが，最近は，家庭や社会にも復帰できる人も増えてきたようです。しかし家族の関わりが大きい家庭の方が再発率が高いとか，先進国に比べ，インドの方が再発率が低いという統計的データもあります（Emery & Oltmanns, 2000）。

　昔，と言っても20世紀半ばまで，ロボトミーというスキゾフレニア患者の前頭葉の一部を除去する手術も行われていました。これは20世紀初頭にポルトガルのモーニッツ（Moniz, E.; 1874-1955）という医者が，19世紀，ある男性の脳に矢がささり，奇跡的に助かったが，前頭葉の一部に損傷を受け，以後，著しい性格の変化，つまり喜怒哀楽のない，ほとんど廃人のような性格になってしまった症例に注目し，考案した手術でした。これにより，モーニッツはノーベル賞まで受賞しているのです。しかし，たくさんの患者が亡くなり，または廃人化してしまいました。現在はもちろん行われていません。

　その他，精神疾患に対する外科的治療として，電極を頭部の片方，あるいは両方に付け，電気ショックを与えるという治療も行われてきました。この方法は，現在も重度で他に手段がない，ほっておけば必ず自殺するだろうと思われる「大うつ病」患者に適用されることがあります。効果は認められているようです。

いろいろな非人道的とも言える失敗を犯しながら，脳科学・精神科学は発展してきました。最近のスキゾフレニアに対する薬は，副作用はやはりあるのですが，年々進歩してきており，以前のように生涯を閉鎖病棟で過ごす人は少なくなってきています（日本はまだまだ遅れていますが……）。

また，1990年以降，神経症レヴェルでの薬は非常に発達しており，さまざまな種類があり，副作用も少なく安全になってきています。

最近では，閉経後の女性に女性ホルモンのエストロゲンを注射することで認知症の予防や一時的改善が見られるという報告もあります。また，初期のアルツハイマー型認知症の進行を遅らせると言われるアリセプトという薬も日本で開発され，かなりな効果が認められているようです。

また，統計的に，5歳くらいまでに脳に大きな外傷を受けた人が精神病者になる率が大きいという報告もあります。ただし，これが原因と確定されているわけでは決してありません。決めつけるのは非常に危険です。

[2] 精神分析

これはフロイトによって創始され，無意識に抑圧された内容を意識化し，治療していくものです。

フロイトは最初，催眠療法を使いましたが，徐々に「自由連想（free association）」という手段に移行しました。この方法は，患者を寝椅子に寝かせ，心に浮かぶことをすべて口に出すように指示し，自我統制をゆるめ，無意識にあるさまざまなコンプレックス（複合的な感情）を意識化させ，自我がそれを受け入れることにより，コンプレックスを解消していくものです。フロイトの理論がすべて性に結び付けられていることなど，この方法には欠点も多く，期間も非常に長くかかり，後に批判を買うようになりました。また，60年代に入り，特にアメリカの金持ち婦人の間でブームのようになったりしたりしたので，そのようなことから今はあまり行われていません。フロイト派の学者たちがフロイトの理論を取り入れ，「精神力動療法（psychodynamic therapy）」（もっと力動的で短時間に終わる）を考案し，今はこちらの方が行われています。これはフロイト式のよ

うにクライアントが寝椅子に横たわることもなく，セラピストとクライアントが対面して座って行います。

またフロイトが始めた催眠療法はさまざまな精神科医や心理療法家に取り入れられ，催眠状態にある患者から引き出される「父親に性的に虐待された」という無意識の言葉により，身に覚えのない，無実で愛情深い父親が罪に問われる事件が20世紀半ばに相次いだこともあります。現在では催眠状態で引き出される言葉すべてが昔の記憶や抑圧された深層心理を語るものでないと分かってきて，このような事件もなくなりました。つまり人間の潜在意識にある記憶には作り話が多いということなのです。これを「間違った記憶（false memory）」と言います。しかし，解離性同一性人格障害（dissociative identity disorder）（最近まで多重人格"multiple personality disorder"と言われていたもの）などは，この方法によって分かるそうです。この障害をもっている人は子どもの時に性的虐待を受けた人が多いと言われていますが，最近は，海馬からの神経の伝達が遮断されているため起きるのではないかという説もあるようです。

[3] 行動療法

これはワトソン（Watson, J. B.; 1878-958）という人と前述のスキナーにより発展したものであり，精神疾患（異常）の原因は，誤った学習や適切な行動の未学習と見なし，誤った学習の消去，適応行動の学習により治療を行おうとするものです。人間の性質がどうであろうと，学習により社会の状況に反応しているという考えを基盤に，学習理論や関連する原理を生体の行動の変容（behavior modification）のために用います。

行動療法の仲間には「認知行動療法」というものもあります。これは簡単に言えば，行動療法に認知療法のテクニックを取り入れたもので，認知のゆがみを修正するなど，認知療法のテクニックを使いながら行動療法に結びつけていくものと考えて下さい。

行動療法は，簡単に言えば「外側から内側に働きかける」ものです。これは神経症やストレス障害や精神疾患から養護教育の範囲まで，とても幅

広く適用され、短期間で効果をあげることを目標にしています。アメリカではこの行動療法に対しては健康保険が利く場合が多いようです。

行動療法の代表的なテクニックのひとつとして、「系統的脱感作法（systematic disensitization）」を紹介しましょう。

これは不安とリラクセーションは拮抗するという理解、すなわち考え方をもとにしたテクニックです。まず、患者の不安の強度により、「不安階層表」というものを作成し、「漸進的筋弛緩法（progressive muscle relaxation）」（身体の各細かい部位・筋肉を心臓に遠いところから意識して緊張させた後、その部位を弛緩させてリラックスしていくというリラクセーション法）などでリラックスした後、段階的に不安階層表に書かれた不安段階を登っていくことにより不安を系統的に解消する方法です。

具体例をあげると……（各段階ごとにリラクセーション法を行うという記述を省きます。）

> 『あなたが仮に、飛行機恐怖症だとする。あなたに、飛行機の写真を見せる。何ともない。次に、飛行機の模型を見せる。これも何ともない。で、今度は、飛行場にセラピストが付き添って行く。OK！ 実際に機内の様子をヴィデオで見る。OK！ そこで、実際に飛ばない飛行機の中に座って見る。OK！ 実際にチケットを買ってみる。ちょっとだめかも……。それではキャンセルして遊園地に行って、おもちゃの飛行機のチケットを買う。OK！ 薬を飲んでから、実際に乗ってみる。怖かったけど行けるかも……。ちょっとOK！ そこでもう一度飛行場に行って一番短距離の飛行機のチケットを買う。OK！ 実際に、セラピストにすがりついて、いよいよ乗ってみる。乗ってみるだけならOK！ でも飛ぶのは怖いから降りてしまう。今度は実際、飛行機に乗って飛んでいるようなヴァーチャルな場面をコンピュータグラフィックで作って、その状況の中で着席。そしてヴァーチャルな飛行機は飛ぶ。OK！ また薬を飲んで、再度、超短距離の飛行機の座席に乗っていよいよ飛ぶ！ 失神しそうになったけど、無事着陸！ あなたは生きてます！ 死にませんでしたよ！ 帰りは陸路で帰ろう！』

このようにうまくいけばいいのですが、ここまで達するのに速くて数ヶ月、長くて何年もかかります（10年以上かかる場合もあります）。恐怖の対象がトラウマと関係するもの（PTSDなど）であれば、それはもう大変

です。薬を多量に飲んで，トラウマの対象となる人物や事物に対面するのですから，何年もの間，フラッシュバック，うつ状態やパニック発作（自律神経系の呼吸困難など）を何回も起こしながら，しかも発作の後のひどい疲労感に悩まされ続ける人もいます。

　周りの人に理解してもらえない苦しい闘病生活を何年もしながら，病気を治そうとすることよりも，トラウマの対象である人物や事物を避け続けて生活した方が苦しい症状が一番早く軽減される解決方法です（ただし，これはトラウマの内容や大きさによりますが）。

　しかし周囲の人に理解してもらいにくいこういう病気は，本当に辛いものです。中には，自殺をしたり，自殺未遂を繰り返したりする人もいます。なぜなら「病気である」ということが本当につらいことだからなのです。特にその病気の原因が外からの刺激（人を含む）だとすればやりきれませんよね。こういう病気の人たちにこそ，周囲の人たちからの共感が必要なのです。

　その他，行動療法として一番もっと苛酷なものとして，エクスポージャー法（exposure）と言われるものもあり，これなどは，不安の対象物に自己をさらし，慣れていこうとするものです。広場恐怖症といって，外出できない人や，閉所恐怖症で，エレヴェイターに乗れない人など，あらかじめ薬を飲んで，セラピストと一緒にいきなりその場で実際の（in vivo＝イン・ヴィーヴォと言う）体験をする荒療法です。少なくとも私はしたくないです！　しかし，腕のいいセラピストと一緒なら成功することがあるのだから不思議ですよね。エクスポージャー法（exposure）は系統的脱感作を経て最後の段階として行う場合が多いようです。実は，私が先ほどあげた飛行機の例に中にエクスポージャー法が含まれていたのですが，どの部分がエクスポージャー法に当たるかお分かりになりますか？

　ところで，前章のオペラント条件づけも行動療法であるし，今までお話ししたことも行動療法です。シェイピングもそうです。行動療法には，その他に，モデリングと言ってセラピストなどの行動を真似するというものもあります。この方法は音楽療法でもよく使います。

基本的に行動療法を行う時には，セラピストはクライアントに少しばかり指示的口調の言い回しをすることが多いかもしれません。事実，私は，アメリカで，ワトソンのセッションのヴィデオを見たことがありますが，そのきつい口調に私自身ショックを受けました。ワトソンのクライアントにはなりたくないと思いました。

　前回のオペラント条件づけの話の時に述べたと思いますが，行動療法は，患者の深層心理，内なる世界には入っていこうとはしません。あくまでも外から観察できる行動を変えようとするのです。そして，心の中のトラウマや問題には触れないのです。あくまでも行動の変容を求め，それでも，それが不思議にも絶大なる効果を発揮する場合が多々あるのです。

　前述したように，音楽療法でも行動療法の手法をよく使います。例えば，先ほどのモデリングそして，前章で述べた「条件づけ」「宿題（ホームワーク）」を出したり，「ロールプレイ」といって，いろいろな役割，役を与えて社会性や協調性を学習したりすることもあります。が，患者の深層心理，内なる世界には入っていこうとはしないので，問題自体は解決していないが，障害，行動は改善されていくのですから不思議ですよね。しかし，行動療法は効く時には，絶大なる効果をもたらします。

[4]　ヒューマニスティックセラピー

　これはパーソン・センタード・セラピー(person centered therapy ＝ PCT)とも言われ，ロジャーズ（Rogers, C. R.; 1902-1987），マズロー（Maslow, A. H.; 1908-1970）らによって創始されました。ロジャーズはそれまでの心理療法を批判し，セラピストが指示的，能動的な態度を取ることに疑問を呈し，クライアントの自己成長力を信頼する態度を取りました。つまりクライアントの主体性・自発性を重視したのです。クライアントの現状のあるがままを受け入れ，クライアントの立場に立って，つまり共感を示すことによって，クライアントと共に問題を解決しようというアプローチなのです。彼はこのテクニックを実践するにあたって，さまざまな指針を示しましたが，以下にその指針となる重要なキーワードを4項目記します。

（1）　**無条件に肯定的なまなざし**（unconditioned positive regard）　クライアントの言動や行動をあるがままに受け入れ，それがどういうものであろうといかなる批評や評価をくださない。

（2）　**共感すること，クライアントの立場に立って考えること**（empathy）　クライアントに同情し，一緒に泣いたり，怒ったりすることではない。

共感的に理解したものをクライアントに示すことの重要性をロジャーズは説いている。

（3）　**セラピストの自己一致**（congruence）　セラピストが，自身の感情とクライアントに対して取る言動や行動にずれがないこと。

（4）　**純真さ，真正さ**（genuineness）　「私はこういう人間ですよ」という純真さ，真正さをクライアントに見せること。平たく言うと，自分のキャラクターに忠実で，変に取り繕ったりしない，という意味での「自分に対して正直である」ことと言える。

PCTはこのような「治療同盟」（治療的関係）の中で，クライアント自身による自己理解と内的な成長を期待するものなのです。ロジャーズのクライアントに対する接し方はワトソンと大きく異なり，やはりアメリカで見たヴィデオでは，ロジャーズは，ワトソンとは逆にまどろっこしいほど寛大でした。

最近の心理療法家はカクテル療法と言って，いろいろなセラピーメソードからよいところを取ってきて，そのクライアントのニーズに合ったものを使い分ける人が多いようです

と言うわけで，ヒューマニスティックセラピーは時間がかかるので，最近は行動療法などと併用することが多いようです。音楽療法の基本的立場は，行動療法のこの考え方に基づくものが大きいと私は考えます。

また，「同質の原理」の背景にある哲学はPCTであると私は思っています。

私は，音楽療法のベースにある考え方（哲学と言ってもいいでしょう）自体，それは，このPCTであると確信しています。そして，ロジャーズのあげた4つのキーワードをいつも胸において，クライアントの行動の変容を求めていく，つまり行動主義のテクニックを使う，原則的には，そうすべき場合がほとんどであると思います。

　しかも，私は，共感をもつことや，ロジャーズの言葉を理解し，実践することだけではなく，音楽療法士はクライアントの世界に存在することが必要であると考えます。そうでなければ私たちはどうやってクライアントと共に歩んでいけるのでしょう？

　クライアントはセラピストと一緒に音楽を経験するのです。これに関して，Preludioであげた

"Music provides experiencing."

というフレーズを思い出して下さい。再度言いますが，このexperienceという言葉が進行形で使われていることに注目して下さい。なぜ，分詞（進行形）が使われているのか，あなたはどう考えますか？

[5] 交流分析（transactional analysis）

　交流分析とは心理療法を実践するのに大変重要なテクニックであり，もちろん音楽療法にとってもしかりです。これはアメリカのバーン（Berne, E.; 1910-1970）によって創始されたテクニックで精神分析を基盤にした人間関係の改善を目的に考案されたものです。交流分析も話し出せばキリがないので音楽療法士が知っておくべきところのエッセンスを述べるだけに留めます。

　バーンは人間の立場として，3つの立場を考案しました。
　すなわち，①親（parent），②大人（adult），③子ども（child），の3つです。
　①親は，批判的な親 critical parent（父親的，～しなければならない）

と養育的な親 nurturing parent（母親的，～してあげる）に分けられる。

②大人（A）は，客観的な判断力をもつものとする。

③子どもには，フリーチャイルド free child = FC（～したいという自己中心性，想像力），adapted child = AC（～してもいい？　など，周りへの気づかい，期待に応えようとするなど）という側面をもつ。

音楽療法ではこれを応用し，クライアント対セラピストの立場を明確に平行線を書くようにすればセラピーは成功しやすくなるのです。

	セラピスト	クライアント
	P	P
	A	A
	C	C
あるいは	先生	先生
	生徒	生徒
	友	友

上記の表で，例えば，お互いのお互いを見なす立場に線を引いてみて，双方から引く線が平行線を描けば，セラピストとクライアント双方がお互いを適切な立場で見なしているということで○，すなわちラポールがとれることを意味します。お互いの見なす関係を表す線がクロスすればどちらかの見なし方に不適切な見方があるとして×です。すなわちラポールがとれないということにつながってきます。

この説明だけでは少々分かりづらいと思いますので，年齢層ごとに具体的に説明しましょう。

高齢者のクライアントを対象とする時，セラピストはクライアントよりかなり年少の場合が多いですね。すなわち，クライアントはセラピストを子どもや孫のようにかわいく思う場合もあるでしょう。その時，セラピストが年少者らしく，親を慕うような立場をとればお互いの関係は，うまくいくのです（これが平行線の関係です）。ところがセラピストがセラピストすなわち先生のような立場をとれば関係はうまくいきません（クライア

ントはセラピストを子と見なし，セラピストはクライアントを生徒のように見なしていれば，表ではお互いから引く線がクロスしてしまいます。すなわち×，ラポールはうまくとれないどころか，高齢者の気分を害してしまうことも考えられます）。

あるいは高齢者のクライアントを対象とする場合，セラピストももう十分歳をとった大人であれば，大人対大人もうまくいく場合もあると思います。つまり双方が相手を大人と見なし，そこに平行線ができて，○です。

自閉症の人または子どもで他者の存在がうまく認識できず，無関心であったり，またコミュニケーションがうまくとれない場合，セラピストが親近感を表わそうとして，友，あるいは親などの親しい関係者の立場をとっても相手はそう見なさないからうまくいきません。多分，特に最初は，A対Aとか他人対他人がうまくいくでしょう。

成人の知的障害者がクライアントである場合，発達段階が，たとえ具体的操作期（ピアジェという人の発達論で使われる言葉で，だいたい7歳から12歳くらいまでの段階）にあるような人でも実年齢は成人です。そういう時，私はその成人である人を子どもと見なさず，まずは大人として見なすべきだと思います。そうしても，きっと相手からは適当なレスポンスはないと思います。なぜならクライアントは先生対生徒，友対友，あるいは親対子どもを求めているだろうからです。私が強調したいのはモラル上の問題なのです。結果的にはレスポンスを得るために，大人対大人の関係を保ったまま，先生対生徒，友対友の関係を目指すべきだと私は思います。難しいことですけど……

つまり，表上では，大人と大人の平行線を引けるようにしたいけれども，実際は，上記のような先生対生徒，友対友，親対子どもといった平行線ができてしまうということです。実際的にセラピーをうまく運ぼうとすれば，自ずとそうならざるを得ないでしょう。

高齢の障害をもつ人々，主には認知症の方々が多いですが，その方たちを対象にして，娘のような年齢のセラピストが，命令的指示的口調で敬語も使わずにセッションをしているのをある地方で見たことがありますが，私はそういうセラピストは，仮にどんな優秀なテクニックをもっていても許せません。たとえ認知症であろうと，高齢者は私たちの人生の大先輩であり，日本を支えてきてくれた人たちです。

　中には，私たちには達成できないような立派なキャリアをもつ人も多数います。みんなそれぞれさまざまな人生を歩んできた人たちに敬意をもった表現で接することができない人は，音楽療法士として完璧に失格です（人間性も疑われるでしょう）。「私はアメリカ帰りだから……アメリカではこんなこと言わないわよ」と言い訳をする人がいますが，アメリカにも，日本程ではなくとも丁寧な敬語的な言い回しや公式的用語はあるのです。そしてアメリカでも日本同様，高齢者に敬意を払った言い回しができないセラピストがたくさんいます。そういうセラピストは国を選ばず教養レヴェルが低いと考えましょう。ヨーロッパに行くと，アメリカ英語より，それぞれの言語の中で，目上の人に敬語を使った表現はより多くあります。日常会話で敬語を使う人たちは，自然とセラピーの中でも敬語は使えるのです。

　心理療法を行う人の人間性が問われるのと同じく，音楽療法士にも人間性が問われるのは当たり前のことでしょう。「礼節の国」日本の国民であるなら，わざわざアメリカで生まれた交流分析の中の人間の立場の種類など知らずともクライアントとのセラピー上の適切なラポールを築けるはずであると信じます。

第8章

高齢者と音楽療法

　前章までに，音楽療法の手順や，音楽療法を実践するのに必要な心理学の知識などについてお話ししてきました。

　これからはいよいよ具体的に音楽療法の対象となる人々ごとに話を進めていこうと思います。

　第8章は，おそらく現在の日本で一番需要が高いと思われ，そしてますます，これからも必要度が高まっていくだろうと思われる高齢者と音楽療法についてお話ししたいと思います。

　最近ジェロントロジー（gerontology）という言葉をよく耳にします。この20～30年の間に急速に発展してきた分野ですが，それまでは老年医学（geriatrics）という医学の分野はあっても，ジェロントロジーという言葉はまだまだ聞き慣れない言葉でした。

　ジェロントロジーという言葉は「高齢者学」とでも訳せばよいでしょうか。老年医学が，あくまでも医学の分野であるのに対し，ジェロントロジーは，加齢を総体的に見ていこうとする学問です。高齢者に対する音楽療法もジェロントロジーの中の一分野としてとらえることが可能ではないかと思います。

　ジェロントロジーの急速な発達は，それだけ，人間が長生きし，高齢者の人口が増えてきたことが社会現象となり，政府も一般市民も真摯に取り組むべき問題となってきたからです。しかも私たちみんなに関係する分野であるということで，関心をますます深めていかなければならない分野だと思います。

　ジェロントロジーを定義すると，「加齢の過程・プロセスとその仕組み，

また，加齢化現象についてのいろいろな問題や能力の変化についての科学的研究である」となります。

　一般に老化という言葉ですが，これはその加齢化現象と老衰のことを意味します。老衰も加齢も必然的な現象であり，普通の老化現象であり，直接の機能悪化を言うものではないのですが，それは，エネルギーの減退，身体組織の衰えを言い，最終的には死に至る過程なのです。その速度は非常にゆっくりです。つまり，何十年もかかるということです（ただし，ご存じのように個人差があります）。

　そして，その何十年かをいかに意義深く，そして幸せに過ごしていくか，寿命が延びるにつれ，大きな課題となるのではないでしょうか？　音楽療法の果たすことのできる役割もこのあたりに大きなものがあるように思います。

　では，老化・加齢とは具体的に言ってどういうものなのでしょうか？ "*An Introduction to Music Therapy: Theory and Practice*"（Davis et al., 1999）という本の中のデイヴィス博士（Davis, W. B.）の文章を参照しながら，一般的に言われていることを今から記します。

[1] 第一次老化・第二次老化

　第一次老化とは，身体の組織，遺伝的に決定された個人プログラムの進行による機能の低下を言います。第二次老化とは，ストレス，トラウマ，病気などの影響による現象で，人それぞれ，この2つの老化要素によって，老化のスピードが決まってくる，老化とはそういう生物学的過程であるわけです。

[2] 生理学的な老化現象の分類

　私たちの身体は，①中枢神経系，②感覚系，③筋骨格系，④循環器系，⑤呼吸器系，⑥消化器系，⑦泌尿器系，⑧内分泌系などの系からなりますが，全部を詳しく説明する必要があるとは思いませんので，重要な事柄をコンパクトに説明します。

（1） **中枢神経系**　　脳神経細胞は一度死ぬと再生されることがないと言われています。そして，乳幼児期にいったん最大限まで増加すると，その後一生を通して，脳神経細胞は減少し続けます。出生時に約1000億個ある細胞が，シナプスの形成で成長はしますが，60歳以降，脳の重さが減り始めるという現象が現れ，だいたい90歳までに全体の10％〜12％くらい減ると言われています。

この現象は，脳全体でまんべんなく平均的に起きるのではなく，思考や記憶，高度な精神機能を司る大脳新皮質と，聴覚・視覚，感覚運動機能の領域に集中して現れます。つまり，短期記憶，運動の協応（調整），体力，歩行，新しい事柄を学習する領域に集中的に影響が出てくるということです。

ただし，70歳，80歳でも社会的に第一線で活躍している人がたくさんいらっしゃいますし，ノーベル賞をもらったりする人がいることでお分かりでしょうが，人は，刺激のある環境，興味のある環境にあると，高齢になってもシナプスは増え続け，高度な機能は低下することがないわけですから，「生涯現役」という言葉は，非常に重みのある言葉だと思います。また，現役を退いてからも，趣味や特技など打ち込めるもの，生き甲斐となるものがあれば，それに集中することにより，シナプスは増えるでしょう。

（2） **感覚系**　　嗅覚，視覚，聴覚，平衡感覚，触覚，といった，外からの情報をキャッチするところにも老化の現象が現れます。

いわゆる老眼も個体差があり，30代後半でなる人もあれば，もっと遅い人もありますが，例外なく全員に生じます。聴覚の減退は40歳頃からと言われていますが，75歳までに約50％が聴力障害を感じるそうです。また，前庭の蝸牛神経の組織に変化が現れるので，聴力だけでなく平衡感覚にも影響が出てきます。高齢者が転倒しやすいというのはこのせいなのです。

（3） **筋骨格系**　　歯の損失，骨がもろくなる，特に女性の場合，70歳になるまでに骨の中のカルシウムの30％を失うそうです。筋肉の量と柔

軟性は，もう30歳を過ぎると低下し始めます。あと，髪の毛がなくなったり，白くなったり，しわが増えたり，いやなことばかり起きますね。

（4）**循環器系**　反対に，血液の量は80歳くらいまでは一定だそうです。ただし，血圧の変化が起きる人が多いようです。

［3］　高齢化に伴う障害・問題

歳をとるに従って，身体が弱り，今までできていたことがだんだんとできなくなる，社会的にも引退者として扱われる。家庭内や友人関係にも変化が起きる。そういったことで，高齢者は，心身共にいろいろな問題も抱える人が多くなります。例を示しましょう。

（1）**うつ病（老年性うつ病）**　社会的孤立感，家族（配偶者）や友人を失う，自信の喪失などで，悪化していきます。高齢者の自殺が老年性うつ病が原因で増えていると聞いたことがあります。アメリカでは白人男性の自殺が多いそうです。

（2）**妄想傾向**　妄想を伴う病気にはスキゾフレニアや人格障害などが考えられますが，そういう病気ではないのに，前述したうつ病の引き金となる要因と同じ理由で起きることがあります。被害妄想がだんだん強くなってくると言えば，みなさんにも想像しやすいでしょうか？

（3）**不安障害**　うつ病や気質障害を伴う場合が多いのですが，引っ越しとか，独居，施設に収容されたなどという環境の変化で，感情的混乱を起こし，不安障害になる人が多いようです。ただし環境に慣れると治るという一時的なものも多いようです。

［4］　脳器質性障害

そして，最近「認知症」という新しい言葉で呼ばれるようになり，また，高齢者の問題としては一番多いのが，脳器質性障害（organic brain syndrome = OBS）です。これがつまり，老年期の認知症の2大原因疾患であるアルツハイマー型認知症，脳血管性・多発性脳梗塞性認知症，のことなのです。脳が器質的に変化することにより起きるものです。かつては痴

呆と呼ばれていたもので，物忘れがひどくなることから始まります。この
ごく初期段階で，アルツハイマー型認知症への治療（アリセプトなどの投
薬を受ける）を始めると病気の進行はかなり遅くなります。アリセプトの
効果は1～2年と言われていますが，実例として，私は，アリセプトを何
年も飲み続けながら，健常な高齢者とほとんど変わらない状態を保ち続け
ている方を知っています。

　それぞれを説明しましょう。
　(1)　アルツハイマー型認知症　　大脳の構造的変化により，認知機能
が衰退し，記憶力，判断力が低下し，次第に，観念失行（今までできてい
たことができなくなる）が起き，日常生活の困難を来たし，やがて死に至
る致命的な病気です。発病してから15年以内に死亡する例が多いようで
す。原因はまだ確定されていませんが，βアミロイドというタンパク質が
増加し，蓄積されることではないかという仮説が最近，有力視されていま
す。

　具体的にその症状をあげてみます。まず，精神症状として不安，焦燥，
うつ状態，興奮，心気症状（身体的な訴え），不眠，これらが強くでると，
暴力・破壊行為や自殺企図などの衝動行為に及ぶこともあります。これら
は，中期になると減少し，反対に安定して，にこにこと愛想がよくなり，
いわゆる「多幸状態」になるのです。よく「このおばあさんは昔は厳しい
人だったけれど，年とったら仏様みたいになったね」と言われる方がしば
しばいます（この反対に，以前より自己中心で，性格がきつかったり，横
柄だったりした人がますますひどくなることもよくあります）。こういっ
た性格変化は前頭葉が冒されてきていることが原因です。病識の欠如が起
きているわけです。

　それから，約30％に妄想・幻覚があります。これは初期からでてくる
場合もあり，「被害妄想」が多く，その中でも一番一般的なのが，「物盗ら
れ妄想」です。ひどい時には，家族や介護している人が警察に通報された
りする例もあるようです。「嫉妬妄想」というものもあります。これは大

半が，配偶者の不倫不貞を確信するものです。これには，結局その人との絆が失われていくことへの不安が背景心理としてあるのでしょう。

次にせん妄と日没症候群ということについてお話しします。

せん妄の症状としては，注意欠損，部分的記憶の欠落，単語の言い間違い，感情・意欲の不安定さ，幻覚に起因する異常体験・妄想，幻覚・幻視（夜間に多い），昼夜の逆転，一過性の認知障害があります。

日没症候群とは，徘徊や錯乱，不穏，大声をあげたり，物を叩いたり，泣いたり助けを求めたりするような状態や攻撃性などが午後や，夕方に出現し，そしてそれらが増加する症状です。

今述べた徘徊についてですが，アルツハイマー型認知症では初期から中期によく見られます。

それから，食行動異常というのもあって，主に女性には，鍋を焦がしてしまったり，冷蔵庫の中に腐った物がたくさんあっても平気という状態が目立つようになります。男性も女性も，味覚や食べ物の好みの変化も見られます。進んでくると，記憶障害の進行に伴い，食事をしたのを忘れてしまったりします。また，過食が見られたりもします。末期になると食物以外の物を食べようとしたり，食事に無関心になってきます。あと，排泄行動にも異常が見られるようになってきます。

以前は，アルツハイマー病と老人性痴呆といったように2つの別の名前で呼ばれていましたが，現在は，両方ともアルツハイマー型認知症であるとされ，発症の時期によって2つのタイプに分類されています。65歳よりも早い年齢で発症するタイプを若年性（早発性）アルツハイマー型認知症，65歳以降に発症するタイプを老年性（晩年性）アルツハイマー型認知症と呼ぶよう定義されています。若年性アルツハイマー型認知症の発症は，40代の終わりから50代といったとても早い時期から発症する場合のことですが，最近増えてきていると言われています。

(2) **脳血管性認知症**　アルツハイマー型認知症が65歳以降の発病を原則とし，一般的には75歳以上が多いのに比べて，脳血管性認知症は60歳代より多く見られます。脳血管性認知症（vascular dementia = VD）と

は，脳梗塞，脳出血によって脳細胞が障害を受けて痴呆が起きるのですが，アルツハイマー型認知症とこれですべての認知症の80％を占めるそうです。認知症を引き起こすその他の病気として，パーキンソン病，ハンチントン病，ピック病などがあります。

　脳血管性認知症の場合，症状として，平衡感覚障害，言語障害，記憶障害などが起きます。初期には，物忘れより，めまいや頭痛，しびれ，疲労感が目立ち，せん妄や感情失禁も起きやすいそうです。

　また「まだら痴呆」と言って，他の部分は健常なのに，穴のあいたようにある一部の脳機能だけ著しく能力が低下してしまうということも起きます。50代でも多発性までは至らずとも，微細な脳出血を複数起こしている人も多く見られます。まだら痴呆になりかけていても，周囲は「この人はもともとルースな人だから」ということで，周囲の人たちが気づかない場合もしばしばあります。例えば，大学で教えている人の中にもそういう人がいたりします。

　症状的にアルツハイマー型認知症との違いを申し上げますと，まず，アルツハイマー型認知症では比較的早い段階から病識が欠如し，自覚症状が少ない，人格の崩壊が起きる，全般的痴呆であり，ある時期多幸多弁になるなどが見られます。反対に脳血管性型認知症は，始めはもっていた病識が，症状がかなり進行してから欠如し始め，そのため人格もかなり最後まで保持され，前述した，まだら痴呆と呼ばれたりします。自覚症状としては，先ほど申し上げた，頭痛とかしびれがあります。

　ところで，「よく，アルツハイマー病と認知症はどう違うの？　それとも同じなの？」という質問を受けますが，以前，よく使われていた「痴呆」という言葉が，「認知症」という言葉に置き換えられただけで，意味は同じです。つまり，認知症の大部分が，アルツハイマー型認知症（若年性と老年性）と脳血管性認知症だと覚えておいて下さい。

[5] 音楽療法のアプローチ

　普通，高齢者福祉施設，特に特別養護老人ホームの利用者の大部分がアルツハイマー型認知症と脳血管性認知症の方々だと思います。他にもパーキンソン病や，脳梗塞後の後遺症をもつ人たち，老年性難聴の方など，さまざまな方がいらっしゃいますが，中規模以上の施設で，音楽療法を実践する時には，同程度の同じ障害（認知症なら認知症だけのクライアントグループ）の方々を，集団セッションなら8人〜10人程度集まっていただいて行うのが理想的だと思います。しかし，施設の都合などもあって，なかなか理想どおりに運ばないのが現実です。その時はできるだけ，効果の期待できる範囲で現実と折り合いをつけなければならないでしょう。

　例えば，ある施設で音楽療法を受けてほしいとされる認知症の方が20人以上いました。こういう場合は，2つのグループに分けてする方がよいでしょう。

　あるいは，認知症の程度が，重度から軽度までさまざまなグループのセッションを頼まれるということも考えられます。重度でも，暴れたりする人でなければ，程度が違っても，今の日本の現状では受け入れ，仮にそのグループが10人なら，同じアクティヴィティをしても，その人によってゴール，そしてオブジェクティヴを違うものにすることは可能な範疇に入ると思います。10人程度以内なら，かなり注意力が必要ですが，各クライアントの変化を追っていけると思います。

　中には，40人，50人と，施設側が要求してきて，また，そのような大人数で音楽療法と言われるものを行っているところが全国にたくさんあるようですが，これだけは困ります。どうしても40人，50人と受け入れざるを得ないなら，音楽療法を実践することは不可能です。うまくいってリクリエーションにしかならないでしょう。なぜならクライアント一人一人の変容を追っていくことができないからです。そういうことを施設側に理解していただく必要があります。リクリエーションは，本来は音楽療法士の仕事ではありませんが，リクリエーションでもよいと施設側から言われたら，みなさんならどうしますか？

リクリエーションで，楽しい時間を過ごすことはできても，その人たちのセラピー的な利益は考えられません。

　この場合，アイディアがあります。全員の情報収集アセスメントを行い，この大人数から，音楽療法によって最も利益を得ることができるであろうという人たちを10人ほど選び出し，その方たちに，一番前に座っていただくのです。そして，各アクティヴィティもその方々中心に行います。残りの方たちは，後方に座っていただきます。そして，しばしば「応援お願いします！」などと，体操や歌唱など一緒に参加していただくのです。私の経験では，これでうまくいったケースもあります。

　ところで，「計画・プラニング」のところで紹介した音楽療法セッションのプラン表を思い出して下さい。または，もう一度見直して下さい。認知症高齢者への音楽療法は，原則としてあのようなプランが多く使われます。

　では，具体的に言って，どのようなことをゴールにするのでしょうか？

　まず，「維持（maintenance）」そして，「退行（regression）をできるだけ緩やかにすること」です。認知症も，認知症でなくとも加齢化現象は止めることができないというのが一般的な原則です。現存する機能をできるだけでも維持しよう，衰えを防ごう，あるいは一時的に向上させて，その結果として退行していく速度を緩やかにしていこうというのが大原則だと考えられています。

　音楽の種類が働きかける部分として，第4章で，認知C，運動M，コミュニケーションC，社会化S，情緒E，をあげましたが，それに沿ってどのように働きかけるべきか説明しましょう。

（1）　認知C　　認知力，判断力，言語能力，記憶力（短期記憶・長期記憶）等に刺激を与え，これらの現状維持，あるいは一次的回復をさせて退行していく速度を緩やかにする。

（2）　運動M　　上肢・下肢機能の体操や，可動性を保てるようなアクティヴィティを行い，現状維持，あるいは一時的回復をさせて，退行していく速度を緩やかにする。

（3）コミュニケーションC　《挨拶の歌》や，パラシュートで名前を呼び合って返事をする，などのアクティヴィティはコミュニケーション能力の退行を防ぐ。

（4）社会化S　人的交流ができるようなアクティヴィティ，前述のパラシュートでの自然発生的な会話や，クライアント同士が関わり合いをもつようなアクティヴィティを行い，また，合奏などでは，違う種類の楽器ごとに出番を待つというような相互作用を必要とされることを行い，社会性を維持する。

　以上のようなものになるかと思いますが，それ以上に，高齢者の方々，認知症の軽度の方々は，徐々に，自分ができなくなっていくことが多くなっていることに気づいていらっしゃり，自信や自尊心の喪失を感じ，また，それらを日常的に感じることのストレスも感じていらっしゃる方が大変多いと思います。そういう方には，何よりも自信回復，自尊心をもっていただくことができるようなアクティヴィティが必要です。

　例えば，オブジェクティヴ100％達成のセッションを計画することも，時には，必要です。それもわざとらしくてはいけません。以前にも書きましたが，高齢者のグループで，「スマップ」の曲の演奏会を開いて大成功をおさめたことがあります。これは，自信回復，自尊心をもっていただくのに，「わざとらしくない100％達成セッション」だと思います。「スマップ」の例は特別な例ですが，普段は，何よりもクライアントの方々がリラックスできるセッションでなければならないと思います。

　また，認知症が進んでくると，今度は，（1），（2），（3），（4）で書いたことも重要ですが，現実感覚（見当識）を維持することが大きな課題となってきます。私が《こんにちはの歌》で名前を呼びかけず，そのすぐ次に各クライアントの名前を聞いていく歌を歌いながら，各クライアントのところをまわって行くことをするのはそのためです。それには，雑談的に，あるいは歌にのせて，そのクライアントのいる場所や，日時を聞くことも挿入されます。

そして，何よりも，どんな高齢者にも一番必要なのは「QoLの向上」です。音楽療法は，もちろんすべての年齢層にわたって言えることですが，特に高齢者の方たちには，セラピーを行いながら，楽しんでいただかねばなりません。言い換えれば，自分が何らかの療法を受けているのではなく，楽しい音楽の時間を過ごしているのだという意識で音楽療法に来ていただいて，結果的にはセラピーを受けたことになっているというのが理想ではないでしょうか？

ですから，私は高齢者のクライアントの方の前では決して「音楽療法」という言葉を使いません。「さあ，今日も楽しく音楽しましょう！」と言いますし，クライアントの方の目に入るところにその施設の予定表などが貼ってあって，そこに「音楽療法」と書いてあったら，単に「音楽の時間」に変えてもらえるようお願いしています。

話が変わるようで実はつながっているのですが，高齢者に関しては，たくさん誤解があります。実際私自身が，他の音楽療法士を名乗る人から聞いた事柄ですので，世の中にきっと以下のことを信じていらっしゃる方が多いと思います。その誤解を少しあげてみます。
　①高齢者は古い歌，民謡，演歌を好む。
　②高齢者はゆっくりとした音楽を好む。
　③高齢者はうまく歌えない。
などですが，すべてがまったくの誤解ではないですが，統計的にも，私の経験からも，やはり私は少なからず誤解があると言いたいです。そこで，上記の①，②，③を以下に言い換えます。
　①高齢者は古い歌，民謡，演歌を好む人も多いが，自分の青年時代に流行った曲と子どもの時に歌った童謡が好きな傾向が多く，また，新しい曲やスタイルも十分取り入れることができ，外国の曲にも抵抗を示すことは少ないのです。これは私の数多い経験からも言えることなのですが，これらのことを知らない人が意外と多いのです。音楽療法士を名乗って活動している人たちの中には年がら年中，演歌と民謡ばかりしている人たちがい

ます。私はこれは極端に言えば，高齢者を軽視する行為だと思います。実は，音楽療法士を音楽家とか音楽の先生と見なしている高齢者の方々が多く，実際には，それがある一面では，真実な見方であり，つまり彼らはそういう意味ではきわめて健常な訳ですが，それゆえに，クラシックを望むとか，プロとしての演奏を求める人が多いのです。俗っぽいものからの脱却を望む人も多いのです。高学歴な高齢者が増えてくるにつれて，音楽鑑賞の幅が広くなってきていて，クラシックだけでなく，シャンソンを歌う人だっています。英語の歌を歌うと正しい発音で「Thank you!」とおっしゃった方もいらっしゃいます。女学校時代に習ったメンデルスゾーンの歌や，ローレライを希望する人もいます。彼らが概してそういう気持ちをあまり表明しないとすれば，音楽を提供する側の能力不足が見抜かれているか，その「えせセラピスト」の単純思考による思いこみで，相手に発言や，意思表示の機会を与えてないことが大いに考えられます。

　ところで，私は，音楽療法士（MT-BC）になって，初めて《リンゴの歌》や，《青い山脈》を覚えました。このように逆に私たちが今の高齢者たちが青春時代に流行った歌を覚えなければならない場合もあります。

　やがて，近い将来，日本でも，認知症の高齢者を対象とした音楽療法セッションで，タイガースや，さだまさしや，ビートルズの歌が求められ，ジョン・レノンの《イマジン》がテーマ・ソングになる日が，確実にやってくるでしょう。

　②高齢者も若い人もリラックスしたい時は，ゆっくりとした静かな音楽を好むが，状況によっては，テンポの速い，ビートのはっきりした，刺激的な音楽をより好む（Gibbons, 1977）。これも，私の経験から言って大正解です。私がアメリカから持ち帰り日本語に訳したアップビートの曲を覚えて，「イエーィ！」と，とても元気に声をそろえて合唱するクライアントグループも存在するのです。

　③高齢者は，若い人より音域が狭いが，それでも調査によると，いろいろな歌を歌うために最低限必要な1オクターヴが出る人がほとんどである（Greenwald & Salzberg, 1979）。確かに，若い時より，声は低くなってい

ます。ですが，今時の高齢者は，カラオケで鍛えていることを忘れないで下さい。

[6] 回想法（reminiscence）

　回想法とは，「過去の出来事や，経験・知識を思い出すこと（Wylie, 1990）」と定義づけられています。また，その目的は，思い出すことや，昔を振り返ることによる，対人関係の改善や自尊心の高揚などとされています。懐かしい過去を思い出すことによって，確かに人はリラックスし，悲しみを和らげる効果があるかもしれません。

　回想法で，いろいろな昔のことを思い出して，それは主にエピソード記憶が多いと思いますが，認知症の方は，確かに，話が多く出るようになり，活気づいてきます。

　人間誰しも，特に高齢者に必要なことは「QoLの向上」でしょう。回想法により，「QoLの向上」がもたらされるとしたら，それは素晴らしいことだと思います。また，発語がだんだんと少なくなっていた認知症の方が，再び活気づいてよくお話なさるようになられたりします。ただ，残念なことに，同じ話ばかりを繰り返し繰り返し語られる方が非常に多く，収拾がつかなくなる場合もなきにしもあらずです。

　音楽療法でも回想法を取り入れていらっしゃる方が多いようです。私は，回想法を否定する者ではありませんが，回想法で，高齢者の方に活気が出たと喜んでいるのも，結局は高齢者にありがちな昔話を繰り返し繰り返し話すだけということになっていることもあるようです。回想法により，機能回復したわけではないのです。それだけでは，セラピー的には，あまり意味がないと思います。そこで，回想法に関する話はこの辺でおしまいにして，実践的な話に戻りましょう。

[7] プランの紹介

　第4章の「音楽療法を実践するにあたって」で，一つの例として高齢者のための音楽療法のプランを紹介しましたね。それは指揮者の合図に従っ

てトーンチャイムを振るという認知症の方にはかなりな努力を必要とするアクティヴィティや，歌詞カードを一人一人に配り，普段あまり読むことのない字を思い出していただくようなこともしました。

つまり，「歌唱」というアクティヴィティは，実は単に懐かしい歌を歌うことがオブジェクティヴではなく，上記のようなことがオブジェクティヴになるのです。

認知症の方々の機能維持を目的としたアクティヴィティにはさまざまなアイディアがみなさんにもあるでしょう。私は，これはあくまでも原則的なことですが，認知症の高齢者のグループセッションを行う際には「起承転結」を考えます。最初の《ハローソング》は「起」にあたるウォーミングアップと考えればよいかと思います。「転」にあたるメイン・アクティヴィティは，一番盛り上がりの大きい，しかもセラピー的に意味の深いものでなければなりません（他のアクティヴィティに意味がないと言っているのでは決してありません）。メインとなるアクティヴィティをどうすればよいか悩んでいる学生たちを，私はたくさん見てきました。そこで，みなさんの創造力・想像力がもっともっと広がっていくよう願いながら，アイディアの一つとして，もう一つアクティヴィティを紹介しましょう。

《赤とんぼの歌》をテーマにしたアクティヴィティ

(1) 全部で4番まである《赤とんぼの歌》の歌詞を思い出す。
　準備物：《赤とんぼの歌》の歌詞を書いた模造紙（しかし，ところどころ言葉を抜いてある），ホワイトボード，マグネット，マジックペン
　オブジェクティヴ：昔懐かしい《赤とんぼの歌》を歌詞を全部正確に歌う
　流れ：ホワイトボードにあらかじめところどころ言葉の抜けた《赤とんぼの歌》の歌詞を貼り出し，クライアントのみなさんに言葉が抜けているところを思い出していただく。最初は，メロディー無しで試してみて，出てこない部分は，メロディーを付けて最初から歌い，抜けているところで音楽をいったん止めることにより，言葉を思い出していただく。
全部，言葉が出そろうとみんなで歌ってみる。

　最初，メロディー無しで試してみるのは，メロディー付きより，より難しいからです。音楽があれば言葉も出やすくなります。ですからメロディ

ーを演奏するのは，2番目にしてみましょう。隠された言葉が正解としてクライアントから出るたびに，正解をおっしゃったクライアントを個人化してその人にお礼を言うなりして正の強化を忘れないで下さい。

このアクティヴィティでは，ピアノなどの鍵盤楽器を使うより，ヴァイオリンなどの弦楽器を使う方がより，雰囲気が出るでしょう。

(2) ギター演奏を試してみる。
　準備物：ギター1台，可能なら鍵盤楽器かヴァイオリンのような弦楽器，ギター用のピック（できれば握りやすいように作った大きなもの）。
　オブジェクティヴ：《赤とんぼの歌》のリズムに合わせてギターをかき鳴らす。
　流れ：ギターを1台持ってきて，楽器の名前を聞く。出てこない場合は，ギターという名前を伝える。クライアントの1人の膝の上に，その人の承諾を得て，ギターを置き，コード進行はセラピストが受け持ち，そのクライアントに《赤とんぼの歌》のリズムに合わせてギターをかき鳴らしていただく。膝の上に置いたギターの安定が悪いと職員の方にお願いしてギターをそのクライアントの膝の上で支えていただく。そのクライアントのギター伴奏と，もしコウセラピストがいれば，鍵盤楽器かもしくは，ヴァイオリン等弦楽器の伴奏を入れ，みんなで，《赤とんぼの歌》を歌う。クライアントの人数が10人程度の多さだと，全員にギターを体験していただくことはできないが，4番まで各歌詞ごとにギター奏者を換えながら，なるべく半分程度のクライアントにはギター演奏を体験していただく。この時，歌がおろそかにならないよう，セラピストは，他のクライアントに「歌の応援しっかりお願いします」などという声かけをする。ギターを弾き終わったクライアントには必ず正の強化をする。ギター演奏を体験していただけなかったクライアントには「次回お願いしますね」などと，声かけをする。

以上で《赤とんぼの歌》のアクティヴィティを終わりにして，そのまま「歌唱」のアクティヴィティに，引き続き入るなり，雰囲気を変えて，パラシュートなどを使ったアクティヴィティをするのもよいかと思います。また，《幸せなら手を叩こう》の替え歌で，「手を叩く，足踏みする，肩を叩く，手をつなぐ」という行為を順番に行っていき，最後にまとめて4つの行為をつなげてするというようなアクティヴィティもあります。こういったアクティヴィティをあげだしたらキリがありません。みなさんも自分たちで，考えてみて下さい。その時には，クライアントのニーズをかなえるために作られたゴールに沿ったオブジェクティヴを考えるようにして

下さい。

[8] 高齢者対象のグループホームでの音楽療法

　最近，高齢者のためのグループホームが増えてきました。従来のような大規模な施設ではなく，小規模で，アットホームな雰囲気のあるグループホームがたくさんあります。そして，グループホームでの音楽療法のニーズが増えてきました。私のところにも，グループホームの職員の方からの音楽療法の依頼や相談が増えてきています。そこで，最近，最も注目されている少人数のグループホームでの音楽療法のあり方についてお話ししましょう。

　家族的とも言える程，小規模で，人数も各階に5〜6人を超えないとか，リヴィングルームに，対面式のキッチンがあり，そこで，職員がミキサーを回してカスタードクリームを作り，シュークリームにして手作りのおやつをみんなで一緒に仲良く食べるというようなグループホームもあります。こういったグループホームはこれからもどんどん増え続けていくことでしょう。

　音楽療法もこのグループホームという小さな社会のニーズに応えなければなりません。大規模な施設では同じ種類の障害の方々をクライアントとして選び，その人たちを一つのグループとして音楽療法セッションをするということも可能ですが，この小さな社会では，それができません。しかもグループホームでの音楽療法に対する要望は増え続けているのです。

　グループホームでは，認知症の方だけを集めるということも難しく，そのグループホームを利用されている，さまざまな障害・問題を抱えていらっしゃる方々の個々のニーズに応えながら小規模な集団セッションを行うという，従来にはなかった形態の音楽療法が必要とされるようになってきました。もちろん，集団ではどうしても無理という方は，個人セッションに切り替えねばなりませんが，しかし，この小社会でのさまざまなニーズに応えていくというのも，私たち音楽療法士にとってはとても興味深いチャレンジではないでしょうか？

高齢者対象のグループホームには認知症だけでなく，老年性うつ病，不安障害，身体障害，かつては精神障害をおもちだったけれども現在は目立った症状もなく，「病気が枯れた状態」という人，さまざまな人がいます。また，学歴や，教養，知識の差も大きい場合があります。大規模な施設ではそれらも含めてアセスメントをしてクライアントを選ぶことができていたのが，小社会のグループホームでは，それができません。
　それゆえに，音楽療法士に要求される知識やテクニック，スキルもより深いものになっていかねばなりません。そして集団の中で個々のニーズに応えていくことをしなければならない時代がやってきているのです。
　前述のさまざまな障害のうち，認知症はもうお分かりでしょう。うつ病や不安障害，精神障害については後章の「医療現場における音楽療法」で各障害・病気について説明したいと思います。また，高齢者に多く見受けられ，音楽療法の対象となる場合の多いパーキンソン病についてはこの章の中で後述します。
　ただ，この章でまず言っておくべきことは，グループホームは少人数の施設ですので，そしてその少人数が，職員も含めて，仲良く暮らしていくことが一番の課題であるということです。
　私は，まず，短期ゴール（最初のころに達成されるべきゴール。その反対にセッション終結時を念頭に置いたゴールを長期ゴールという。同様に短期オブジェクティヴ・長期オブジェクティヴという言葉もある）に，「グループホーム利用者と職員の方々とのラポール作り」を定めます。利用者自身と職員同士が仲良くならないとその人たちは行き場がなくなってしまうのです（もちろん退所する自由はありますが）。
　そこで，私がグループホームで音楽療法を行う時は必ず，リヴィングルームで，イスを円形に並べたり，あるいは，足の悪い方がいらっしゃったら，その方にはソファーに足を投げ出して座っていただいて，その方を取り囲むようにそれぞれみんなが好きな場所に座るようにします。そこで重要なことは，職員全員ができるだけクライアントの中に入って，クライアントと交互に座り，セッションに参加していただくことです。もちろん，

職員の方には「セッションの中では，クライアントとして振る舞って下さいね。本物のクライアントより先に質問に答えたり，クライアントに答えを教えてあげるようなことはしないで下さいね」と伝えています。みんなが同じ輪の中でラポールを深めながらセッションは進行していくのです。

　これが，今後，グループホームでの課題となるでしょう。個々の問題については，先ほど申し上げたように後述することにして，次に，高齢者の施設や老人病院にいる方たちの中にも必ずいらっしゃるパーキンソン病についてお話ししましょう。

[9]　パーキンソン病について

　（1）　パーキンソン病はどのような病気か？　　高齢者施設とか老人病院には，必ずと言っていいほど，パーキンソン病の方がいらっしゃいます。アルツハイマー型認知症の方々の音楽療法の集団セッションの中にパーキンソン病の方を参加させてほしいと施設側から依頼されることはよくあることです。パーキンソン病の方は，ちらりと見ただけでは，アルツハイマー型認知症の方と区別がつきにくく見える時があります。なぜなら，パーキンソン病の方には，顔の表情がとぼしい方が多く，それで，アルツハイマー型認知症と間違われてしまうのです。

　今から，簡単にパーキンソン病とはどんな病気なのかを説明したいと思います。

　一口に言うと，パーキンソン病は脳内のドーパミンの濃度が少なくなって身体の運動（motor）に影響を与え，スムーズに動けなくなる病気です。ほとんどが高齢になってから発病するのですが，まれに若年性パーキンソン病というのがあり，スピルバーグ監督の映画「Back to the future」で主演したマイケル・J・フォックスが患ってしまいました。もう何年も前の話ですので，病気はかなり進行していると思います。あの名作の第4部が見られないということはとても残念ですし，あの若い名優があのような不幸に見舞われたことに深い悲しみを覚えます。

　話をもとに戻して，パーキンソン病の症状を説明しましょう。パーキン

ソン病には運動系（motor）を主にしてさまざまな症状が現れます。

①体の動きが遅い　動作緩慢とも言え，日常生活のいろいろな動作が遅くなります。座っていて立ち上がる時，ベッドから起き上がる時など，健常な人から見ればスローモーションのように見えます。そして，顔面の表情もとぼしくなるので，これらのことから痴呆と間違えられることが多々あるのです。

②震え　身体の一部，手，腕などが細かく震え，それから脚も震えるようになります。パーキンソン病の震えは静かにしている時に現れるので，それでパーキンソン病と分かる場合が多いのですが，歩行している時にも震えは目立ちます。ちなみにマイケル・J・フォックスの自伝を読んだのですが，ある朝，手の震えに気づき，最初，二日酔いかと思ったけれども，震えが止まらず，医師の診察を受けて検査したら若年性パーキンソン病と分かったそうです。今，彼がどういう状態かは分かりませんが，先ほど申し上げたように「Back to the future」の第4部を期待することは無理でしょう。

③身体の硬さ　筋固縮とも言います。筋肉の病気ではないのですが，筋肉の緊張が取れず，スムーズに動けなくなります。

④バランスの悪さ　立っている時，歩いている時，健常者はうまくバランスがとれますが，パーキンソン病の人にはその機能が損傷されているので転倒しやすくなります。

⑤歩行の障害　第一歩が出ない，小刻みに歩いてしまう，という症状と，先ほど申し上げたように，バランスの悪さのためによく転倒します。

⑥発語の障害　運動系（motor）に障害が出て，その障害を受けた運動筋が発語を司る筋肉だった場合，声が出にくくなり，ひそひそ声で話しているというような，周りの人が聞き取りにくい発語になる時があります。

（2）　**音楽療法での関わり方**　そのクライアントが高齢者の施設に居住していたり，老人病院に入院していると，関係者側は，必ず認知症の方と一緒に集団セッションを頼んでくるでしょう。セッションの人数が10

人以内程度で，認知症のクライアントで非常に難しい人がいなければ，そのグループに本人が希望するなら入っていただいても，セッションは可能です。

　例えば，上記の⑤の症状をもっていらしても，セッションの場には，おそらく，車椅子でいらっしゃるか，歩行器を使って職員の介助を受けながらいらっしゃるでしょうから，集団セッションに参加していただいても問題はないでしょう。

　集団セッションにおけるパーキンソン病の方の問題は，集団で動きのあるアクティヴィティをする時です。例えば「リボンやスカーフを持って音楽に合わせてそれを振り，上肢の運動をする」というアクティヴィティを行う時，そのパーキンソン病の人には，まずリボンやスカーフを持ってもらうことが難しいのです。ここで，ですからその人は特別に個人化しなければなりません。セラピストまたはコウセラピストが，アクティヴィティを行っている間，まず，その方に関わることになったセラピスト，または職員の方は，そのクライアントの両肩から両腕にかけ，なでおろすようにマッサージをしてあげるのです。そうすると幾分か筋肉の緊張が取れて，その瞬間にリボンやスカーフを握ってもらうことができます。そうなると，その人は十分にアクティヴィティに参加できます。

　集団セッションにおいては，今申し上げた関わり方で，何とか参加可能な状態にもっていけると思います。ただし，大きな効果は望めません。

　私は，パーキンソン病の人には個人セッションが非常に効果があると考えています。

　例えば，最初の踏みだしの第一歩，立ち上がる動作，そういうパーキンソン病の人が一番苦手とする動作を練習するための，短いリフレインの多い歌を作り，それに合わせて練習するのです。例えば「よーいしょ，よーいしょ，よーーいしょー」などという歌を最初はとても遅く，その人に合わせて歌います。そして徐々に，本当に少しずつアッチェレランドしていくのです。そうすると音楽が人間の動きを組織化することが起きます。「よーいしょ」の音楽に合わせて，その人の最初の第一歩，立ち上がりな

どが改善されていきます。改善されながらもパーキンソン病は進行性の病気ですから徐々に退行が見られるのは仕方のないことです。しかし，一時的にせよ，大きな効果が望めます。

　歩行に関しても同じです。コロラド州立大学のマイケル・タウト博士が行った実験で，パーキンソン病の人の歩行に拍を与えるのです。そうすれば，人間は無意識にもその拍に合わせようとします。タウト博士の報告では3週間，この手法を使った音楽療法で，クライアントは健常な人と何ら変わりなく歩けるようになったそうです。

　次に，発語に問題のある方，つまり，声が出なくなった人の回復へのアプローチですが，ローバッカー博士が，成功しています。音楽療法の機能・修復のところで簡単に紹介しましたがローバッカー博士は，をそのクライアントと一緒に，声楽家の行うような発声練習したのです。まず，複式呼吸，それから，声を前に投げかけるような練習を行いました。どういうことかと言うと，病気のためにしわがれたようになっている声を前方に投影するようにして元来の声を取り戻す練習をし，自分の元来の声を確認・再認識してそれを何回も繰り返し練習するわけです。ここでは「あーーー」という母音を使います。

　それから，「まーめーみーもーむー」の練習です。「まーめーみーもーむー」を声楽家の発声演習のように，半音ずつ低音から高音へと上っていく練習をするのです。

　こういった練習で，そのクライアントは再び家族が十分聞き取れる声が出るようになったばかりか，何とライオンズクラブの会合で，《線路は続くよ，どこまでも》を歌うことができたのです。

　このように，進行性の病気であるパーキンソン病でもかなりの長期間にわたって，機能を回復させることは可能です。

　前述した《最初の第一歩の歌》などですと，音楽の知識のある理学療法士の方がいらっしゃったら，その理学療法士の方にその歌を教えてあげて，実践することも可能ですが，拍を与えて，それをアッチェレランドすることはかなり高度な音楽的技術が必要で，音楽療法士と理学療法士がチーム

を組んで実践するのがよいと思います。そして，最後のローバッカー博士の発声練習だけは，音楽家である音楽療法士でないとできないことですよね。

　他にも高齢者になるとさまざまな問題を誰しもが抱えることになります。あなたもです。私もです。冗談のような話ですが，病院の待合室での会話です。「今日，○○さん，来てないね？」「そういえば来てないね，どこか具合が悪いのかなあ？」
　本当にあった話です。
　もう日本は高齢者大国になっています。現在の高齢者，これから高齢者になっていく人々（つまりあなたや私です）が，どう幸せに暮らしていくことができるか，どういうふうにQoLを高めていくのか？　音楽療法はその点で何ができるか，みなさんのこれからの大きな課題となることでしょう。それを自分のこととして考えてみて下さい。

第9章

発　　達

　第10章からは，発達障害（いわゆる知的障害や知的障害を伴う障害・身体障害等）の子どもや成人について，それがどのような障害・問題であるかということについて，そしてまた，音楽療法ではそれらの障害などにどのようなアプローチをするのかを語りたいと思うのですが，その前に，みなさんがぜひ知っておかねばならない発達論について，この第9章で述べたいと思います。ここでも第8章で名前をあげた学者たちの助けを借りることにしましょう。

　心理学で言う「発達」とは，「人が生まれてから死ぬまでの過程」を言います。従来は，新生児期から，乳幼児期，児童期，青年期を経て，成人に至るまでの上昇的変化を発達と言ったのですが，最近では，「ライフサイクル」と言って人間は生きている限り，「発達」し続けるものであるという論が主流を占めています。その一つとしてエリクソンの発達論をごく簡単に紹介したいと思います。

❖　Ⅰ　エリクソンの発達論

　まず，エリクソン（Erikson, E. H.; 1902-1994）は，人間の一生を「周期＝ライフサイクル」としてとらえ，それまでは，成人すれば発達は終わるものとされていた発達論を「誕生から死に至るもの」であると定義し直し，その考えに基づく発達論を唱えました。心理学の章で登場したフロイトも発達論を唱えていますが，それはすべて性に結びつけられていました。エリクソンは，フロイトのそういうところに批判的な考え方ももちながら，

フロイトの影響も受け，フロイトの精神性発達に社会的発達を結びつけ，人間の一生に8つの段階を設定しました。

それぞれの段階には，乗り越えるべき課題，すなわち「心理‐社会的危機」＝「発達課題」をどう乗り切るかによって「パーソナリティ（人格）」のあり方が決まってくるものとし，また，各段階で，適応的解決（成功）と不適応的解決（失敗）の双方を示し，それが人としてのあり方にどのような結果をもたらすのかを，それぞれ明記しました。そして，各段階の発達課題を適応的に解決していかないと，次の段階への宿題または，失敗としてそれを引きずっていくものとしました。

それでは8つの各段階について説明します。

第1段階（0歳～1歳半）（乳児期，信頼 対 不信）　乳児にとって母親，またはその代わりのとなる者は「信頼」する存在となりますが，それが適切に満たされないと「不信」となります。ゆえに，この時期は「信頼」を覚える時期であり，それが発達課題です。

第2段階（1歳半～3歳）（幼児期，自立性 対 恥・疑惑）　幼児は自分のできること（歩行，言語など）を試そうとしながら自立性を養いますが，それに失敗したり，大人の制限を受けることにより，「恥ずかしさ」や「疑惑」を抱きます。ゆえに，この時期は，「適切さ」を感じること，「自己統制」を覚える時期であり，それが発達課題です。

第3段階（3歳～6歳）（児童期，積極性 対 罪悪感）　前段階の自立性をもとに親の受容的態度や配慮により，さらに「積極性」を養おうとします。ところが，やりすぎたり，失敗を親に指摘されることで「罪悪感」を抱いたりすることもあります。ゆえに，この時期には，目的と方向をもって，自分の活動を開始する能力を養う時期であり，それが発達課題です。

第4段階（6歳～12歳）（学童期，勤勉性 対 劣等感）　この時期になると，就学し，知識生活時代と言われ，さまざまなことを学ぶ段階に入ります。ここで失敗すれば，挫折感，劣等感を引きずっていくことになるでしょう。

第 5 段階（12 歳～20 歳）（青年期，同一性 対 同一性拡散）　この時期は，自分のアイデンティティを自問自答するようになる時期です。現代のように価値観の多様化した時代では，自分の立脚点を見つけることはさぞかし難しいことでしょうが，これに失敗すると，アイデンティティを見つけることができず，いわゆる「同一性拡散」（自分はこういう者であるという自信と認識がもてない）に苦しむことになります。この時期の発達課題は，自分のアイデンティティをもつことであり，それが十分に獲得されることが好ましいのです。

第 6 段階（20 歳～40 歳）（成人前期，親密さ 対 孤立）　第 5 段階でアイデンティティを確立した者は，自己を失うことなく，異性を含めた他者との「親密」な関係を形成することができるようになります。ところが，第 5 段階で失敗した者は，自己の不確実さを強め，「孤立感」を深めるようになります。この時期の発達課題は，他者との「親密な関係」を築くことであり，それは生涯を通して続くものとなりやすいのです。

第 7 段階（40 歳～60 歳）（壮年期，生殖性 対 停滞）　この生殖性というのは子どもを育てるということではなく，自分の得たものを次世代に伝えていく，次世代を支援していくということです。この役割から離れた生き方をすれば，自己中心的（自分では気付いてないが）な「停滞感」に悩まされるでしょう。ゆえに，この時期には，家族において，また，社会的に，大切なことを次の世代へ伝えることに関心をもって生きることが発達課題です。

第 8 段階（60 歳～）（老年期，統合性 対 絶望）　第 7 段階で成功した者は，今の自分をありのまま受け入れようとするでしょう。これを「統合性」と言います。反対に第 7 段階で失敗した者は，惨めな気持ちを抱き，自分がそういう気持ちを抱く羽目になってしまったことを他者のせいにしようとします。つまり自分自身を受け入れられず，責任回避しようとするのです。

こんなふうにはなりたくないものです。ゆえに，第 7 段階でぜひとも成功して，この時期には，充足感をもち，来たるべき「死」というものを恐

れずに，おおらかな気持ちで受容したいものです。

　以上8段階を簡単に説明しました。みなさんにも思い当たることがあるのではないでしょうか？　私が思うに，この本の読者の大部分の方は，おそらく第5，第6段階にいる人たちでしょう。私の説明を読みながら，自分を振り返り，現在，そして過去を振り返ってみて下さい。
　ちなみに筆者である私は，現在，第7段階にいます。若いころから頑張って勉強し，また体験して得たものを少しでもみなさんに還元したいということが，この本を書く動機になりました。第7段階にいる同世代を見渡すと，自己中心的な人を少なからず見かけます。それらの人たちはきっと第8段階で，人生の終末を惨めな気持ちで迎えるかもしれません。私も第7段階の自分をしっかり振り返っていく必要があると思っています。
　また，私が音楽療法を実践している認知症などの高齢者の方々にも，認知症という障害をもちながら，実に尊敬すべき人格をおもちの方がたくさんいらっしゃいます。そういう人こそ，たとえ認知症になっても，人生の成功者だと呼べるのかもしれませんね。私も頑張って残されたライフサイクルをしっかりと歩みたいと思っています。みなさんも頑張って下さい。

II　ボウルビーのアタッチメント理論

　さて，次に紹介するのは，ボウルビー（Bowlby, J. M.; 1907-1991）の「アタッチメント理論」についてです。これは，発達論ではないのですが，発達において非常に重要なことをボウルビーが言っていて，それをボウルビーのアタッチメント理論と呼んでいるわけです。アタッチメントというのは「愛着」と訳されています。
　これは，母親（またはそれにあたる人）と子どもの間に築かれる情緒的な絆の理論です。子どもは自分を世話してくれる特定の人物として，まず，母親を認識します。
　そして，ボウルビーは，アタッチメントの深さが，その後の子どもの発

達に影響を与えると言っています。適度なアタッチメント（絆の深さ）があれば，子どもは安心し，その後も順調に発達するでしょう。ところが，母親とのアタッチメントが少なければ（「母性剥奪」），子どもは不安感をもち，これを「分離不安」と言います。ここで言うところの分離不安とは，母親が子どもに十分に愛着を与えられない結果起きます。母親のアタッチメントが少なくて，つまり分離不安が強いと，後々の発達にも影響を与えます。アタッチメントが適切であるか否かによって変わってくるその後のパーソナリティのあり方を，ボウルビーは3つに分けています。

　①**アタッチメントが多すぎた場合**　　他者といつも一緒にいなければならないことをいやがり，他者をなかなか信頼できません。恋人とくっつくのもあまり好まないのです。アタッチメントが多すぎて，うんざりしてしまうのでしょうか？

　②**アタッチメントが少なすぎた場合**　　他者といつも一緒にいることを好み，自分が好かれているかどうか不安感を抱き，と同時に，自分は他者にくっつきすぎて嫌われているのではないかと思ってしまいます。アタッチメントが少なすぎると，「もっと欲しい」と思ってしまい，つい求めすぎてしまう傾向があります。そしてそんな自分に気付き，自己嫌悪になるのでしょうか？

　③**適度なバランスのアタッチメントが形成された場合**　　自分は，適度に他者と仲良くなれるし，たまにはパートナーに甘えることもできるし，逆に甘えさせてあげることも苦にならないというバランスのよさが形成されているはずです。人間関係においての不安感はあまりありません。

　以上3項目あげましたが，これには異論もあります。しかし，そういった議論は心理学者におまかせして，私たちはこれを知識として役立てようではありませんか。

✄　Ⅲ　ピアジェの発達論

　音楽療法を実践する際，一番念頭に置いておかなければならないのがピアジェの発達論です。残念ながらピアジェの発達論は，青年期で終わっているのですが，発達障害の子どもや成人を対象に音楽療法を行う際には，ぜひともこの理論が必要となってきます。
　スイスの心理学者であるピアジェ（Piaget, J.; 1896-1980）は，「人は乳児から遺伝と環境との相互作用により発達（知的発達）する」と言っています。そしてそれを理解するために，まず，彼の唱えた「調整（調節）」と「同化」，そして「スキーマ」という言葉について理解しなければなりません。
　スキーマは，一般的には「概念」という言葉に置き換えられる言葉で，そのように解釈して下さっていいのですが，ピアジェはスキーマのことを「行動を可能にしている基礎構造，あるいは内的な行動パタン」と言っています。内的な行動パタンというのは，自分の中で考えて内的に行動を無意識・意識的に想像して行い，その結果，外的な，つまり外に出てくる行動を可能にするものですから，概念と考えて差し支えないと私は思います。
　「同化」とは，外から獲得する新しい情報をある一つのスキーマに採り入れること，または，そのスキーマに合うように変化させること。そして，「調整（調節）」は，新しい情報がスキーマに合わない時（適合しない時），別の新しいスキーマを増やすことです。
　「同化」の例をあげましょう。「母親の乳首をしゃぶる」というスキーマを獲得した赤ちゃんが，哺乳瓶もしゃぶることを覚えました。ここでは，「しゃぶる」というスキーマの中に母親の乳首だけでなく，新しい情報である哺乳瓶も採り入れられたわけです。ある子どもは，例えば「飛ぶもの」というスキーマを獲得していて，その中にすでに鳥，蝶々がいて，たまたま飛行機を見て飛行機も鳥や蝶々と同じスキーマに入れてしまうことがあ

ります。もちろん飛行機は飛びますから，子どもにとっては，「飛ぶもの」として同じ概念でしか見ることができないのでしょうが，飛行機は鳥や蝶々と違って機械であるという，つまり「機械」という新しいスキーマを作るにはもう少し，知的発達が必要かもしれません。

　この新しいスキーマを作るということが「調整（調節）」なのです。

　「ボールは握るもの」というスキーマを獲得している子どもが，ある日，とても大きなボールに出会いました。握ることができません。そこで，その子どもは「抱える」という新しいスキーマを獲得するのです。そうやってスキーマは同化され，調整されていくのです。

　以上のような例は，心理学の大学の講義でよく例として取り上げられるものですし，また心理学でも一般的に紹介されることが多い例です。しかし「同化」と「調整」の違いを一度ですぐに理解するには難しいものがあります。

　分かったようだけれど，まだ，しっくりこない読者のみなさんに，私独自の説明をしてさしあげましょう。ただし，上記の例はじっくり考えて理解するようにして下さい。

　パソコンを思い浮かべて下さい。いろいろなドキュメントを作成するとします。それらをファイルに整理します。同種類のドキュメントを一つのファイルに入れることが「同化」，そして，ファイル自体を新しく増設することが「調整」です。こう考えると，より，頭の中で「同化」と「調整」の図式がはっきりしてきませんか？

　話を進めていきます。ピアジェは，子どもと大人の思考（認知）は，質・量とも異なると言い，その思考方法には4つの大きな段階があると言いました。その段階を順次性をもって通過していかないと次の段階へと進めないとしています。

　その4つの段階を説明しましょう。その段階を理解するために例をあげますが，ほとんどと言っていいほど，大学の先生は同じ例を講義でおっしゃられているのではないかと思います。

[1]　感覚運動期（生後～2歳頃）

　この段階は，感覚と運動の協応により，段階的に適応していく時期です。細かく分けると6段階に分かれます。

　第1段階　反射の行使（生後～1ヶ月）　　生得的，本能的反射（吸反射，嚥下反射，探索反射＝手に触れたのを反射的につかむ）などにより，環境との相互交渉を行います。

　第2段階　第一次循環反応と最初のスキーマの獲得（1ヶ月～4ヶ月）　「指を吸ってみる－快感を覚える－また指を吸う」というような何かをやってみて快感を覚え，同じ行為を繰り返すことを「循環反応」と言いますが，こういった指を繰り返し吸うような循環反応が生まれ，定着する，この時に，行使する「吸う」「見る」「腕を動かす」などのスキーマが，ある程度相互に協応します。「同化」「調整」という概念ができ始めます。あるいは，同化と調整の分化が始まると言っていいかもしれません。ただし，まだこの段階では自分の身体の部位しか使っていません。

　第3段階　第二次循環反応（4ヶ月～8ヶ月）　　循環反応が外界のものとの交渉となります。例えば，偶然，垂れ下がっていたひもを引く－ガラガラが鳴る－快感を覚える－ガラガラを鳴らすためにひもを引く，というふうに，外界の事物，事象との関わりが意図的に行われるようになり，手段と目的の分化（均質の物が異質の物に分かれること，つまり区別できるということ）が始まります。また，「物が存在する」ということの理解が始まります。

　第4段階　2次的スキーマの協応，手段と目的の協応（8ヶ月～12ヶ月）　　どういうことかと言えば，ある手段を行使して，それによりその目的を知るということ。例えば，新しい人形を与えられる－見つめる，触れる，なでる，つかむ，叩く，口に入れる，振り回すなどのさまざまな行為を新しい対象に試み，それが協応されるようになります。結果的に，そういう探索的行為から新しいスキーマを構築するのです。

　第5段階　第3次循環反応（12ヶ月～18ヶ月）　　目的があって手段を行使することを理解し始め，試行錯誤によるさまざまな新しい手段を発見

します。「対象物の永続性」ができてきます。「対象物の永続性」とは，「物が目の前になくともその存在を理解している」ということで，例をあげれば，母親が一時的に隣の部屋に行っても，母親の存在は理解していることなどです。

第6段階 洞察による新しい手段の発見，表徴（イメージ）（18ヶ月〜24ヶ月）　洞察という内的行為による新しい手段の発見が始まり，表徴（イメージ）ということを理解し始めます。例えば，頭の中でいろいろなスキーマを協応させ，手に持った物をいったん下に置き，ドアを開けるなど新しい手段を発見します。「対象物の永続性」がどんな場合でも成立するようになります。そして，「表徴」が現れます。つまり，「目に見えない物を思い浮かべることができるようになる＝イメージを持つことができる」ということです。言語は表徴（イメージ）のひとつです。つまりこのころから言葉（＝イメージ）をしゃべり出すのです。

[2]　前操作期

これは，2歳頃から7歳頃までとされ，かなり長い期間であり，前期と後期には知的発達に大きな成長が見られることが考えられます。ピアジェはこの年代を，まとめて「前操作期」としながらも，2歳〜4歳頃を前概念的思考の段階とし，4歳〜7歳頃を直感的思考の段階と区別しています。つまり同じ前操作期という期間にも，後半にいくほど知的発達が認められることを言っているわけです。

前概念的思考というのは，例をあげればこの時期の子どもにありがちなこととして，猫も犬も狐もリスもすべて動物を犬と思いこんでしまうことです。これを「転動的推理」と呼びます。後半の直感的思考の段階になると，簡単な抽象的概念も獲得するようになります。

それでは，前操作期とは総体的にはどういう時期なのか，以下に説明しましょう。

前操作期では，まず，言語が未熟ではありますが，機能的な働き（つまり意味をなすということ）をもつようになります。それは表徴機能という

ものが発達するためです。外界の事物を内的に表徴することができる（その物が目の前になくとも，心や頭の中にイメージすること）ようになるのです。つまり，前述した言語機能に加え，目の前にないものを「イメージ」できるようになるということです。具体的にいうと実際にある物を頭の中で置き換えて言語化する，他の事物に置き換えることなどができるようになります。

「操作」という言葉をいきなり使い，とまどっている読者も多いと思いますが，「操作（operation）」とは，「さまざまな知識が協応，関連づけされ，統合され，それに基づいて思考をすることができる」ということです。この時期は，まだそのような論理的思考力，つまり操作はできません。ゆえに，ピアジェは"前"操作期と呼んだのであろうと推察できます。操作ができないということは，繰り返して言いますが，論理的思考ができないということであり，この時期の子どもの思考は論理的誤りがたくさん見受けられます。例えば，冬であってもプールで水着を着れば夏がきたと思ってしまうなど……読者のみなさんも例を考えてみて下さい。

論理的思考ができないということは，例えば「保存」の法則が理解できないことにもつながります。今から述べる例もよく心理学の本とか大学の授業で取り上げられる例ですが，同じ量のジュースを形や幅の広さや高さが違ったコップに入れて，「どっちがたくさんある？」と聞けば，この時期の子どもは，必ず幅は狭いが高さの高い方のコップを選ぶでしょう。また，同時に一つの事象の側面ににしか目を向けられないことを意味する「中心化」が見られ，先程述べた「保存」はまだありません。

また，言語や思考に「自己中心性」が見られます。自分と他者の弁別力がまだ弱いため，他者の気持ち，感情が理解できないのです。「自分がこう思っているから他者もこうである」と考えてしまうのです。

他者が自分と違う考え方をしているのだということが理解できるまでには，次の段階を待たねばなりません。知的障害者が，相手の都合を考えず会話をし続け，そして適当なところで会話を終わらせることができないなど，この場合に当てはまるのではないでしょうか？　あるいは，母親が気

分が悪いとか病気であるといったことが理解できないのもこの場合に当てはまると思われます。

　その他のこの時期の特徴として理解しておかねばならないのは、「アニミズム」的な傾向が見られることです。つまり、人形やぬいぐるみと話をするなど無生物をあたかも生き物のように扱ったりすることのことです。読者のみなさんにも身に覚えがあることと思います。筆者の私も遠い昔、そのような時期がありました。成人してからも、健常者であってもそういう人はいます。実は私も時々、スヌーピーのぬいぐるみと話をしています（ただし人前ではしません）。しかし、人前であろうとなかろうと関係なく、こういうアニミズム的傾向がしばしばあるのは知的障害者に多いことを覚えていてほしいと思います。その知的障害者は、たとえ成人していても、精神的・知的には前操作期にいる人も多いのです。

　前操作期も後半になると原因と結果という物事の因果関係について理解し始め、論理的な誤りが少なくなりますが、まだ、2つ以上の概念を同時に「操作」し、課題を解決することはできません。それには次の具体的操作期を待たねばなりません。

[3]　具体的操作期

　これはだいたい7〜8歳頃から11, 12歳頃とされ、前操作期にできていなかったことができるようになります。

　まず、全般的に言うと以前できなかった論理的思考ができるようになると言えるでしょう。

　例えば、前操作期でできなかった「保存」の法則ができるようになります。先ほどのジュースの例を取り上げてみれば、兄弟の前に、高さが高くて幅の狭いコップと高さが低くて幅の広いコップにジュースを入れて出しても、兄弟双方とも前操作期であれば兄弟げんかになるでしょうが、兄の方がすでに具体的操作期に入っていれば、兄弟げんかは起きないでしょう。

　前操作期で、「中心化」という言葉を使いましたが、この時期には「『脱』

中心化」ができてきます。つまり，物事を，さまざまな方向から見ることができ，総合的に思考できるようになるのです。ジュースの話も，「脱中心化」ができればこそ可能になってくる話です。脱中心化を成し遂げることによって，論理的思考ができるようになるからです。しかし，それはジュースが目の前にあった時のみのことです。具体的に見えるから，この時期の子どもは論理的思考が可能なわけで，つまり抽象的な論理的思考は，次の段階を待たねばなりません。

　ちなみに，サンタクロースが実は誰かということが分かるのも，この時期です。私としては，サンタクロースの存在をいまだに信じたい気持ちを，2回目の成人式を超えてなお，持ち続けているのですが，みなさんはどうでしょうか？

[4] 形式的操作期

　この時期は11，12歳以降とされ，いよいよ思考は具体的な事物に関してだけでなく，具体的なものが目の前になくてもできるようになり，抽象的思考ができるようになります。なぜ，この時期を「形式的操作期」と呼ぶかというと，物事を一般的に形式的に見ることができる，つまり「命題」を与えられるとそれに添って仮説を立て，系統的な「形式」でそれを解決しようとするからです。しかも，その命題が現実に存在しようがしまいが，その条件のもとで科学的，実証的に思考することができるようになるのです。百分率や，比率など数学的問題も解けるようになります。つまり形式的操作ができるようになるということです。

　この時期も後半になると，青年期に入り，「真実，正義，存在とは何か？」などという，哲学的，倫理的に考えることができるだけの想像力をもつようになり，また，自分自身の創造的概念ももつことができるようになります。思い出してみれば，筆者の私が，実存主義にはまってしまったのも，この時期の後半でした。みなさんの中にも，ちょうどこの形式的操作期のまっただ中にいる人がいるかもしれませんね。「人生とは何か？」「生きることとは何か？」など，特に，この時期に大いに悩んでもらいた

いものです。いろいろな哲学書や小説があなたを助けてくれるでしょう。

　この時期で，一応人間の思考力はできあがったと考えられていますが，大人でも，いつも形式的操作期ばかりの中に存在しているわけではありません。有名な話として，例えば，ジグゾーパズルを解く時には，人は前操作期レヴェルで思考を行っているし，「知恵の輪」に至っては，感覚運動期レヴェルでの思考錯誤を行っています。他にも例はたくさんあることでしょう。

　ピアジェの発達論は，残念ながらここで終わっています。しかし，発達を「生から死」までとするようになった現在も，ピアジェの理論は非常に重要な理論として高く評価・認知されています。

　ここで，なぜ数多くある発達論の中から，私がエリクソンとピアジェそして，ボウルビーのアタッチメント理論を取り上げて一章を成したのか説明します。

　まず，ピアジェの発達論は，私が思うに，音楽療法を実践するにあたって，最も必要な理論だと思うのです。音楽療法もピアジェの理論を知ることなしに，発達障害などの人（子ども）に接することは不可能です。なぜなら，知的障害をもつ人たちが，実際の年齢ではなく，精神的・知的にどの発達段階にいるのかを知ることは絶対に必要なことだからです。アセスメントの時に，それを査定すべきでしょう。残念ながら，知的障害をもつ人々が形式的操作期に進むことはほとんど考えられません。ほとんどが，うまくいって具体的操作期の後半までででしょう。

　ところが，学習（勉強）をゴールとして，音楽療法を続けているうちに，全般的には具体的操作期にいるのに，ある一部だけ，あたかも形式的操作期にいるような質問をしてくる子どもに出会ったことがあります。

　その子は，「なぜギターは響くの？」という一見形式的操作期にいる子のような質問を私の学生に聞いてきたのです。その子は「なぜ？」と言ったのです。

　もちろん具体的操作期の子どもも「なぜ？」と聞いてきます。しかし知

的障害者で「なぜ？」と聞いてくるのはその子がものすごい大きな進歩を遂げたというエヴィデンス（根拠）となることです。

　このように知的障害者が突然，大きな進歩を遂げることを「スプリンタースキル」と呼びます。短距離走者が大きく第一歩を飛び出すのと同じ意味です。大事な言葉ですのでぜひ覚えていて下さい。

　ところで，そのギターの質問ですが，私は学生に，「これこそスプリンタースキルですね。すごいですね。あの子はすごい進歩を遂げましたね。だけどギターの説明は具体的操作期の子どもにするような説明をしてあげて下さい」と言いました。残念なことに，そこに，限界があることを常に頭に置いていなければなりません。本当に残念なことに，今の医学では知的障害者が形式的操作期に進むことはほとんどあり得ないと思って下さい。でも最大限の努力をしてその子の最大限の潜在的可能性を引き出してあげて下さい。

　私たちが，知的障害をもつ人（子ども）を対象に音楽療法をする時には，アセスメントの段階で，そのクライアントがピアジェの発達論で言うと，どの時期にいるかということを明確にし，それを把握した後，できるだけ，そのクライアントが発達していけるようゴールやオブジェクティヴを決めるべきでしょう。先程の例のようにすべての認知機能が同じレヴェルであるということはありません。ある部分は具体的操作期に入っているが，まだ別のある部分は前操作期にあるということもあるのです。ですから，何回も言うようですが，アセスメント，そして再アセスメントは非常に大切です。

　特にスプリンタースキルという言葉に代表されるように，クライアントは瞬時から瞬時に変化します。最初にしたアセスメントとそれに基づいて立てたプランにしがみつくことは，たとえ，そうしなければ自分のプライドが失われる場合であってもやめましょう。そして，再アセスメントを潔く行って下さい。

　私たちが求めるのは，常に，クライアントのQoLの向上，すなわち，クライアントの「幸せ」なのです。「音楽療法の機能」の「向上」のとこ

ろで，音楽療法で数の数え方を学習し，120円を持って自動販売機でジュースを買うことができた子どもの例を覚えていますか？　その子の喜びをみなさんは理解できるでしょう？　それはその子にとって何という大きな喜びだったことでしょう！

　クライアントの発達段階を見極めてそれに合わせてゴールも設定し，そしてそれに合わせて，その人ができるだけ発達（進歩）できるよう，そしてQoLを高め，幸せになってもらえるよう，私たちは最大限の支援をすべきなのです。

　では，次になぜ，エリクソンを取り上げたかを説明します。

　前述のようにエリクソンは人間の生涯を通して，それを発達と呼びました。その発達論において，私が，特に注目したいのは，青年期以降，死に至るまでです。音楽療法は健常な人にも大きく関わりをもちます。また，障害をもっていても認知機能には問題をもたない成人は高齢者を含めて非常に多くいます。エリクソンの発達論は，そういう人たちが成人してからのアセスメントに，非常に有用です。私は，これは音楽療法に限らず，作業療法や理学療法など，音楽療法の周辺領域の専門の方々にも言えることと確信します。

　なぜ，エリクソンの発達論は，有用なのか？　以下に私の考えを記します。

　上記のようなクライアントが成人して死に至るまでの間に，どんな形であろうと音楽療法を受ける機会があるとすれば，エリクソンの発達論は，まず，ゴールの設定に非常に有用であると考えます。

　ゴールを決めるには，「その人にとってのニーズは何なのか？」，つまり，「その人にとって，何が幸せなのか？」を定義づける価値観を明確にしなければなりません。エリクソンの発達論は，人が，各年代（ライフステップ）において，それぞれ何をなさねばならないかを明確にしています。ゴール，すなわち，達成目標とは，その年代では，「何を達成すれば，その人の心が満たされるのか」，すなわち，「何を達成したら幸せになれるのか」ということです。

こういったことをエリクソンは彼の発達論の中でそのガイドラインを示してくれているのです。私は，エリクソンの発達論を，心理学の一分野の発達論としてでなく，「哲学」として受け止めたいと常々思っています。そして音楽療法に適用する際には，それを念頭において，クライアントのライフステージに要求されるものを実践しなければならないと思っています。エリクソンの発達論は，私たち人間が必要とする哲学なのです。

最後に，なぜボウルビーのアタッチメント理論を取り上げたかと言いますと，このアタッチメントにより，人の基本的性格が決まってくると私は思っているからです。ボウルビーのアタッチメント理論は，「基本的な私感（自分の思うところ）」の獲得やその進歩に必要であり，社会性を育むのに非常に重要な理論です。

音楽療法にやってきた子どもが，もし，十分なアタッチメントを母親からもらっていない場合，セラピストはまず，十分なアタッチメントを与え，その子がどんな些細なことでも成し遂げることができれば，抱擁してあげるくらいの気持ちで接しましょう。とにかくどんな些細な成功にも報酬を与えてあげるのです。そういった子どもたちは，通常，普段から不安で自信を喪失していて，少しのことでも怖がったりおびえたりします。十分なアタッチメントを受けずに育った子どもはそういうふうになりがちなのです。

たいてい，子どものためのプレイセラピーや音楽療法にやってくる子どもたちは十分なアタッチメントを受けてない場合が多いようです。そういう子どもたちに，もちろん音楽という安心感，そしてセラピストという母親のような（男性のセラピストもしかりです）人間が与える安心感が，その子の積極性，自発性を引き出し，それが，ひいてはその子の自立性へとつながっていくのです。

以上のような理由からなぜ，私がこの本の中で，特に一章を設けてエリクソン，ボウルビー，そしてピアジェを取り上げたか，ご理解いただけたでしょうか？

これらが，自分自身が人間として成長するためにも必要な理論であり，ひいては，音楽療法士としての成長にも欠かせない理論であり，さらに，音楽療法を実践するのに必要な理論であるということがお分かりいただけたしょうか？

第10章

発達障害と音楽療法 I

　前章で，みなさんがぜひ知っておくべき発達についてお話ししました。本章と次章では，実際に発達障害がどういうものであるか，音楽療法ではどういうアプローチをするかを主な話題にしていきたいと思います。

　発達障害と一口に言ってもその中にさまざまな種類の障害が含まれます。非常にラフに分けると，知的障害と感覚障害と身体障害に分けることができるとと思います。しかしながらこの3つはパーセンテージから言うと重複することが多いのです。

　実際には視覚障害をもちながら，世界的に高名なテノール歌手やピアニストになった人も何人もいらっしゃいますし，社会で通常の人と同じように職業をもって生活したり，家庭生活を営んでいる人たちは無数にいらっしゃいます。聴力障害の方々もしかりです。車椅子に乗った生活をしながら，パラリンピックに出場なさる方々を始め，彼らに準じる方々も無数にいらっしゃいます。それなのに，障害をもった方々が通常の社会で健常者と同じように生きていける「ノーマライゼイション」の考え方は，日本は，欧米先進諸国と比べた際，非常に遅れていると言わざるを得ません。

　音楽療法もノーマライゼイションの考え方を採り入れ，発達障害の人たちへの音楽療法を考えていかねばならないと思います。つまり，音楽療法を通じてどれだけ般化ができるかが重要になってくるということです。軽度の障害をもつ成人や，社会に出ることを目前に控えた発達障害の人には音楽療法がSST（social skills training：社会に出るにおいて必要とされる技能のトレーニング；ジュースを自動販売機で買えた少年のことを思い出して下さい）の目的をもって実施されることも必要になってくるでしょ

う。
　しかしながら，知的障害にも身体障害にもいろいろなレヴェルがありますから，それぞれの人たちのニーズに合わせるということは，いろいろな章で語ってきたことと同様に必要なことです。
　では，まず知的障害とは何か，そこから勉強しましょう。前もって言いますが，英語では知的障害者のことを person with mental retardation と言い，それを略して「MR」とよく言います。使いやすい言葉なので，この本でも使いますから，みなさんも覚えて下さい。日本でも専門家の間では「MR」が通用するようです。

I　知的障害全般－MR－について

　AAMD（全米知的障害者協会 = American Association of Mental Deficiency）によると，定義は以下のようになります。
　「知的全般の著しい遅れが，適応行動の欠如状態をともなった形で存在し，しかもそれが発達初期に現れた場合を言う」。
　これを分かりやすく言うと次の二点と思って下さい。
　①IQ が通常より低い
　②適応行動の欠如，つまり年齢にふさわしい行動が取れない。
　この二点の「診断基準」を，アメリカで音楽療法を勉強する学生たちに最もよく読まれている "*Educating Exceptional Children*"（Kirk, Gallagher & Anastasiow, 1970），"*Mental Retardation*"（Baroff, 1999）などを参照しながら，詳しく説明しましょう。ただし，日本とアメリカでは，表現の仕方に多少の違いがあるので，そこのところは私の判断で換えてあります。

[1]　MR の診断基準

　（1）　IQ　　一般に 75 以下を指す。スタンフォード・ビネー式知能検査では 68 以下とされている。それを IQ の程度により分類すると，
　軽度（50 ～ 69 または 75）：小学校 6 年程度の算数や読み書きの能力が

育つ。彼らは簡単な援助による自立ができるようになる。軽度MRは，普通教育において指導・教育を受けること可能であり，外見的には健常児と変わらない。

　中度（35～49）：日常の生活技術指導を行う必要があり，読み書きや，数の概念，言語による会話力などの基本的な学習技術は育つ可能性をもつ。公立の学校の特殊学級に通う子が多い。成人は授産施設，作業所などの保護された仕事場で働くことができる。知的欠損のみでなく，会話－言語能力，中枢神経の障害（脳性麻痺），感覚障害（聴覚・視覚障害）などの2次的な障害をもつ場合が多い。特に聴覚障害の子どもは，発達が遅れる場合が多いとされる。

　重度（20～34）・最重度（20未満～測定不能）：知的な遅滞に加えて，孤立した生育歴等に起因するものと思われる。社会的能力の欠落という深刻な問題を抱えている。また，身体の形成異常や情緒不安定，精神科的問題があることもある。非常に考慮された生活環境であれば，それなりの社会的な能力を育てることも可能であるが，生涯にわたっての援助と治療が不可欠であることも事実である。知的障害者施設に住むことが多く，生活自立訓練や，初歩的な言語・非言語によるコミュニケーションの訓練を受ける。重度・最重度のMRをもつ人の平均寿命は普通著しく短い。しかし，医療技術の進歩により，さらに長くなることだろう。

　(2)　適応行動の欠如・年齢にふさわしい行動ができない　これらは次のような事柄に現れます。

　①言語の質＝つまり単語力や文章力が限られる。
　②認知力・判断力＝理由づけができない，合理的な判断ができない。
　③抽象的概念の利用が限られている。
　④記憶力。
　⑤動作－運動・行動が鈍い。服の着方，鉛筆の持ち方など。

[2]　MRの原因

　次にMRの原因とされるものを述べますが，MRは一つの原因によって

生じるものではなく，また，病因学的に全体の75％は依然として原因不明です。しかし，現在のところ200以上の原因が確認されていて，AAMDは主だった原因を以下のカテゴリーに分類しています。

　（1）　**感染と中毒**　　風疹やはしか，梅毒，エイズ＝AIDSは胎児の脳および，中枢神経（central nervous system＝CNS）に影響を与える伝染病の典型である。母親が薬物中毒，あるいは妊娠中に薬物を摂取した場合，例えばアルコールとか麻薬なども原因となる。

　（2）　**脳への外傷や物理的作用**　　出生前（胎児期），出生時，出生後の各時期における大脳中枢の損傷は，重大なMRを引き起こす原因となる。例えば高熱を出してひきつけを起こしたことなどによる脳への酸素供給不足（無酸素症），もしくは交通事故，児童虐待などによる大脳中枢系への外傷などが考えられる。

　（3）　**新陳代謝異常と栄養障害**　　フェニルケトン尿症候群（PKU）は典型的な代謝異常による障害であり，身体がフェニルケトンという物質を分解できないために生じる。これは厳しい食事療法によってかなり進行を防げるが，食事療法が中途半端であったり，やめてしまうと症状が進行する。また，MRは妊産婦の栄養の偏りが原因で胎児に発生することもある。

　（4）　**脳疾患全般**　　脳や中枢，末梢神経系，他の器官にできた腫瘍が原因で発生するものを含む。たいていは遺伝的要因が作用していて，出生後の発生が多い。ニューロファイブロマトーシス（Neurofibromatosis）というのはレックリングハウゼン病とも呼ばれ，遺伝的な神経系と皮膚の病気である。

　（5）　**未知なる出産前の要因**　　誕生前の原因不明の理由により，MRとして生まれた場合のことである。全体の75％がこのカテゴリーに含まれる。

　（6）　**染色体異常**　　染色体異常はMRを引き起こす遺伝子疾患の中でも最も多く見られるものである。ダウン症（Down syndrome）や脆弱X症候群（Fragile X）は特定の染色体の数や構造の異常が原因となって生じ

る。

　ダウン症は21番目の染色体が通常より1個多いことが原因で起きる。妊娠中の母親の検査で発見可能である。顔に共通的な特徴があり，人なつっこい，音楽好きで社会に適応しやすい子が多い。舌が常に前に出ている状態が多く，それが原因で発音が不明瞭の子が多く，発音矯正のための言語療法的音楽療法も有効である。心臓疾患をもつ子が多く，肥満になりやすく，寿命は短いか，あるいは長生きしても老化が早く，早い段階で痴呆症状を示す場合も多い。

　脆弱X症候群は，もともとXYの染色体をもつ人，つまり男の子の病気である。1個のXの染色体に異常があっても，女の子はXXであるからこの病気には罹らないのである。染色体異常は突然変異ではあるが，次の世代にも引き継がれ，家族にMRがあると子孫のMR児出産のリスクが高くなる。

　（7）　**妊娠異常**　　未熟児や低体重児，過体重児はMRを引き起こす条件になる場合がある。10代の若い母親，栄養失調または肥満の母親，糖尿病や遺伝子疾患の家系をもつ母親の子供は妊娠障害の危険性をもっている。

　（8）　**精神病の影響**　　時折，精神病患者においてMRがパラレルに（並列的に）見られることがある。この場合，疾患による脳の損傷は通常見られない。例えばスキゾフレニアとMRを併発している例はしばしば見受けられる。

　（9）　**環境的要因**　　日本ではあまり見られないと思うが，厳しい社会条件，経済的条件の中で多くのMRが発生していると考えられる。貧しい生活，栄養失調，不適当な妊娠中および出産後のケア，および家族崩壊などの要因はMR児の出生と深く関係している。IQ80くらいの両親をもつ子どもがMR児である場合，環境的要因（学習環境としての刺激が少ないことなど）によってMRが世代間を通して引き継がれると考えられる。

　どうしてMR児が生まれるのか原因のはっきりしているものもあります

が，上記のように，原因不明の場合が多いのです。遺伝子科学がやがて近いうちに解明してくれるでしょう。

　親となる限りは健常児を生みたいのが本音であると思います。しかし，MR児が生まれて，必死にその子のためにと頑張っている親を私はたくさん知っています。音楽療法士として，でき得る限り支援したいと常に思っています。

　しかし，MR児がなるべく生まれないようにする予防措置のようなものもあるのです。デイヴィス氏の分類を彼の"*An Introduction to Music Therapy: Theory and Practice*"（Davis et al., 1992）から拝借して以下にあげてみましょう。

[3]　MRの予防
　(1)　**1次的予防**　　両親への出産前の適切な教育により，MR児出産のリスクを避けることができる。妊娠を予定している女性は，アルコール，タバコ，麻薬類など有害物質の摂取を慎むべきである。糖尿病，心臓疾患，高血圧などの慢性的な病気は胎児に害を与える可能性があるので，妊娠初期より医師の診察を受けるほうがよい。そして適切な栄養の摂取は未熟児を避けるためにも，すべての妊産婦にとって必要である。

　(2)　**2次的予防**　　潜在的にMR児出産のリスクの高いカップルを確認することが基本である。羊水検査や超音波検査により，母親が妊娠した状態で，胎児の遺伝子異常や代謝異常，その他の危険度の高い遺伝的な要素を検出することができる。

　これを「予防」と呼ぶべきかどうか私は疑問とするところです。

　(3)　**3次的予防**　　MRが児童に与える長期にわたる悪影響を最小限度にするために行われている。乳幼児能力開発プログラムや早期教育プログラムによってMR児でも，コミュニケーションの技能，社会的能力，学習能力の発達を見ることができる。どのMR児にも健常児と同じように早期教育が早ければ早いほど効果はあるということである。

　特に，ダウン症児の早期教育はかなりな効果をもたらすと言われてい

る。

　MR児は，早期教育によって向上しますが，定義そして，その診断基準にあるように，年齢にふさわしい行動を取ることが困難です。つまり「不適応行動」が多いのです。診断基準のところで述べた事柄以外にも，例えば，他者と実際的に適当な距離を保つことができない（会話する時に，必要以上に近くまで他者に接近する，他者との会話を適当なところで打ち切ることができない），その他，その人（子）のレヴェルにもよりますが，「脱中心化」ができていない，「保存」ができないなど，ピアジェの発達に照らし合わせて考えられることもできます。健常児は教えなくとも，自然に学習していく「適応行動」（その場その場にふさわしい行動）も，MR児には学習が困難です。そこで，彼らが，社会（学校を含む）に順応するためには，「適応行動」を教えてあげなければなりません。

［4］　MR児・者への音楽療法の適用

　MR児・者の不適応行動を適応行動に変えていくには？　そのテクニックとは？　音楽療法のアプローチの仕方は？

　私たち音楽療法士は，音楽療法のフレームの中で，MR児（者）の行動の変容を求めていきます。つまり，行動変容（修正）（behavior modification）または適応行動の学習＝行動療法を行うわけです。何度も記しましたが，その際には，正の強化が70％～80％を占めなければなりません。その理由はもうお分かりですね？　そして，報酬も具体的なものでなければなりません。その理由も，もうお分かりですね？

　では，具体的にどんなことをすればよいのでしょうか？　今から例を述べましょう。

　（1）　音楽によるコミュニケーションや相互作用　　これにより，まず，クライアントの学習意欲や「こうしたい」という願望をもつような環境を作ります。音楽療法セッションの始まりはいつも《こんにちはの歌》です。

その歌はとても楽しい響きのものでなければ，彼らはこちらに興味・関心を示してくれません。そして，《こんにちはの歌》の中で，前回，そのクライアントが成功した事柄を振り返って，歌の中に挿入したりすると，意欲が強化されるでしょう。

（2）**条件づけ**　内的に意欲をもって学習しようとすることが困難なMR児（者）にとって学習への最短距離の手段は条件づけです。

古典的条件づけによるものとして：例えば《お片づけの歌》《歯磨きの歌》《手洗いの歌》《イスや楽器を用意するための歌》《席に着く歌》などを作り，その音楽がかかると，それぞれ求められる行動（適応行動）ができるようにします。求められる行動すべてに歌を作って，適応行動を教えるとしたら，歌は数え切れないほどできますね。だからこそ音楽療法なのです。

オペラント条件づけによるものとして，正の強化が有効であるのは何度も述べました。MR児（者）には内的意欲づけが難しいことも前述しましたね。報酬は抽象的なものでなく，具体的に見えたり聞こえたり，手にしたりできるものである方がよいのです。前述したことと重複しますが，例えば，「好きな歌」「拍手」「ニコちゃんマーク（スマイリー）」「スタンプ」「セラピストあるいは親とか先生という重要な他者の拍手や褒め言葉」などの外的刺激が有効です。あまり使ってはならないと言った負の強化ですが，実際に行うのではなく示唆する形で，「頑張らないとお母さんがお迎えに来てくれないよ」と言ってみるといった強化は，効果がある時があります。しかし，この際には，クライアントに不安を抱かせないようにすることが大切です。不安を抱かせない一番の方法は笑顔です。

次にまったく新しいことをお教えしましょう。それはタスク・アナリシス（作業分析＝task analysis）と言って，元来は作業療法のテクニックです。

（3）**タスク・アナリシス（作業分析）**　この方法はある作業工程を大変細かいステップ（段階）に分けて行うもので，MR児（者）には大変

困難な複雑な作業でも，この方法により，学習行為がより容易かつ可能になります。タスク・アナリシスは，「靴ひもを結ぶ」「食事をする」「衣服の着脱」「排泄行為」など，あらゆることに使われます。

　例えば，ゴールを，MR児が「一人でTシャツを着られるようにする」と設定して，まず「一番大きい穴を探そう，穴の中に頭を入れてみよう」などのTシャツを着る作業をとても細かいステップに分けて行います。その細かさは健常児には考えられないほど細かいものです。

　音楽療法においてタスク・アナリシスを行う時，それぞれのステップは歌にして伝えられます。そして同じフレーズ，つまり，一つの作業過程を説明している箇所を繰り返し歌うのです。歌うことにより，セラピストも，クライアントも楽しく作業を覚えることができます。音楽がなくて，言語だけではストレスになることが，音楽，すなわち，歌に乗せると何度繰り返してもストレスにならないということは，この本の最初の方でも述べたと思いますが，タスク・アナリシスのプロセスを歌に乗せて行うことは，大変効果があります。

　実際，私たちが行っているある知的障害者の施設では，歌を繰り返し使うことによるタスク・アナリシスを行い，席を立って場所を移動し，円を作ったり，パラシュート（私たちのセッションでよく使うパラシュートのおもちゃ）の準備や，それを折りたたんで袋にしまう作業がスムーズに行えるようになってきました。

　実は，このタスク・アナリシスは健常者にも使えるのです。私自身も使います。私は，忙しくて，しなければならない雑用がとてもたくさんあり，どれをどうしようか分からなくなるくらいに，頭が混乱してしまった時に，即興でタスク・アナリシスの歌に乗せて仕事をこなすことがあります。そうすると混乱していた頭の中が整理できて，意外と早く，しかも楽しく仕事がはかどるのですよ。

　また，タスク・アナリシスは，知的障害者だけでなく，健常な幼児たちに非常に有効なテクニックであるし，また，本来なら，第5章「音楽療法の機能」の「修復」で述べるべきことでしたが，脳梗塞の後遺症で手足が

不自由になった人や脳機能障害が残ってしまった人が，例えば「服を着る」という練習をするにも有効です。こういう人たちにはMDやテープなどに歌を録音してあげれば，自分の家で一人で練習することができます。MR児（者）にもタスク・アナリシスの歌をMDに録音してあげて，お母さんたちと一緒に練習すると上達はとても早いと思います。

　ところで，MR児を対象に音楽療法を行う場合，原則的に言って，以下の2項目がゴールとなる場合が多いのではないでしょうか？　以前に少し触れましたが。

　①認知力・記憶力の向上のための学習　　健常児が九九を覚える時にも，ある種のリズムに乗せた歌のようなもので覚えますね。これも音楽療法なのです。MR児は，健常児と比べて，数や字の認識・学習が困難ですが，中度程度のMR児までなら簡単な算数や，漢字を覚えたり，時計の見方を覚えたりすることが可能です。

　そして，それは社会に出た時，必ず必要とされることです。あるいは，紙（段ボールも含めて）を決められた通りに折ったり，簡単な作業をすること，その他，買い物をしたりすることなども必要でしょう。そういう学習を促すために，音楽療法では歌を作るなどのように，音楽を使って学習を容易にするのです。

　それは楽しい時間でなければなりません。彼らが，自分たちは勉強させられているという意識をもつことなしに，音楽療法のフレームの中で，学習は進んでいくのです。もちろん報酬は，山ほど必要です。

　②社会化，自立のために（適応行動を増やすことも含む）　　軽度から重度のMR児（者）に対しては，自尊心，自立心およびそれに伴う可動性（自由に動き回れる，バスや公共の乗り物に乗ってどこかに行ける，買い物ができるなど）をもてるようにしなければなりません。できれば，社会的に職業をもって，自立した生活ができるようにすべきです。ですから，社会性をもてるようにトレーニングを行うことも重要です。すなわち，先ほど述べたSSTが必要となってくるのです。

　これも前述しましたが，MR児（者）の中には，「こんにちは」から

「さようなら」まで，他者との交際を始め，終わらせるということができない人が多いのです。こちらから「じゃあね」と言わない限り，同じような話が延々と続いてしまいます。健常児が自然に学習していくところの，他者と相互関係をもつ，他者に対して思いやりをもつ，また，個人には個人のスペース，プライヴァシーがあるということも教えなければなりません。性の問題にしても，健常児はこういうことを自然に学習していくし，普通に教えて理解できますが，MR児には，それができないことが多いのです。

　こういった場合に有効な一つのテクニックとして，ロール・プレイというものがあります。

　（4）　ロール・プレイ（role play）　　例えば，あるストーリーを作り，役柄（男の子の役，女の子の役等）を作って劇みたいなものをします。そして，例えばスカートめくりをされたら，どんなに嫌な気持ちかを実体験させて，他者の気持ちを理解させようとするものです。

　以上述べたことは，プレイセラピーなどで行っていることですが，音楽療法では，音楽を使ってそれらを行うのです。そこに音楽療法の特権が見え隠れしていると思いませんか？

　つまり，クライアントが複数いれば，音楽によってクライアント同士，セラピストとクライアント同士のラポールがより容易に築けます。

　次に，音楽があると，何と言っても楽しいのです。楽しいことは，すなわち，それ自体が正の強化であり，クライアントの意欲も増加し，より学習しやすい環境が整うわけです。音楽療法のフレームの中では，ロール・プレイもおそらくミュージカルのようになるでしょう。

　MR児の場合，私はあまり集団セッションをお薦めしません。なぜなら，うまくいって合奏大会で終わってしまうことが多いからです。「MR児」とひとくくりにしても，個人個人のニーズが違うのです。そこで，個人セッションを基本とすることが多いのですが，しばしば，2～3人のクライアントグループでセッションを行うことがあります。その理由は，もちろ

んそうした方が，各クライアントに一番メリットがあると考えられるからです。

どういうことを行うかというと，年齢，性格，学習達成度，社会性などが，あえて違ったクライアントグループを作るのです。

私の臨床例を一つ紹介しましょう。

クライアントは，P君（15歳）とF君（11歳）の2人の少年です。

年長のP君の方はそれなりに学習達成度も高く，簡単なかけ算とか漢字を書いたりすることができ，しかもとても面倒見のいい少年でした。しかし，P君には，空間認知力やリズム感，および可動性に弱点がありました。

年下のF君は，まだ数を10まで数えることがあやふやで，時計も分かる時刻と分からない時刻がありました。しかし，とても活発で，時に，それが，自己中心性および，社会性の欠如となって現れてくるのが弱点でしたが，可動性もリズム感も素晴らしくて，独創性豊かなリズム打ちもできる少年でした。

私は，この性格，特質のまったく違った2人を同じセッションの中に入れることで相乗効果をねらったのです。

P君は，音楽療法のフレームの中で，より難しい勉強をしながら，同時に，ロール・プレイで，F君のリーダー役ができます。そしてF君はP君に教えてもらいながら学習の向上が見られ，時計が読めるようになり，数の概念も発達しました。また，P君の他を思いやる気持ちや我慢することを見ているうちに，F君にも社会性が芽生えてきました。また，P君は，安定したビートでドラムを叩くことができるようになりました。

このまったく正反対のMR児のコンビネーションは成功だったわけです。

ところが，普段はとても仲のよい2人が，ある日，楽器の取り合いだったと思うのですが，何かたわいもないことで，喧嘩を始めてしまいました。セラピストをやっている学生たちはどうしてよいか分かりません。フリーズしている学生もいれば，何とか，つかみあっている2人の間に割り込も

うとする学生もいました。そこで、私は、そっとピアノのところに座っていた学生に指示を与えて、2人の好きな曲を弾かせました。その瞬間、喧嘩は誰が介入することもなく、何事もなかったように終わってしまい、セッションは、次のアクティヴィティへと進んでいきました。

セッションの後、私は学生たちにこう言いました。

「音楽の力を信じなさい。どうしていいか分からなくなったら、取り敢えず音楽しなさい」。

❀ Ⅱ 感覚障害

発達障害は大きく分けてMRと感覚障害と身体障害に分かれると前述しましたが、次に感覚障害について簡単にお話しします。ここで取り上げる感覚障害は、聴覚障害と視覚障害です。

[1] 聴覚障害

聴覚障害の子どもは言語の発達が遅れ、MRになりやすいのです。また耳が聞こえないことで苦悩したり、社会的孤立感を感じたり、欲求不満になりやすく、行動障害に発展することがたまにあります。行動障害については次章でお話しします。

「音楽療法は聴覚障害者にも適用できますか？」という質問をよく受けますが、答えは「YES！」です。耳の聞こえないクライアントにとって、振動で音を感じることは大きな喜びとなり得るのです。また、その振動を感じることによって、彼らが感じることの多い、フラストレーションのはけ口もなり得ます。

聴覚に残存機能がまだあれば、それを最大に発揮させるための聴覚機能訓練や会話力の発達訓練としても音楽療法は適用されます。やはり歌に乗せてその子の意欲を高め、また、テンポのゆっくりした「歌」の歌詞は普通の会話より、はるかに聞き取りやすいものです。そういう意味でも音楽療法は大変有効です。

[2] **視覚障害**

　視覚障害者に対する音楽療法の役割は，方向感覚と可動性の発達，聴覚障害者と同様に，適切なフラストレーションのはけ口の提供，視覚障害者が陥りやすいマンネリ化した行動，例えば，ロッキングなどの自己刺激的な常同行動を防ぐ感覚刺激などがあります。

　正常な知能をもつ視覚障害者のほとんどはその能力は健常者と変わりません。それ以上の場合もあります。

　しかしながら，彼らが健常者と同じことを同じようにするためには，その努力は何倍も必要であることを知っていなければなりません。目が不自由であっても，楽器を演奏することや歌うことはできます。それは彼らにとって大きな喜びとなることでしょう。みなさんもご存じのとおり，目の不自由なプロのピアニストや歌手はたくさんいらっしゃいますよね。

　また，視覚障害者に，音楽療法を行う際の環境には，気を配るべきでしょう。可動性の訓練をしている時，ぶつかっても大丈夫なような柔らかい壁の部屋を用意するとか，それが無理なら，何か柔らかいものをあらかじめ壁に貼っておくことなどが考えられます。それから，視覚障害者の可動を援助する際に，手をつなごうとする人が多いですが，実際には，腕を組んであげましょう。これは，余談ですが，知っておくべきことだと思います。みなさん自身で試してみて下さい。目を閉じて友人に介助してもらって歩く際に，手をつないでもらう方が歩きやすいか，腕を取ってもらった方がよいか，試してみて下さい。

Ⅲ　身体障害

　最後に身体障害についての話となりますが，ここでは，音楽療法の対象となることの最も多い脳性麻痺（cerebral palsy = CP）について説明しましょう。

[1]　脳性麻痺（CP）

（1）　定義と特徴　　脳性麻痺は，非進行性（一度その障害をもってしまうとその状態が固定してしまうこと，それ以上進行しないこと）の，動作と姿勢に異常の見られる疾患であり，大脳への酸素供給不足により運動領域が損傷を受け，発生する障害です。この脳の損傷は，妊娠から出産時に発生することが多く，先天性脳性小児麻痺と呼ばれます。その確率は全体の85％～90％に達します。分娩時の事故もこれに含まれます。残りの10％～15％は後天性で，2歳くらいまでの間に高熱を出し，熱性けいれん，長時間のひきつけなどにより脳が酸素不足になり生じるのです。

　脳性麻痺児（者）には重複障害が多く見られます。およそ50％～60％の人たちが知的障害をもっています。同じ割合で視覚障害をも併せもっています。また3/1の子が「てんかん」をもっています。

　そして，脳性麻痺と一口に言ってもさまざまな型があります。それを以下に述べます。

（2）　脳性麻痺のタイプ別分類

①**痙直性麻痺**（spastic）：腕や足の筋肉が硬く，身体を伸ばしたり急な動作を行う時，筋肉の痙直が強く起きるのが特徴。伸展筋と収縮筋が同じ方向に動いてしまうため，「異常反射パタン（abnormal reflex pattern）」がよく見られる。

②**弛緩性麻痺**（atonia = floppy）：筋肉の緊張が著しく弱いか，もしくはまったくない。

③**アテトイド型麻痺**（athetoid）：四肢の不随意的，無目的な動きが特徴（目的とする箇所へ手を伸ばそうとして，まったく違った方向へ行ってしまう）。

④**混合型**（mixed）：痙直性麻痺とアテトイド型麻痺の混合型の場合が多いが，弛緩性を伴う場合もある。

　四肢の不自由な状態の区分による分類

①**単麻痺**（monoplegia）：四肢の1つ

②**片麻痺**（hemiplegia）：どちらか片側の上肢・下肢

③**対麻痺**（paraplegia）：下肢両方
　④**三肢麻痺**（triplegia）：3つの四肢に麻痺があるもの。通常は両下肢と上体片側
　⑤**四肢麻痺**（quadriplegia）：すべての四肢

　以上で脳性麻痺にもいろいろな型があることがお分かりいただけたでしょう。脳性麻痺の方でも，知的レヴェルは健常者と同じか，それ以上の人も多く，そういう人たちが，健常者には想像もできないほどの努力をし，向上しようとしていらっしゃることに敬意を表します。
　第5章の「音楽療法の機能」の「向上」で四肢麻痺の女の子の向上の軌跡を詳しくお話ししましたので，もう一度読み返して下さいね。あの症例を読み返すことにより，音楽療法において，脳性麻痺児（者）に対してどのようなアプローチをするのか，だいたいお分かりいただけると思います。
　ここでは，あのエピソードになかった原則論をお話しします。

[2]　脳性麻痺児（者）への音楽療法の適用

　脳性麻痺児（者）には，姿勢がきちんと保つことができていない人が多いのです。上半身が，前向きに倒れていたり，横に反っていれば，健常者も同じことですが，「学習＝この場合勉強も含む」をする姿勢とはなりません。
　ゆえにまず第一に，「異常反射パタンをさせない」「中心線を作る（まっすぐに座るということ）」ことをしてからでないと音楽療法も何事も始めることができません。
　クライアントが知的に健常である場合，そのクライアントの前に鏡を置いて，「正しい姿勢とはどういう姿勢か」ということをまず学習してもらいます。これを「ミラリング」と言います（ミラリングには他の意味もあります）。もちろん介助することも必要です。また，両腕が硬直している場合，これは理学療法のテクニックですが，両肩の上方から，上腕の下方

に向けてマッサージをしてあげることも大変有効です。そうすれば両腕をリラックスした形で机の上に置くことができるようになるのです。つまり学習（勉強）する体勢が整ったわけです。

　クライアントが知的障害者の場合，正しい姿勢ができるまで何度も介助し，正しい姿勢を身体で覚え込めるよう歌を作ったりして，学習してもらいましょう。何度も言いますが，脳性麻痺児（者）の場合，何事もそこから始まるのです。

　次に，発声（発語）に関してですが，クライアントが知的健常者である場合，この場合も「ミラリング」が有効です。

　口の形を鏡で見ながら学習し，クライアントから出てきた音（声）をもとに，セラピストが，即興の歌を作ったりして，発語の範囲を増やしていきます。

　例えば，そのクライアントが4度の音程で「あーうー」と言ったとしたら，私なら，すぐさまその4度を基調に《あーうーの歌》を作るでしょう（この方法はノードフ・ロビンズがよく使うテクニックです。しかし，そこから先どう進むのかが問題です）。そしてその歌を通して発声に必要な筋肉の協応を訓練し，また，大脳からの指示がうまく，神経や筋肉に伝わることができるようになるよう練習してもらうでしょう。第5章に登場した女の子Cちゃんの場合は，2度の音程で「ママ」と言いました。そこから2度の音程の《ママの歌》を作り，その後どのように展開していったかは，第5章に書いたとおりです。ノードフ・ロビンズから「クライアントの発した音程を取る」というヒントはいただきましたが，その後は，私独自のプランです。

　また，Cちゃんは，最初，物を持つことはできませんでしたが，中心線を保つことは比較的容易にできていました。中心線が保てていたからこそ物を持たせる練習に入れたのです。

　中心線を保つことのできる脳性麻痺児（者）には，さまざまなアクティヴィティを適用することができます。物を持つ，ピアノを弾く，大きなピックを持ってギターを弾く，シェイピングなど，いろいろなアクティヴィ

ティによる粗大運動，細微運動の練習に入っていくことができます。発語訓練もできます。それは第5章に書いたとおりです。

　脳性麻痺児（者）へのアプローチの仕方，お分かりいただけたでしょうか。くれぐれも繰り返しますが，大事な点は，
　①異常反射パタンを禁じる。
　②中心線を作る
　ことから始まります。
　そして，読者のみなさんが脳性麻痺の人の音楽療法を行うことになった際には，ぜひとも第5章であげたCちゃんの症例を参考にして下さい。

第 11 章

発達障害と音楽療法 II

　前章から発達障害を対象とした話をしていますが，前章では知的障害，感覚障害，そして身体障害を取り上げました。本章の話の中心は，最近増えてきていると言われている学習障害，ADHD，行動障害，情緒障害，摂食障害などの小児期から思春期にかけての問題，および自閉症などの広汎性発達障害と呼ばれる障害について取り上げます。まず最初にこういった障害，問題について診断名ごとにどういう障害なのか説明し，そして，それぞれの障害に対する音楽療法の取り組み方を述べたいと思います。

[1] 学習障害・注意欠陥多動障害

　（1）**学習障害**（learning disorder ＝ LD）　　LD の特徴は IQ が通常，平均以上あるのにテスト結果や学業の達成が IQ70 レヴェルの結果しかできないという顕著な不釣合いが見られるものです。この診断名が明らかにされるまで，LD という障害をもった子どもたちは，通常の知的障害児と一緒にされていたのではないでしょうか。この原因は，環境要因や文化的背景，身体のハンディキャップからくるものではなく，情報が後頭葉に広がり，大脳皮質へ広がっていくそのプロセスに欠陥があると言われています。

　障害の症状はいくつかの種類に分かれます（DSM-IV による）。すなわち，①読字障害，②算数障害，③書字表出障害，④特定不能の学習障害です。

　①読字障害というのは，字を読むことが極端に遅かったり，字をどうしても読めなかったりする障害で，読字を必要とする国語等の学業成績や日

常生活を極端に妨害するものである。この障害の60〜80％は男性にあり，この障害に伴い，破壊的行動を頻繁に起こすことが多い。

②算数障害は，国語や他の科目はできるのにどうしても算数・計算だけができないという障害である。

③書字表出障害というのは，ある特定の字をどうしても反対向きに書いてしまう，例えば「し」や「B」などという字が，左右反対だったり，上下反対だったりすることである。

④特定不能の学習障害とは，①，②，③を重複して，あるいはすべてに現れるものである。

以上，簡単に言えば，そしてまた，科目的に言えば，国語・算数能力に障害が現れるものと思っていただいて結構だと思います。

(2) 注意欠陥多動障害（attention deficit hyperactivity disorder）

これは，ADHDという略字で日本でも認識されるようになってきたものです。診断基準はとても多く項目があり，関心のある方は，DSM-Ⅳを読んでみて下さい。

ここでは，簡単にどんなことか述べるだけにしますが，「注意欠陥」と言うだけあって，極端に集中力がなく，「多動」というのは，おとなしく席に着くことができない，常に指や身体のどこかの部位を動かしている，また，その他の不適応行動も多く，例えば，教室内を走りまわったり，高いところに上ってみたり，順番を待つことができなかったり，しばしばしゃべりすぎたり，他者を妨害したり，邪魔をしたりします。ひどい場合には，破壊的行為をする場合もあります。ですから，後述する行動障害の周辺領域の障害の中にADHDやLDが含まれることもあるのです。

ADHDは，神経伝達物質の異常，また「人間らしさ」（くれぐれも誤解のないように強調しますが，ここで意味するのは社会に順応できる適応行動を取ることができるという意味です）を司る前頭葉に何らかの機能障害があるのではないかと推測されています。

ADHDの発症は幼児期以前と考えられますが，幼児期には多少，度の過ぎる程度の腕白な子としてしかとらえられないこともあり，この障害に

気づかないことも多く，小学校に入学して，秩序だった行動を求められる機会が増えてから，明らかになることが多いのです。女の子より男の子に多く，LDを合併することもあります。高学年になると多動は次第におさまってくる場合が多く見られますが，注意欠損の障害は残るので，学業や友人関係に困難を生じる場合が多いようです。

ADHDには，リタリンという薬が有効とされ，リタリンが効いている間は，症状も緩和されます。リタリンは，薬理作用としては覚醒剤の一種で，脳内神経伝達物質のドーパミンやノルアドレナリンに作用して，多動や衝動性などの症状を抑えると言われています。ですが，リタリンが切れると，すぐもとの状態に戻ってしまうので，リタリンも生化学的な意味での決定的な治療にはなりません。ただ，効く薬があるいうことだけは知っておいて下さい。もし，ADHD児がいれば，すぐさま，大きな病院の精神科の思春期外来（と呼ばれるところが多い）に連れて行き，専門医の診察をお願いすべきでしょう。

(3) **LD児・ADHD児にどう関わっていくか？** LDの場合，ここでもタスク・アナリシスは有効ですが，その前にまず「行動分析（behavior analysis）」を用います。つまり，文字を上下・左右逆に見てしまう傾向のある子には，直接子どもに何が問題なのか，どうなっているのか認識させるようにするということです。IQは健常なので，自分のしていることと，正しいことと，どこがどういうふうに違うかということを自分で理解する（分析する）ことは，丁寧に教え込むとできます。つまりこういうことを「行動分析」と言い，まさにそれを行うのです。

ここで，音楽療法の有効性は，音楽を使って何回も繰り返すことにより（音楽に乗せた繰り返しは丁寧に教え込むということになりませんか？），認知・記憶が促進されるということ，つまり覚えやすくなるということです。何度か述べましたが，同じことを言葉だけで繰り返すと繰り返す方も繰り返される方もフラストレーションがたまります。注意力欠損が見られるLD児には，音楽のリフレインはそのフラストレーションをためないための，有効な手段でもあるわけです。

また，快楽刺激としての音楽はオペラント条件づけの中の強化子として用いることができます。LDやADHDの子どもに対する音楽療法の現場では，例えば，LD児が字を仮に左右反対に，または上下反対に読んでいるとすれば，それを認識させて正す，つまりそれは適応行動の学習の強化になります。《ABCの歌》に非常にゆっくりとのせて，特にいつも左右または上下反対に書いてしまうところのフレーズは念入りに繰り返すということを行うことにより，アルファベットを覚えたり，楽器を使って物の大きさ，量，数，を学んだり，速い，遅いのテンポの概念は音楽を聴き分けることによって身につけることができるでしょう。

　音楽を強化子として用いることは，やる気がない，注意力欠損とか多動など，問題行動が現れやすい子どもたちにも有効です。ADHD児もLD児も子どもであろうと，誰であろうと子どもたちはみんな音楽が大好きなのです。

　条件づけで音楽を用いる時は，ある課題を5個片づけたら，その子の好きな楽器を練習させてあげるとか，20分間おとなしく授業を聞くことができれば，好きなCDをかけてあげる，授業中，他者を邪魔することなく，席に着いていることができれば，ギターのコードを一つ教えてあげるということなど，標的行動，つまり望まれる行動も報酬も具体的なものであることが望ましいのです。LDやADHDはMRではないので，セルフコントロール，自己観察，自己認識をさせるように仕向け，できたかできなかったかの評価も，クライアントとセラピストが一緒になってすることがいいと思いますし，またそれが可能です。

　とにかく，リタリンも必要ですが，養護教育の現場で，上記のような障害には，先生がいかにうまく学習理論を使いこなすことができるかという能力が大きく寄与すると，私は思います。

　また，ADHD児が適応行動を習得するという目的での音楽療法は，リタリンが効いて，その子が落ち着いている時にこそ，行われるべきだと思います。

　ADHD児は，決してIQは低くないのです。薬が効いて，「本来の自分」

を取り戻している間に，学業や適応行動を習得させることを繰り返し行うことにより，リタリンの効力が切れた時，知的に決して低くない彼らは，自分の中で，適応行動をフィードバックさせ，薬が効いてなくともセルフコントロールできるようになっていきます。

リタリンは前述したように，覚醒剤の一種ですから，長年にわたって続けることは危険だと言う専門家もいます。だからこそ，リタリンが効くのなら，効いている間の音楽療法は，非常に意味のあることになってくるのです。

薬が切れた子や，効かない子に対する音楽療法の手法は，前述のとおりですし，薬が効いている間なら，なおのこと，その手法を行うべきでしょう。

[2] 行動障害・情緒障害

(1) 行動障害（behavior disorder ＝ BD） いじめをする子は，もしかしたら行動障害かもしれないという可能性もあります。そうでない場合もあります。BDとは，一般に普通教育で対応が難しいものを言います。

BDとは何かというと，反抗的，破壊的な行動，妨害行動があるということで，行動が外向的（外に向かって）に出てくるということです。男の子に多いようです。BD児は，教師と社会的な関係を築くことができず，何に対しても反抗したり，例えば，いじめを注意しても直らない，紙飛行機を飛ばしたりすることをやめない，席に着かないことなどから，非行も含まれます。暴力を振るい，他人の迷惑を省みず，協調性，同情，共感というものが見られません。このような症状が1ヶ月以上，長期間見られた場合，BDが疑われます。

家庭だけでこの症状が現れるとか，両親の離婚などという理由があって，一時的にBDのような症状を示す子がいますが，これはBDではないので，決して早急な決断を下してはいけませんが，BDを疑うような子がいたら専門家のカウンセリングは絶対必要です。

急性の場合，つまり，事件を起こしたら，その日のうちにスクールカウ

ンセラー（臨床心理士）によるカウンセリングをしなければなりません。日を置くのはよくありません。ADHDや，BDの周辺領域の障害として，反抗挑戦性障害，行為障害などがあげられますが，これらは並べた順番で，不適応行動がひどくなっていくと思って下さい。その不適応行動というのは，指示に従わない，反抗的である，しばしばナイフなどの武器を振りかざす，万引きなどの犯罪を犯す，平気で嘘をつく，そしてしばしばADHDに見られるような多動性がある場合があり，ADHDと行為障害は併発していることもあります。

また，BDやその周辺領域の障害をもつ子どもたちや青少年は，成人して，人格障害，特に反社会性人格障害やスキゾフレニアに発展することもあります。BDの原因としてこれもよく分かっていませんが，統計的に，生まれてくる時の事故や，5歳までに頭部に大きな損傷を受けるような事故にあったりしたら，CTとかでは異常が見られないのに，発症する確率が高いと言う人もいます。ただし立証はされていません。

いずれにしてもこれらの障害には，器質的なものと環境要因が考えられます。それから，男の子の場合，トラウマが原因となってBDになる場合もあるのです。例えば，とても可哀想な話ですが，少年期に，セクシュアル・ハラスメントまたはそれ以上のことをされて，誰にも打ち明けられず，その後，普通ならPTSDになると思われるでしょうが，BDになってしまった例があります。そういう意味では，その子の行動障害もその子なりのPTSDの外へ向けての表出，つまりその子なりの心的外傷後ストレス障害だったのかも知れないと思います。

（2）**情緒障害**（emotional disorder ＝ ED）　これは，幼児期から成人期に広く見られ，心因性と考えられる障害で，ED児は，成人期になってからうつ病や不安神経症につながりやすく，また子どもの間でもEDというより，もはやうつ病としてとらえられることも多く，自殺したりする子もいるので要注意です。EDは内向的であり，自分の内にこもりがちな特徴があり，女の子に多い障害です。男の子は「男のくせに泣いたらいけない」などと，強くあるべきというふうに育てられて，内にこもることが

少なくなるのかもしれませんが，最近ではそういう傾向もあまりなくなってきているかもしれません。

　EDの子どもの親が，子どもの障害を認めたがらないケースも多々あり，対応が遅れたり，環境に適応できず，ついにうつ病になったり，引きこもり，不登校になったりというケースが見られ，パニック障害を伴ったりすることもあります。いじめ（いじめられること）が原因でEDになるケースもあります。摂食障害を伴ったり，摂食障害からうつ病へと移行したりすることもあるようです。摂食障害は，通常，家庭や親に原因があるようです。

（3）　BD，ED児への音楽療法の関わり方・認知療法的アプローチ

基本的には，BDは行動療法，EDはヒューマニスティックなアプローチをとりますが，音楽療法はカウンセリング・心理療法の補助的療法となります。いずれにしても，子どもが自分の問題を認識しなければなりません。心理療法の中の一つのメソードとして認知療法というテクニックがあるのですが，行動療法のテクニックと組み合わせた認知行動療法というのもあります。音楽療法士は，まず一番に，そういったメソードやテクニックを駆使してこういう問題を抱えている子どもたちを支援する精神科医や臨床心理士の補助的・支援的立場に立つことができるし，その補助的・支援的立場の音楽療法を行っているうちにその子とラポールがとれ，その子の問題解決の一助を果たすことができることもあり得ます。

　子どもが，特に，精神的な問題をもっていろいろな障害を引き起こしている場合，例えば，暴力，過食症，不登校，引きこもりなどいろいろ考えられますが，たいていの場合，家庭や環境に問題があり，極端な話，子どもより，親が臨床心理士のカウンセリングを受けるなりして変われば，子どもは，何のセラピーをしなくても良くなる場合があることがしばしばあると言われています（このことは前述しましたね）。

　反対に子どもがセラピーを受けて，変わろうと努力しても，親や周囲が変わらないと，子どもだけがセラピーを受けても無駄です。そういうことを親が認識していない場合が多く，親自身が自分は正しい，学校や友人が

悪いからと思い込んでいたり，自分にも問題はあるけど，変わり方が分からない，忙しいからなどという理由で変わろうとしないという場合がかなりあるようです。学校の先生にも同様なことが言える場合もあるかもしれませんし，また，学校の先生は，親に問題があることが分かっていても，それを直言するのは非常に難しい場合があると思います。そのためにも，各学校に常勤のスクールカウンセラー（臨床心理士）がいるような制度が「あたりまえ」という環境が本当にほしいと思います。

音楽療法は，先ほど申し上げましたが，心理療法・カウンセリングの代替療法にはなりません。どちらかというと心理療法を支援・強化する補助的なものです。

私たち音楽療法士ができることを具体的にあげてみます。

まず，その子がフラストレーションを吐き出すことができるように手助けするのです。

問題を外向的に出している子ども，例えばBD児の場合，演奏活動に従事させるのがまず一番の手段です。ドラムを叩かせたりして，エネルギーを発散（防衛機制で言うところの「昇華」です）させるのも一つの典型的な方法です。

それからセラピストや，仲間たちと一緒にというふうに，集団で音楽活動をさせます。同じドラム活動においても，エネルギーやフラストレーションを発散させながら，他人と相互関係をもつことを学ばせるのです。例えば，誰かと一緒に演奏するには，その人とアイコンタクトを取ったり，呼吸を合わせたり，あるいは，自分の出番でない時に，他人が演奏しているのを待つということなどで，社会性，協調性，忍耐などを学ぶ手助けをすることができます。

ただし，繰り返し言っておきますが，音楽療法だけで問題の解決は無理です。極端な場合，特に行動障害やその周辺領域の障害と診断された子どもの中には，とても深刻な精神疾患（または精神障害）になっていく潜在性をもつ子どももいるのです。前述しましたが，それはスキゾフレニアとか反社会性人格障害などです。

しかしながら，あくまで補助的療法としてと言えども，クライアントによっては大変有効に作用し，アメリカでは少年院とか青少年矯正施設で音楽療法が盛んに行われています。もちろんその子を支援する専門家集団の一員としてです。私もアメリカのそういう施設でドラムセッションを中心とする音楽療法を行ったことがあります。日本にもそういう子どもたちに対するチームケアをするような法律が早くほしいものです。もちろん，音楽療法士もメンバーとして加わったチームです。
　それに対して，問題が内向的な ED の場合，反対に音楽を聴かせる，その子の気分に合った音楽を聴かせて，その音楽について話し合うことなどが有効とされています。音楽を聴いてそれについて話し合う，ひいては自分の気持ちを表現した詩や短い散文なども書いてもらうようにしむけ，できあがれば（あるいは作りながら），それに曲をつけたりする，そういうことを音楽療法士が手助けするわけです。自分で作品を作る，という行為は，自己実現につながり，自尊心，「自分は何かができる」という自信につながっていくものです。それを続けていると，その詩や散文の内容に必ず変化が見えてくるはずです。そういう変化は，必ず，その子の掛かり付けの精神科医や臨床心理士に報告しましょう。
　最初，こういう子どもたちは，たいてい，ごく主観的で短い否定的な言葉しか言えないものです。ところが，この「文を書いてそれに曲を付けて演奏する」という行為を続けているうちに，問題を認識し，自分を客観視できるようになる場合が多々あります。このテクニックは，前述した過食症の女性たちへのアプローチとほぼ同じです。しかしクライアントの子どもが小さい場合，それなりの配慮が必要となってくるでしょう。いずれにしても，この段階が成功すれば，快方に向かうことができるでしょう。そのあたりで，クラスの中で，やさしく思いやりのある子を何人か選んで一緒に音楽活動をさせることも可能になるでしょうし，またそれは一つの有効な選択肢として考えられます。

[3] 自 閉 症

　自閉症（autism）という言葉はアメリカの精神医学者カナー（Kanner, L.; 1894-1981）によりますが，彼が自閉症には脳器質的な障害が見られないとしたことから，それ以来ずっと自閉症は親，特に母親の責任と言われた時代がありました。「冷蔵庫のように冷たい母親（refrigerator mother）」という言葉があったほどです。現在では，大脳の機能障害（外から入ってくる情報をうまくフィルタリングできない，つまりその場で適当な情報をうまく選び出せない）を引き金とする神経生理学的なものが原因であることが明らかになってきています。

　この「フィルタリングできない」ということをもっと具体的に分かりやすく説明しましょう。つまりこれは，感覚刺激に対する反応障害であり，触覚，視覚，聴覚などの感覚に対して異常に鈍感か，反対に異常に敏感であったりするのです。普段，脳内には視覚や聴覚などを通して，同時にいろいろな外的刺激が入ってきています。例えば，あなたが講義を受けているとしましょう。聴覚には，いろいろな外的刺激が入ってきています。エアコンの音，窓の外の車の音，先生の使うチョークの音，そして先生のしゃべる声などです。しかし，もしあなたが，先生の声に集中していると，他に聞こえる音には全然気づいていないか，または気にならないはずです。これは，脳内で，すべての外的刺激をコーヒーのフィルターのように（あんなにゆっくりではありませんが）抽出して，どの情報が，今の自分にとって一番大切かを選び出しているからなのです。もし，すべての聴覚刺激が，同じレヴェルで脳内で響けば，あなたの脳は混乱してしまうはずです。自閉症者にはそのフィルタリングがうまく働かない時がしばしばあり，思わず耳をふさいでしまうという行為がよく見られます。音楽療法セッション中そういうことが起きれば，まず，すぐに音楽をピアニッシモにしましょう。

　他には遺伝子の欠陥ではないかという説，化学物質が関わっているという説もあります。

　まったく言語の見られない子もいますし，あっても意味のない音を出し

続けたり，「エコラリア」と言って，相手の言うことをオウム返しに言うだけであったり，テレビのコマーシャルの商品の説明など，何か訳の分からない文章を繰り返し言い続けたりする子（人）もいます。もちろん，表現言語がある程度発達する子どももいます。

　一番際立った症状は情緒的な発達で，対人関係の障害は典型的です。出産時や，赤ちゃんの時にそういった傾向がすでに観察されることもあり，例えば，あやされても笑わなかったり，親の愛情表現を嫌がったり，無表情であったり……。

　また，環境に対する常同性保持の欲求が異常に強い場合があり，テーブルを少し動かすだけで怒ったり，興奮したりする子もいます。一概には言えませんが，美醜の概念，やわらかい，穏やか，やさしいという概念が分からない子もいます。

　(1)　自閉症の定義　　ここで自閉症の定義をDSM-Ⅳからご紹介します。DSM-Ⅳでは，自閉性障害（autistic disorder）という診断名を使っています。

　①**言葉の発達の障害**：話し言葉，型にはまった言語，エコラリアなどがあり，非言語人間関係，社会性の障害（アイコンタクトが取れない，無表情である，社会的相互作用が取れない）。

　②**常同的，執着的行動**：ロッキング（両脚を前後に配し，身体を前後に揺らす），クラッピング（両手を合わせて叩いたり，片手で胸など身体の一部を叩く）などという行動が常同的，つまりいつもと言っていいほど頻繁にある。

　③**3歳までに発症する。**

　このほか自傷行為，他害行為を伴う場合もあります。

　自傷行為というのは，自分を傷つけることで，常に自分の腕を噛んだりして，血が出ていても平気で噛み続け，噛みだこができている人もいます。

　他害行為というのは，一瞬のうちに他者の腕を，その人が痛いと感じる程，ぎゅっと力一杯つかんだり，引っ掻いたりする行為が多いようです。

自傷行為は，それをすることにより自分を安定化させるためという説もありますが，他害行為については，なぜなのか分かっていません。ただ，他害行為をする自閉症者は，その一瞬前，目つきが鋭く変わります。それを見落とさなければ，他害に遭わずにすみますが，経験の少ない人は，観察力もあまり養われていないことでしょうし，その一瞬の目つきの変化を見落とさないということは難しいことでしょう。

　自閉症のうち半分から70％が知的障害を伴うと言われています。私は，経験的に言って，早期から適切な対応をすればこの数字はもっと減ると思います。

　自閉症の中でも，知的レヴェルが正常である，あるいはとても高い場合があり，これは「アスペルガー症候群（Asperger syndrome）」と言われています。ここ15年くらいの間に，このアスペルガーで社会適応を果たした高度な学歴，知的レヴェルをもつ当事者たちが自ら告白的に，つまり自己の内側から自閉症を語り，それまで専門家にも分かっていなかったことが明らかになってきました。テンプル・グランディン（アメリカで動物学博士号をもつ）やドナ・ウィリアムズ（オーストラリアで大学教育を受けている）の自伝的な著作は世界的に大きなセンセイションを巻き起こしました。日本でも出版されていますので，ぜひ読んで下さい。

　アスペルガーほどIQは高くないが，普通の自閉症児（者）に比べるとはるかに知的に高い自閉症を，高機能自閉症と呼びます。高機能自閉症児はある程度の普通教育が可能です。

　それから，自閉症者で，知的障害はあるのですが，ある特定の領域に突出した才能を示す場合があります。これをサヴァン症候群と呼んでいます。例えばある特定の領域の事柄，年表とか，数字に対する異常なほど優れた記憶力，音楽的技術，空間認知などの領域に現れることが多いようです。ダスティン・ホフマンがサヴァンの能力をもった自閉症の男性を，演技とは思えないほど真に迫る演技で演じ，トム・クルーズがその自閉症者の弟役で共演している映画「レイン・マン」は，自閉症のとてもよい勉強になります。ヴィデオとかDVDでぜひ見るようにして下さい。

(2) 自閉症児（者）への音楽療法のアプローチ

まず，たいていの場合，適応行動ができるようになる，行動の変容（修正）を求めることから始まると言っていいでしょう。

例えば，ある施設に，しばしば常同行動をしている人がいるとしましょう。職員は，これをやめさせねばと考え，その自閉症者の肩を押さえて，常同行動を止めます。しかし，押さえていた手を離すと常同行動はまた始まります。

音楽療法でも常同行動をなくするということをゴールにするので，基本的には施設の職員の方と考えは同じなのですが，音楽療法士は，まったく違ったテクニックを使います。

私たちは，それを強制的にやめさせるのではなく，まず，常同行動を，そのクライアント自身のリズム表現，すなわち自己表現としてとらえ，認めてあげるのです。そして私たちの方から，その人のロッキングなり，クラッピングなりのリズムを模倣し，相手がこちらの模倣に気づくなり，同調して心地よく感じているのが分かれば，そこから徐々に違うリズムを引き出していき，時間をかけて好きな音楽に合わせた常同行動（もはや常同行動と呼ぶべきか疑問ですが）ができるようにします。

それができるようになると，ある一定の部分だけ叩いたり，休符を入れたり，つまりどういうことかと言うと，クライアントの好きな音楽のある部分だけ取ってきて，そのフレーズ（例えば4拍子）の最初の2拍だけクラッピングし，後は休符（お休み）にするということを学習したりして，最終的に常同行動をなくする，あるいは，軽減させるというテクニックを使うのです。

音楽が大好きな自閉症児は大変多く，私が音楽療法をしたW君は，クラッピングという常同行動をしていたのですが，上記の方法で常同行動がかなり減りました。そこで，好きな音楽に合わせてクラッピングできている間は，一緒に音楽をし，もし，それが音楽から離れた常同行動になると音楽を止めるようにしました。そうすると音楽という報酬がほしいW君は，またしぶしぶ拍に合わせ始めたり，休符ではお休みをするという適応

行動を始めることができるようになったのです。

　ここでは，W君の好きな音楽が正の強化子だったわけです。

　般化は，音楽療法の他のアクティヴィティの中ですでに見られました。「学業の向上」をゴールとしたアクティヴィティや，「感覚統合」（後述）のアクティヴィティで，明らかに彼特有のクラッピングという常同行動が減っていったのです。

　まず，行動変容を考えると最初に言いましたが，私は，自閉症へのアプローチ，つまりゴールとなるものを，原則的に3つに分けて考えています。必ずしも自閉症だけでなく，知的障害者全般にも当てはまる部分もあるかとも思いますが，その3つを紹介します。

　①感覚統合（感覚－運動，知覚－運動）
　②コミュニケーション・社会化・自己表現・情緒表現
　③行動変容（修正），認知・学習の向上

　①の感覚統合という言葉，耳慣れない言葉かも知れませんね。これについて説明しましょう。

　感覚統合とは，エアーズ（Ayres, A. J., 1978）という人が研究した技法で，元来は作業療法におけるテクニックであり，「その目的は発達段階において遅れているところを刺激することにより，適切な神経学的な発達を促すものであり，その方法は，大脳辺縁系や網様体賦活系等の脳の下部組織に関わり，感覚使用を最大限にし，反応が起きるようにする」というものです。

　もっと簡単な言葉で説明すると，「知的能力の向上とかさまざまな能力の向上のためには前庭感覚（バランス感覚），自分がどういう姿勢を取っているか分かる感覚（固有感覚），運動感覚（筋覚）を発達させる必要があり，それらを組み合わせて行い，発達を促すのが感覚統合である」と言っていいでしょう。音楽を使った感覚統合は，聴覚刺激・視覚刺激を有効に使い，他の領域を刺激し，発達を促すものです。

　自閉症や知的障害等の子どもに大変有効で，感覚統合を行うのは，早ければ早いほどその子の発達（向上）を早くかつ，大きくすると言われてい

ます。実際に，私は，自閉症と診断されたお子さんをもつご両親には「一刻も早く感覚統合を毎日一所懸命してあげて下さい。すればするほどお子さんの機能（知的機能を含めて）は高くなりますよ。忙しければ，毎日公園でブランコに乗せるだけでもいいのですよ」と言っています。

具体的にどんなことをするのかといえば，毛布のような物を広げて上に子どもを乗せて，その毛布の四隅を大人が持って揺らす，また，前述したブランコに乗せる，トランポリンに乗せるなどのテクニックがあります。子どもがもっと大きくなってくると，例えば，大きいゴムボールのような安定の悪い物の上に立たせて，字を書いたり，本を読んだりなどの勉強のようなこととか，その他，何でもいいですから作業をさせます。あるいは，三角形や台形やかまぼこ型のゴムマットを用意し，おもちゃの電車を作り，その電車が落ちないようにつかみ，用意された歩きにくいゴムマットの上を行進するなど，安定の悪い場所で，何か作業をする，2つ以上の行動を同時にするというテクニックも使います。

私もこのテクニックを使ってW君に音楽療法セッションを行いました。W君には安定の悪い三角形やかまぼこ型のマットの上を歩きながら，おもちゃの電車（段ボール製）をつかみ，《線路は続くよ，どこまでも》を歌うという複数の行為が要求されています。ただし，転倒しないよう，安全性には万全の注意が必要です。常にセラピスト以外にコウセラピストや母親たちがそばに付き添っている必要があるでしょう。

②については知的障害者と同じようなテクニックが多いのですが，アイコンタクトを取りにくいので，同じアクティヴィティをするにしても，作為的にその子の目をのぞき込んだりします。彼らは見てないようで実は一瞬見ているのです。彼らの視界に入るということは非常に大切なことです。例えば，「学業の向上」をゴールとしているセッションで，「『絵』を見てそれの実物を選ぶ」というアクティヴィティの場合，もしその子が知的障害児なら，ゆっくりと絵を見てもらうのに何ら困難はないでしょう。しかし，その子が自閉症児なら，一瞬見てもらうだけでも困難です。わざとその子の前にその絵を持っていきますが，目を合わせません。ところが，本

当は彼らは一瞬その絵を見ているのです。そして，その絵の実物を選びます。この「絵」を見るという行為は標的行動になります。「じーっとよく見てごらん」と言ってクライアントが「2秒見たらOK」と決めるなら，「絵に2秒間視線を合わす，あるいは見つめる」ということが反応定義になります。一瞬も見ていなかったら実際の本物を選ぶことができません。そういう時に，音楽の「繰り返し」の効果を発揮できるのです。すなわち，その絵を一瞬でも見るまでストレスをあまり感じずに《絵を見てごらん》という歌を繰り返し歌い続けるのです。

　社会性については，これも難しい課題ですが，《こんにちはの歌》で，必ず返事をさせる，片づけをする時，手伝ってもらうというアクティヴィティが考えられます。

　また，自己表現・情緒表現も大きな課題となってきます。彼らは自ら，「僕は（私は）これが好き」と言うことは滅多にありません。そこで，《どれが好きかな？》という歌を作っていろいろな物を並べて選んでもらうというアクティヴィティも考えられます。

　③も，知的障害者と同じようなアクティヴィティをする場合が多いですが，自閉症特有の場合のことをここに書き記しておかねばなりません。自閉症児（者）は，人との接触を嫌がったり，自分のいる場所の周りに自分のテリトリーをもっていて，そこから出たり，そこに人が入ってくるのを嫌がる子（人）が多いのです。

　私のクライアントの一人である自閉症の青年L君の症例を紹介しましょう。

　L君は非常におとなしい20代後半の自閉症の青年で，常に同じところに座り続け，常に目を閉じていました。他者が言うことはかなり理解できていたようですが，自分から発語をするということはまったくありませんでした。ただ，L君が住んでいた施設の職員に「こうしなさい」と言われれば，その指示に従うことはできるようでしたが，ラポールがとれているようには見受けられませんでした。

　私とセッションを始めてから毎回，私は《こんにちは》と《さような

ら》の歌は「一緒に歌おうよ」と声かけをしていました．そうして3回目，《さようならの歌》で，L君は「さようなら」と言い，私の名前も「祐子」に似た発音で言うことができたのです．音楽の力がL君と私の間のラポールを築かせてくれたのです．

　ある日，私が用事があって行けなくて，コウセラピストだけでセッションをしたことがありました．コウセラピストが「ごめんね．今日は祐子ちゃんはお休みなんだ」と告げると，何と，彼の目に涙が浮かんだのです（コウセラピストの証言による）．L君は子どもの時から家族と一緒に暮らせない人生を送ってきて，唯一，私が始めてアタッチメントを感じる人間だったのではないでしょうか？　そして私とのラポールによって自閉症であるL君の脳の今まで働く機会をもてなかった健常な部分が働いたのかもしれません．

　彼のゴールは，
　①コミュニケーション能力をもつ，
　②他者との相互作用をもてるようにする，
　③自分のテリトリーから，自発的に出られるようにする，
　④目を開けていること，
こんなにたくさんありました．

　①「コミュニケーション能力をもつ」は，音楽療法のフレームの中では上述のように比較的早く達成できました．しかし般化には至りませんでした．では，②以下はどうだったのでしょうか？　他者との相互作用をもてるようにする」も，音楽療法の中で，比較的早く達成できました．

　どういうことを行ったか説明しましょう．彼はギターが大変好きでしたが，もちろん，演奏することはできませんでした．ギターを渡すとピックで開放弦をとても早い一定のテンポでかき鳴らすという常同行動が見られました．それはボンゴを叩く時にも同じテンポであり，こちらから止めないといつ終わるともしれないほど長く続いたので常同行動と呼べるでしょう．

　そこで，ギターを2台用意し，一つは「ワン・コード・チューニング」

でL君用でした。セラピストの私が他のコードを弾き，コウセラピストの援助を受けながら，L君は自分が弾かないところはギターをかき鳴らさないことを学習しました。「待つ」ということを学習したのです。それは常同行動の軽減にもつながり，そして社会性を育んだのです。

　これは般化にも成功しました。いつもセッションが終わると逃げ去るように走り去っていたL君は，セッションが終わって後片づけをしている私を見ることはもちろんなく，逃げるようにその場を立ち去っていたのですが，その数ヶ月後には，セッションを行ったその場に立ち続けていたのでした。私は，「やったぁーっ！」と思いました。彼は私を待っていてくれたのです。そして「ギターとドラムを楽器を運ぶのを手伝ってくれる？」と頼むと，彼はギターケースを持って玄関まで走り去っていきました。そこから駐車場までは，50mくらいあるのですが，彼は玄関で私が靴を履き替えるのを知っていたらしく，そこで待っていてくれ，玄関で私が靴を履き替えたのを確かめると，また私の車まで走り去っていったのです。

　次の回では，セッション後，私は，「L君，私と一緒に歩いてね」とL君に頼みました。そうすると彼はずっとまるで私をガイドするように一緒に歩いてくれ，無事，ギターを車に積み込み，「今度は私が玄関までL君を送るよ」と言うと，彼は，私と手をつないで私の歩調に合わせて歩いてくれたのです。回数を重ねるごとに彼は他者，コウセラピストやセッションを見学していた他の学生とも一緒に片づけをしたり，一緒に歩いたりすることができるようになりました。

　つまり，②の「他者との相互作用をもてるようにする」は，般化も成功したわけです。

　「自分のテリトリーから自発的に出られるようにする」では，②が成功しているわけですから，③も成功したのと同じだとおっしゃる方もいらっしゃると思います。しかも「④の『目を開けていること』も成功したではないか，でないと歩けるはずがない」とおっしゃる方もいらっしゃって当然です。ところが，L君は立っていると問題ないのですが，やはりいったん座るとそこから動いて移動するということができず，目は閉じられたま

までした。

　そこで私が行ったことは、「タンバリンで音源を追う」というオブジェクティヴを設定し、徐々にその音源を追う範囲を広げていくということでした。

　これは、実は、継時近接法の反対のやり方です。セラピストの私が、座っているL君の目の前でタンバリンを叩くと、彼は、相互作用はできるようになっていますから、私が手に持っているタンバリンを叩き返してきます。L君が叩き返してくるたびに私は、タンバリンの位置を変えたのです。最初は身近な範囲で、上下左右に変えました。そんなふうにタンバリンを、2人で交互に叩き合うことにしたのです。タンバリンがL君に近いところにあるうちは、L君は、目をしっかり開けなくとも音源を探し出せたので、タンバリンを叩き返すことが可能でした。しかし、私が徐々にタンバリンを、立ち上がって背伸びしなければ届かない上方とか、かがみ込んで床に近いほど下の方とか、彼が身体を回さなければならない後ろの方に持っていくと、彼ははっきりと目を開けて一応椅子から立ち上がることはして、タンバリンを叩き返そうとしました。ですが、彼が1歩でも立って歩かないと届かない所にあるタンバリンは叩こうとしませんでした。

　2回目のセッション、同じオブジェクティヴです。しかし、前回でいい感触を得た私は、挑戦的でした。最初は簡単な場所でタンバリンを使って反応を促し、徐々に彼が立ち上がったり、席を離れないと叩けないような場所でタンバリンを叩いたのです。何度かは無反応でしたが、私は、私とL君のラポールを信じていましたし、セラピストとして、最初からの彼の行動変容の軌跡をたどればたどるほど、成功の確信がありました。そして、何度目かに、彼は立ち上がったのです。数回、彼は、数歩、歩いてタンバリンを叩き返しました。しかしやがて、また座ってしまいました。

　次の回で私が定めたオブジェクティヴは、「L君を立たせて、タンバリンを叩きながら、歩き、部屋の中を行進する」でした。そして、成功しました。L君は、私とタンバリンを叩き合いながら部屋の中をぐるぐると回り、行進したのです。

般化について言うと，彼が自発的に動き回るということは，まだないようです。しかし，これについて「般化はまだできていないと言う」のは，早急すぎるような気がします。彼が座っているところから立って動き回るということには，理由づけが必要なのです。例えば，「ラポールのとれた私と相互作用をもちたい」「タンバリンを叩きたい」，こういう理由がない限り，食事や排泄，入浴以外に，彼が動き回ることはないかもしれません。「自分にとって好ましい外的刺激がないと僕は動かないよ」と，もし，L君が心の奥底で思っているなら，それは障害とも呼べるし，「個性」とも呼べるのではないでしょうか？
　いずれにしても，「④目を開けていること」は，②と③の達成によって頻度は大幅に増えました。成果はあったと言えるのではないでしょうか？
　この「目を開けていること」も，彼にとって理由づけが必要なことなのです。L君は，目を開ける必要があったら長時間でも目を開けています。でも，おそらく，彼が開ける必要がないと感じている時には，「目を閉じている自由」が彼にはあるのです。私たちが通常，目を閉じたい時に閉じる自由があるのと同じように……。
　時折，自宅でくつろいでいる時，自閉症のことがふと頭に浮かんでくることがあります。L君は，私にとって大きな存在です。そして，彼のことを考えている時，ふと思ったのです。「彼には自閉症であるという自由があるのではないだろうか？」。

　もう一人，高機能自閉症の少女の事例を紹介します。これも私の事例ですが，14歳の女の子でKちゃんとしましょう。これはアメリカでの話で，私の前に何人ものセラピストがさじを投げたのを，私の帰国2ヶ月前になって，私の所に紹介されてきた少女でした。
　彼女は，かなり正しい言語をしゃべることもできるのですが，エコラリアがありました。エコラリアの治し方の正当なメソッドを，実は，私は知りません。そこで，いろいろな人に聞いてまわったのですが，明確な返事が返ってきませんでした。「年齢を重ねるごとに，つまり知的に向上する

につれて少なくなっていくものですよ」と，専門家たちは言いました。私は自分で考えざるを得ませんでした。

　まず，「エコラリアを軽減する」というゴールのもとに，2つのオブジェクティヴを考えました。

①ある質問をして，必ずその後に"Yes or No?"を付け加えて，Kちゃんが Yes か No のどちらかを選択しなければならない状況に追い込む。

②彼女にエコラリアをする暇を与えない。

①で使ったテクニックは，そのための歌を作ってマンネリズムを避け，その歌には，"Yes" または "No" と短い答えの入るべき短いフレーズの休符を入れ，歌のメロディは変わらずとも歌詞になる質問は変えていき，Kちゃんが "Yes" とか "No" と言うまで我慢強く歌を繰り返しました。高機能であるKちゃんだからこそできたことかもしれませんが，最初は何を聞いても "Yes" ばっかりだったのですが，2回目のセッションで私の要求することを理解してくれて，"Yes"，または，"No" で答えられるようになりました。それにつれて自然消滅のようにエコラリアはほとんど気づかないくらい減りました。

②は，ローバッカー博士がまとめられた「音楽療法の機能」の中の「方向転換」から思いついたものです。

　幸いにも，Kちゃんは，ピアノを弾くことが大好きで，初級の上というレヴェルの曲を弾くことができました。そこで，形式的にはピアノのレッスンという形を取りながら，セッションは進んでいきました。そうすることにより彼女はエコラリアをする代わりにピアノを弾いていたのでした。

　Kちゃんにはまだ問題があり，それは，

①大小の概念（音楽で言うとフォルテとピアノ）が分からないこと，

②長短の概念（音楽で言うと付点4分音符と8分音符のリズムなど）が分からないということでした。それらを分かることもあわせてゴールに入れ，オブジェクティヴには，「ホワイトボードに大きな人形と小さな人形を描く」とか，「『長ーーい，短い』をリズムに合わせて言うこと」などを設定して，いよいよ終結予定の2ヶ月目……リズムもフォルテやピアノも

正しく弾けるようになり，それは障害児に対する音楽療法セッションと言うよりも，健常児に対するピアノのレッスンと言ってもおかしくない程でした。

　障害をもつ人が健常者と変わりなく何かができる，これこそノーマライゼイションと言うべきものだと思います。そして前述したように，これが自己実現，自信，自尊心へとつながり，人はさらに成長していくのでしょう。それまでどのセラピストが受け持っても，Kちゃんを向上させることができなかったという理由で，私の所に紹介されて来た子だっただけに，私が帰国するということで，ご両親も大変残念がられていましたが，現在，もう彼女は成人しているはずです。高機能自閉症ですから，何らかの職業に就いていることでしょう。

　もう一人，ピアノの大好きな子がいます。V君としましょう。彼はピアノが大好きで，絶えずセラピストにピアノを弾いてもらうことを要求していました。「ピアノを弾いて下さい」が彼の口癖でした。

　自閉症児（者）は新しいことを試すのを極端に怖がったり嫌がったりする場合が多々あります。V君もそうでした。そこで，ある日，私と学生は，V君が来る前にピアノの蓋を閉じておいて，V君が来てからV君にピアノの蓋を開けてもらうよう頼みました。彼はあんなに大好きなピアノなのに，怖がってピアノを開けることができませんでした。しかし，私はV君がピアノの蓋をじっと見つめているのを見て，「ああ，これはどうしたら勇気を奮ってピアノを開けることができるのか考えているところだ」と思い，その日はついにこちらからピアノを開けるということはせず，ギターのみでセッションを行いました。

　そして私は学生たちに「次回は，絶対自分でピアノを開けると思います。賭けてもいいよ」と言いました。

　そして，次の回がやってきました。V君はごく自然にピアノを開け，今では（その次の回より）それまで大好きだけれど，自分で弾くことをあれほど怖がっていたピアノでの即興演奏に夢中になっています。こういうよ

うに新しい行動計画を脳内で処理する（プロセシング）のに自閉症児（者）は時間がかかる場合が多くあります。ですから，そのクライアントがある回にあることをできなかったから，それはできないのだと考えることは，特に自閉症の場合，間違いなのです。時間をかけて下さい。これも障害と考えずに個性と考えましょう。

　同じような例で，知的障害者のグループセッションで，私はそのグループのクライアントの一人自閉症のQ君に新しいことに挑戦してほしくて，パラシュートのアクティヴィティの時，私はパラシュートの中に入っていきました。とても友好的な40代の知的障害の男性を誘うと，とても楽しそうにパラシュートの中に入ってきて一緒にぐるぐる回ったりして遊びました。その際，Q君には一切声掛けも手招きもしませんでした。しかし，彼が一瞬，私を自分の視界の中に入れたことを見逃しませんでした。すべてのアクティヴィティが終わった後，学生たちに私は「賭けてもいいですよ。次回，Q君は何もしなくともパラシュートに入ってきます」と言いました。そして，次の回の時，Q君はパラシュートの中に入りました（「賭けてもいいよ」と今まで何回も言って，失敗しなかったことを神に感謝します。でないと私は嘘つきになってしまいます）。

　自閉症と一口に言っても個人個人，症状はまったく違います。感覚統合の説明で出てきたW君も，L君もKちゃんもV君もQ君もそれぞれ違います。私が経験した症例を全部ここにあげようとすると，それだけで一冊の本になりそうです。
　それではあまりにも長すぎるので，具体的な事例はこの辺で留め置きますが，自閉症児（者）を対象とした時，気をつけなければならないことを以下に箇条書きにします。
　①自閉症児（者）が，他者との接触を拒む子（人）か，それとも接触しても問題ないか，問題ないとすればどこまでの範囲ならいいのかなどの事柄が，アセスメントではっきりするまで，むやみにその子（人）に近づき

すぎたり，接触したり，親愛の情を見せない。まずは，こちらの存在を認識させることが一番である。

　②常に自閉症児（者）が示す一瞬の目つきの変化を見逃さない。

　③自閉症児（者）が一瞬でも何かに目を向ければそれはその子（人）がそれをあるいはその人物を認知したと思ってよい。

　④自閉症児の中には，時々非常に興奮して暴れる場合がある。その前兆が現れたら，すぐにその子を後ろから抱き抱え，ゆったりとした音楽に合わせて上半身を揺らしてあげること。この方法で必ず興奮は治まる。この方法は感覚統合にもなる（ただしクライアントがもう成人した自閉症者なら後ろから抱きかかえるなどというのは危険行為である）。

　以上，自閉症を取り上げましたが，広汎性発達障害と呼ばれる障害は，自閉症・アスペルガー症候群の他にも，レット障害というものや小児期崩壊性障害がありますが，音楽療法で顕著な向上例を見たという文献を私は知りません。と言うより，現代の医学を含めてすべてのセラピーにおいて，顕著な向上例を見たという記録は今のところないのかも知れません。ローバッカー博士がレット症候群の女の子にもセッションを行っていらっしゃいましたが，やはり，この障害も音楽療法を行っても進んでいきました。それでこの本ではこれらの障害には触れません。

　それぞれがどんな障害かというのはDSM-Ⅳを読んで下さい。

　この章でも繰り返したとおり，音楽療法は，音楽を使った行動療法である部分が大きいと言えることができるかもしれません。

　これは私の考えですが，行動療法に音楽を組み合わせることは，ある意味では画期的なことではないかと思います。行動療法のセラピストがよく言います。「行動療法のメソッドに従ったセッションをこなしていけば，必ずゴールが達成できる。ただ，そのゴールまでの長い長いステップをやり遂げるだけのモーティヴェイション（意欲）を，クライアントにもち続けてもらうのが至難の業なんだ。多くの中断・失敗のケース（症例）はみんな，途中でやる気を失くしたり，嫌気がさして，行動療法を続けられな

くなった人たちだ」。

　確かに，行動療法のテキストには数々のテクニックが細かく，そして詳しく説明されています。しかし，どんなにたくさんの行動療法の本を読んでも「モーティヴェイションを維持する方法」については，まったくと言っていいほど書かれていません。そこが行動療法の弱点なのです。「モーティヴェイションをもち続けられさえすれば……」という行動療法の弱点に対して，音楽はとても相性がよく，かつ非常に有効な働きをする絶好のパートナーであると，私は経験から，深く感じています。

第12章

精神疾患と音楽療法

❖ I 精神疾患について

　アメリカにおいては約40％の音楽療法士が精神保健の分野で働いていると言われています。実に大きい数字ですね。アメリカでは音楽療法は，戦争などで心を病んだ人たちを音楽を使って癒すことが発端で発展してきたので，当然の数字かもしれません。

　ところで，「心を病む」という言い方がよく聞かれます。みなさんも一度は使ったことがあるのではないでしょうか？　私は，脳科学以外のところで「心」の存在を信じています。「心」という言葉はさまざまな状況で使われています。ですが精神疾患のことを「心の病」と呼ぶことがありますが，それは非常に不正確です。「心の病」というような言われ方をするのは，多分，精神疾患を発症する生化学的な要因がまだはっきりしていない場合が多いからだと思いますが，精神疾患とは，脳内の神経伝達物質の分泌異常などによる「脳の病気」なのです。

　「うつ病，ああ，くよくよする病気ね」，「PTSD？　何かつらいことが起きてなる病気でしょ？」という認識しかしてない人が世の中の大半です。うつ病は心の風邪とよく言われますが，とんでもない話です。PTSDも，うつ状態も，その他の精神疾患を含めて，対処の仕方が間違っていたり，不十分だったり，対処するタイミングを逃したりすると，さまざまな深刻な症状を引き起こし，治るまで何年もかかる苦しい病気が多いのです。また，周囲の人たちの病気に対する理解のなさが，病気をより深刻にする場

合も多々あります。まだまだこの「心の病」否,「脳の病気」に対することは一般市民には分かりづらいところもあるのではないかと思います。これが,「骨折した」「ガンに罹った」という場合なら,たいていの人がそれがどういう意味のことかということや,その苦しみをすぐに理解してあげることができると思いますが……。

スキゾフレニア（統合失調症），これは,遺伝的要素も多いのですが,ストレス要因も大きく関係する精神障害です。一度罹ってしまったら一生薬を飲み続けなければならないことが多いし,症状が治まって寛解しても,残遺という症状は残り,社会復帰の難しい病気です。

みなさんは,精神障害とか神経症とか精神疾患とかいろいろな言葉を聞いて,何がどうなのか,よくお分かりではないのではないかと思いますので,本章では主な病気の説明をまずしたいと思います。

その前にみなさんによく理解していただかなければならないことがあります。それは,用語の意味および使い方です。

精神障害というのは,スキゾフレニア,双極性障害,大うつ病のみを言います。俗に言うアルコール中毒も仲間に入ると言っておきましょう。なぜなら,症状がひどくなってくると,まず,言動が正常でなくなっていき,やがて幻視・幻聴が起きるようになり,暴力を振るったりするようになるので,アルコール関連障害（中毒・依存症）と言って,精神科の病院に入院しなければならない状況になることが多いからです。精神科病院の多くの長期入院患者（あるいは入退院を繰り返す患者）のほとんどが,スキゾフレニアとアルコール関連障害の患者さんで,また,いわゆる精神障害と定義される病気の種類は上記のように,意外と少ないのです。

精神障害,特にスキゾフレニアには遺伝的要素が大きく関係していると言われていますが,一卵性双生児のスキゾフレニアの罹患率は約50％ですから,環境要因（ストレス）がいかに大きい要因となっているかお分かりでしょう。

その他のほとんどの精神疾患は神経症レヴェルのものです。普通のうつ病程度で精神障害とは言いません。今まで出てきた,うつ病（抑うつ状態

を含む），不安障害，摂食障害，恐怖症，PTSD などは，従来は神経症と言われてきた疾患です。しかし，最近のストレス社会において，あまりにも〇〇神経症という病名が増えたので，DSM-IV では，もはや神経症という言葉を使わなくなりました。しかしながら，まだ一般的に神経症という言葉は使われていますので，この本でも神経症という言葉を使います。

　説明が長くなりましたが，いわゆる精神障害と言われる病気の種類は上記のように非常に少なく，ですから，たいていの精神疾患は精神障害ではありません。

　神経症の範疇に入る病気には誰でもなる可能性があります。大きなストレスを掛けられる，例えば，大規模の自然災害を体験したり，命の危険を感じたり，レイプやセクシュアル・ハラスメントなどによるトラウマ（心的外傷）をもった人は，たとえ，いつもはしっかりしている人でも PTSD やうつ病になり得るのです。今，大きなストレスと書きましたが，そのストレスというのは，普段みなさんが，疲れを感じる程度のストレスとはまったく規模の違うものと思って下さい。規模の大きなストレスは人を死に追いやることもあるのです。ストレスについては次章でお話ししますが，例えば，PTSD という病気は，訳すと心的外傷後"ストレス障害"となります。こういうようにストレス障害というものは非常に深刻なものと思って下さい。

　あるいは，例えば，ガンに罹って，手術で治ったものの，後から再発しないだろうかと不安を感じているうちに，不安障害になってしまう人もいます。自分に自信がないのを取り繕って威張って仕事をしている人が，実は，全般性不安障害を隠しもっていて，密かに薬漬けになっている場合もあるのです。

　こういう精神疾患には，あなたも私も含めて，誰でもなり得るのです。「高齢者と音楽療法」のところで述べましたが，環境の変化というストレスが，不安障害やうつ病の引き金となり得ることもあるということはお分かりでしょう。

　ここで，"*An Introduction to Music Therapy: Theory and Practice*"（Davis et al., 1992）という本を参照し，それに私の言葉も付け加えながら，要約します。

「社会の人々，特に精神保健の専門家たちは，何が正常であり，何が精神病的行動であるのかをどのように決めるのでしょうか？　ある行動が精神疾患ではないと診断されるのは，どのような観点においてでしょうか？」。それは，ごく当たり前の社会生活を普通に送ることができるか否か，言い換えると，適応的か不適応かという観点に基づいて，問題となる症状や行動の，①発生の頻度，②持続期間，③その強度および発生状況などによって診断が行われるのです。例えば，気分に変動があるのは人間として何の異常もないことです。誰でも何か悲しいことなどがあるとうつ的状態になるでしょう。しかし，このうつ状態が定期的に発生したり，何ヶ月（何年）もかかったりしたり，何度も再発したり，また，気分のみでなく，身体の不調を訴えたり，意志に反して身体が動かなかったり，生活に支障をきたしたり，自殺を試みたりするようになると，これは病気であると見なされるようになります。精神疾患はほとんど，どの年齢にも起こり得る病気です。精神疾患に罹った人たちは，気分，思考，現実の認識，他人と関係をもつことなどに障害を抱えるようになります。また，極端な恐れ，パニック発作，強迫的行動に苦しむ人もいます。摂食障害，薬物障害，器質的疾患（大脳活動機能の低下）も精神疾患と見なされます。

　本章で，すべての種類の精神疾患についてお話はできませんので，音楽療法士が関わることの多い，スキゾフレニアと気分障害（うつ病），不安障害，神経症レヴェルの障害について，簡単な説明をしたあと，音楽療法のアプローチテクニックについて述べようと思います。ここでの説明は，またエメリー氏とジンバルド氏の助けを借ります。

[1]　スキゾフレニア・統合失調症
（1）　人格の変調または崩壊として現れる。
　症状：気分，思考，現実の認識，他人と関係をもつことに障害が現れるものです。これらの症状は，単一では現れません。さらに，陽性症状と陰

性症状と人格の分裂・解体症状に分類されています。

陽性症状：幻聴，妄想，分裂した言語，分裂した行動など。

陰性症状：平坦で鈍い情緒，意志欠如，無快感，会話不能など。

（人格の）解体症状：奇妙な行動・言語で，陽性・陰性にフィットしない。

(2) タイプ別分類

カタトニア：体が硬くなって無動となり，同じ姿勢をずっと取り続ける症状を言います。

解体型：分裂した言語・行動，平坦で不的確な情緒，幻聴，妄想を伴うこともあります。

妄想型：誇大妄想，被害妄想が多く，幻聴が頻繁にあり，それが妄想の元になることもあります。

未分化型：精神症状を見せてはいるが，上記の3つにまたがっていて分類できないか，当てはまりません。

残遺：活発な症状は現れませんが，陰性症状や，希薄ではありますが，幻聴，妄想，分裂言語が残っています。

(3) 原因

遺伝的要素が強いとされ，双子の研究では，親がスキゾフレニアの一卵性双生児の場合の発症率は50％になると言われています。しかしその一方で，環境要因（ストレス）も大きく寄与することが分かっています。フィンランドで行われた養子の研究によると，遺伝的要因をもつ子どもが，遺伝的要因をもたない親に育てられると，発症がきわめて少なくなるという結果が出ています。ですから，発症原因に決定的なものは何一つありません。CTスキャンによる研究では，一部の患者の脳室が少し大きめになっているという報告もされているようです。大脳内の血流，特に前頭葉の血流を調べると，「正常な人の血流が増加すべき時（知的作業の時）に，スキゾフレニアの患者の多くに増加が見られない」という報告もあります。

原因の仮説となっているものをあげてみると，

ドーパミン仮説：ドーパミン分泌の異常（過剰）が大きいが，最近他の

脳内化学物質（GABA，アセチルコリン，ニューロペプチドなど）も注目されていて，特に，ドーパミンとセロトニンの複雑な相互作用に注目する説も浮上しています。

　社会原因説：危険な出来事，傷つけられる出来事，ストレス，社会的孤立，栄養の欠如が多い階層が，原因というより，結果的に招いているのではないかと言われています。また，スキゾフレニアの親が社会的にドロップアウトして，結果的に要因を受け継いだ子どもが，そういう環境で育ってしまうということも考えられます。

　（4）　病気の治療と予後　　少し前までは，一度発症すると治らないし，一生を精神病院で過ごす人が多かったのですが，1950年代にフランスで麻酔薬のサプリメントとして使われていたフェノシアジン（phenothiazines）という薬が向精神薬として効くことが偶然発見され，以後いろいろな向精神薬または，ニューロレプティックと呼ばれる精神遮断薬が開発されるようになり，処置が早ければ早いほど，予後も良くなり，一生隔離病棟で過ごす人も減ってきています。それどころか，薬を飲みながら，ある程度の社会復帰が可能となってきています。しかし，若い時に発症し，現在歳を取っている人は，社会復帰も難しく，面倒を見てくれる家族もいないまま，一生病院で過ごす人たちが多いのも事実です。

　病気の急性期に入院して集中的に治療を受け，後は通院でということも可能です。ただ，少ない用量であっても薬を飲み続けないと（あるいは注射の場合もある），再発率は高く，薬を飲まなくても再発しないのは全体の20％でしかないのです。発症は思春期，青年期に多く，35歳を過ぎての発症はあまり見られません。

　退院して，社会復帰したい人たちがよく抱える問題として，発症前にはあった意欲，活発性がなくなり，緩慢な生活を送る人が多く，以前の意欲や活動意欲を取り戻す，つまり「修復」させるという意味での再構築的なセラピー，ソーシャルスキルズトレーニング（SST），自尊心の回復等が必要となってきます。

　音楽療法も，スキゾフレニアの場合は，病気の治療自体はできませんが，

病気の予後，あるいは残遺と言われる状態の支援に重点が置かれます。それについては，また後で述べます。

[2] 気分障害

　気分障害の話をする前に，私たちがいつもあまり違いを気にせず使っている言葉の分類を心理学的にまずしておきたいと思います。それは，「感情」「情緒」「気分」という言葉ですが，また，ジンバルド氏の本から引用すると，

　感情（emotion）とは，悲しみ，怒り，嫌悪等主観的な気持ちの状態が喚起されるもので，心拍数，や呼吸数など生理的変化を伴うもの，

　情動（情緒）（affect）とは，主観的な気持ちに連合する，観察できる行動のパタン。顔の表情や，声の高低，手や体の動きなど，

　気分（mood）とは，浸透して継続する感情の反応。極端に言えば，その人の外の世界に対する知覚を色づけるもの，

となります。

　気分障害というのは「気分」という言葉を使いながら，上記の言葉の意味するものの大きな変化が見られるものですが，そこに，周りの出来事や，物事に対する知覚の変化が必ず伴うものと思われます。

　つまり，気分障害とは躁（病）とうつ（病）のことなのですが，現在は，躁うつ病という言葉はほとんど使われず，「双極性障害（bipolar disorder）」と言われます。躁状態が出てこず，いわゆるうつ病と言われる，うつ状態のみを単極性障害と言います。

　（1）　気分障害の症状　　この症状は大きく4つに分けると，感情的症状，認知的症状，身体的症状，行動的症状に分かれます。

　感情的症状：うつ状態における，落ち込み，絶望感，そして，躁状態における，安心感，強固なパワー，財政的なものを含めた楽観主義，愉快な気分などです。

　認知的症状：うつ状態では，仕事に支障をきたすほどの認知力・集中力の低下が認められます。躁状態では，その反対で，認知がスピードアップ

され，自尊心が過剰になり，大げさに堂々と仰々しく誇大になります。

 身体的症状：うつ状態では，疲労感，食欲低下，頭痛，筋肉痛等の痛み，睡眠パタンの変化（不眠または，睡眠過剰），行動意欲の低下が現れます。例えば，歯を磨いたり着替えることもできなくなるほどです。躁状態では，眠らなくとも元気いっぱい，意欲過剰で何をしても疲労感を感じないようになります。

 行動的症状：うつ状態では，精神運動抑制によって，動きが緩慢になり，しゃべったり，歩くのも遅くなります。ひどいときにはまったく動けなくなるほどです。

 (2) 分　　類

 ①双極性障害Ⅰ：躁の経験を最低一度もち，たいていはうつを経験しています。

 ②双極性障害Ⅱ：うつを経験し，さらに躁状態までいきませんが，ハイポマニア（hypomania）（躁と言う病気まではいかないが，それに近い状態）と言われる状態を経験しています。

 ③単極性障害：うつ状態のみのことです。

 単極性の発症率は，双極性の5倍あります。社会－心理的要因が寄与するものと考えられています。最近，老年性うつ病が増えてきていると言われていますが，それでも発症率からいうと，思春期から青年・壮年期がまだまだ多いのです。双極性の場合は老年期には，ほとんど発症が見られません。

 (3) 原　　因　　特に，双極性障害Ⅰの場合は，遺伝的要因もあると言われていますが，スキゾフレニアに比べるとはるかに少ないです。一方の親が気分障害であった場合の双子の研究において，一卵性双生児の一致は，両極性で0.69％，単極性で0.54％です。神経学的にいうと，やはり，脳内化学物質，神経伝達物質（セロトニン，ノルアドレナリンなど）のバランスの崩れが大きく作用していると言われています。そして，環境要因は非常に大きいと言えるでしょう。

 (4) 治　　療　　現在では，原因となる脳内化学物質を調整するたく

さんの抗うつ剤が開発され，典型的なものとしては，原因であると言われるモノアミンオキシダーゼという酵素を阻害し，ノルアドレナリン，ドーパミン，セロトニンのレヴェルを調整するものや，1990年代に開発された，SSRI（セロトニン選択的再取り込み阻害薬）というもの，SNRI（SSRIと同様な働きをセロトニンとノルアドレナリンに作用）が，非常に効果を示しています。SSRIは，うつ病の人のセロトニンのバランスが非常に悪いことに注目して作られています。脳内の神経細胞（ニューロンと呼ばれる細胞の末端にシナプスという部分がある）の間で情報が伝達される際には，神経細胞同士が直接に触れ合って伝達されるのではなく，細胞と細胞の間にある空間（シナプス間隙）に神経伝達物質が噴出されることによって伝達されます。うつ病の場合では，情報（精神を安定させようとする働き）を送ろうとする側のシナプスから放出される神経伝達物質（セロトニン）が，非常に少ない量しか放出されなくなっているので（これがうつ病の問題点なのです），シナプス間隙でのセロトニンの"濃度"がとても"薄く"なってしまっています。一方，セロトニンを受け取ろうとする側のシナプス（レセプター）は，セロトニンを放出する側のそんな苦しい状況を知らないので，いつもと同じようなペースで繰り返し繰り返しセロトニンを取り込もうとします。そのため，非常に，"薄く"なったセロトニンしか取り込むことができないので，十分に精神を安定させる働きができなくなってしまうのです。そのように，うつ病を脳神経細胞のレヴェルで見ると，セロトニンを放出する量と受け取りたい量とのバランスが悪いことが問題なので，SSRIはレセプターに働きかけて，セロトニンを取り込むペースをダウンさせます。つまり一度セロトニンを取り込んでから次に取り込むまでの時間の間隔を長くするのです。すると，たとえ少しずつしか分泌されていないセロトニンでも，時間をかければ次第にシナプス間隙に溜まってきて，セロトニン濃度が上がります。そして十分に濃度が上がったところで，満を持してレセプターが取り込みます。十分な濃度をもったセロトニンは，十分に精神を安定させることができるというわけです。このようにSSRIは，決してセロトニンをたくさん出させる薬ではあ

りません。その逆に，セロトニンを受け取るシナプスだけを選んで（選択的に）作用し，セロトニンを繰り返し取り込もうとする（再取り込みする）働きを制限（阻害）するため，selective（選択的）serotonin（セロトニン）reuptake（再取り込み）inhibitor（阻害薬）と呼ばれているのです。SSRIの副作用が非常に少ない理由もここにあって，セロトニンを受け取ろうとする脳神経細胞だけ選んで作用するため，セロトニンと関係のないよけいなところには悪影響が及ばないことから，副作用が少なく安心して服用できると言われています。

　音楽療法士として知っておくべきではあっても，直接的には関係のない生化学的な分野の話（薬）をここまで詳しく述べたのは，現在，うつ病，および，抑うつ状態の人が世界的に非常に増えていて，SSRIは，世界で一番売れている薬となっているほどなので，音楽療法士もSSRIの働きを誤解のないように理解しておくべきと思い，詳しく述べました。よく，SSRIはセロトニンを増やすからうつに効くと勘違いしている人々（音楽療法士を含む）が見受けられるので，ここで，きちんと理解して下さい。

　これと関連した音楽療法の話として，うつ病の人がよく頭が痛いとか，身体が痛いということを訴える時，気分のよくなる，リラックスできる音楽を聴いてもらう，つまり，受動的音楽療法を行うのですが，そうすると痛みが消えることがあります。これは6つ音楽療法の機能から言うと，「方向転換」になると思われるでしょうが，実は，あくまでも推測ですが，この受動的に音楽を聴くことが，SSRIと同じ作用をしているのではないかとも思われます。うつ病の人の痛みは，実際に痛い部分に障害や，別の病気があるわけではないのです。音楽を聴いて，リラックスすることにより，脳内の伝達物資，セロトニンのレヴェルが調整できるのではないかと考えられるわけです。調整できると，元々どこか身体が悪いわけではないのですから，必然的に痛みも消えると考えることができるのではないかと私は推察しています。

　うつ病がひどいときには，ECTという電気治療も最後の手段として用いられます。一見，非人道的に取られやすいのですが，スキゾフレニアに

対して，かつて行われたように拷問のような手段を用いて，結果的にその人がますます廃人のようになっていくのとは違い，効果が認められています。それをしないとその人は必ず自殺をしてしまうという危機的状態にある時，最後の手段として用いることがあるそうです。

(5) **自　　殺**　　世の中で自殺をする人全員がうつ病であるわけではないですが，うつ病の人の自殺率は非常に高いのです。うつ病に罹った人の15〜20％が自殺するという報告もあるくらいです。しかも彼らは，真剣なのです。転換性障害の人は，意識的・無意識的に他者から注目を集めたいために自殺未遂・自傷行為をするようですが，本人は本気で死のうと思っているわけではないので，たいてい切っても助かるリストカットをすることが多いのです（だからと言ってほっておいてはいけません。まれに動脈を切ってしまって，間違って死んだり，神経を切ってしまって，手が動かなくなったりする人がいるので気をつけなければなりません）。

うつ病の人の自殺願望は，本気なので，人が見ていない隙をねらって死んでしまうことが多いのです。それもうつ病が最もひどい時は，動くエネルギーがない（つまり動けない）ので，自殺はしない場合が多いのですが，良くなりかけたころ，自殺をするエネルギーが出てきて，しかもうつ病自体は治っていないわけですから，そのころが要注意なのです。

[3]　その他の神経症レヴェルにおける精神疾患
不安障害

気分障害に似ている面もあり，うつ病を伴う人も多くいますが，一言で言うと過度の不安をもつ症状で，生理的変化も伴い，パニック発作を引き起こしたりする場合もあります。以下診断名別に分類して説明しましょう。

(1) **全般性不安障害（GAD）**　　過度の不安（予期不安），悲観的な気分が長期にわたって続き，自分でコントロールできなくなります。抗不安薬等で症状は緩和されます。

(2) **パニック障害**　　突然の恐怖など，あるいは，過去にトラウマと

なることがあり，それに関連することに遭遇したり思い出したりすると，急に自己コントロールを失い，自律神経系の呼吸困難などの発作を起こしたり，心拍数が上がったり，正気を失ったり，また発汗を伴ったりすることもあります。この発作で死ぬことはありませんが，発作を起こした当人にとっては死んでしまうのではないかと思うほどの苦しみです。また，まれに心臓発作につながったり，意識障害を起こしたりするので要注意です。SSRI，抗不安薬，精神安定剤投与に効果が見られます。

　(3)　**強迫神経症（OCD）**　Oが意味するobsession：強迫・執着は，繰り返し何かの思いやイメージに取り憑かれることで，不安を引き起こします。Cが意味するcompulsionすなわち強迫的な抑制し難い衝動は，不安を取り除くために繰り返される行動，不安を避けるために，無意識の機制として起きます。1日に何回も手を洗ったり，戸締まりの確認に満足できず，家から出られなくなるなどの症状が典型的なものとしてあげられます。

　(4)　**急性ストレス障害（ASD）**　大きなストレス，命の危険に関わるような，あるいは同程度の心的外傷（トラウマ：例えば，災害，レイプ，恐喝，ひどいセクハラ，虐待など）を受けて，その直後から1月以内にかけて起きる障害です。そのトラウマとなることのフラッシュバック（その場面を再体験するような気分を味わう）があり，また，その原因となった場所や人物，またそれらに関連するものやイメージさせるものへの回避行動を取り，回避できなかったりフラッシュバックした際には，パニック発作を起こしたりします。また，強い不眠になったり不安障害のような不安を訴えたり，うつ病的不安状態になります。しかし，急性であるため治療機会も早くもて，その分，治療効果も次のPTSDと比べて高いのです。

　(5)　**心的外傷後ストレス障害（PTSD）**　トラウマとなることがあってから6ヶ月〜1年後くらいに発症し，ASDと同じような症状を示します。同じようなトラウマを受けてASDにならず1年経ってからにPTSDを発症するという例も数多く見られ，回復には1年から10年以上かかるなど，かなり個人差がありますが，いずれにしてもかなり長期間かかります。フ

ラッシュバックしたり，トラウマとなる事物や人物に遭遇した直後にパニック発作を起こす場合と，遅延性発作と言って，何時間か経ってからパニック発作を起こす場合も多く，その発作の程度はかなり重症な場合が多く，発作後も多大なる疲労感を感じ，うつ症状と併発された場合，その疲労感で数日動けないなど，かなり悲惨な症状を示します。ASD も PTSD も症状に合わせて，抗不安薬，抗うつ剤，精神安定剤，睡眠薬という対症療法的な治療は可能ですが，最終的には，トラウマとなる事物・人物から避けて生活することが，この障害の最終的解決方策でしょう。

(6) **恐怖症（phobia）** 社会恐怖症（対人関係での恐怖感をもつ），広場恐怖症（人混みに出かけていけない），閉所恐怖症，高所恐怖症，ある特定の物への恐怖症があり，症状としては，回避行動や，パニック発作が最も多い。前述の PTSD でもパニック発作を併発する場合が多いが，パニック発作には，抗うつ剤の SSRI が治療薬として使われます。

それぞれ，薬も数多くあり，有効性がありますが，統計的に言うと，投薬と心理療法を併用するのが一番有効であるとされています。心理療法にもいろいろメソードがあり，認知療法（トラウマに対する自分の恐怖感を変容させていく，認知を変えていく），行動療法（ソーシャルスキルズトレーニング：SST）とか，原因となっているものによく似たものから段階的に対象に自分をさらしていき，慣れていくという系統的脱感作法，そしていよいよその場でそれを体験するエクスポージャ法などがあげられます。もちろん，成功するまでは，専門家の付き添いが必要である）。また，認知療法と行動療法を組み合わせた認知行動療法というのもあり，また，フロイトの精神分析の流れから生まれた精神力動療法というメソードもありますが，最近の臨床心理士は，どれか一つのメソードだけを採り入れるのではなく，カクテル療法と言って，さまざまなセラピーからクライアントにベストと思われるテクニックを選び出し，それらを組み合わせて使い分けることが多いようです。

✤ Ⅱ　音楽療法の適用

　必然的に音楽療法も心理療法的アプローチが主流になります。アメリカにおいては，実際に実践されている音楽療法の約 40％が精神病院を含む医療機関で行われていると前述しましたが，実に多くの音楽療法士が精神疾患をもつ人に関わっています。アメリカでは，精神疾患をもつ人の入院期間は実に短く，投薬などで急性期または，重篤な状態を脱すると，もう退院が求められます。スキゾフレニアの人たちも同様です。急性期を脱し，投薬により陽性症状が見られなくなると，退院を求められ，地域の精神障害者対象のコミュニティセンターのデイケアに通うことが一般的です。これもノーマライゼーションの考え方に基づいて行われていることなのです。最初のころは，退院させられたものの，まだ社会復帰できるには程遠い人たちの受け皿がなく，混乱した時代もあったのですが，最近は，スキゾフレニアの人対象のコミュニティーセンターのようなところでデイケアを行う体制も整ってきて，音楽療法士の仕事は，このコミュニティセンターにもあるのです。

[1]　スキゾフレニアの人たちに対する音楽療法

　私は，病院で，危機を脱して退院を控えたうつ病やスキゾフレニアの人たちのグループセッションや，コミュニティセンターでのデイケアに通っているスキゾフレニアの人たちのグループを対象に音楽療法を実践してきました。

　急性期を脱したスキゾフレニアの人たち，あるいは，スキゾフレニアの残遺と言われる人たちの特徴として，
　①自己意志の発露がない，自己決定ができない，
　②自発性に欠ける，
　③活動意欲に欠ける，
　④自分の身の周りの世話ができない，

⑤自信がない，自尊心を失っている，
⑥集中力に欠ける，
⑦他者に関心がない，社会性に欠ける，

のようなことがあげられます。そういう人たちを対象とする音楽療法のゴールは，結局のところ，上記にあげた事柄の「修復」になります。

この数多くの，しかしお互い似通ったところもあるゴールに合わせて，さまざまなオブジェクティヴをもったアクティヴィティが考えられます。

私の経験をお話しします。

病院での退院を控えたグループでは，まず，緊張を解いてもらうため，身体をリラックスするための軽い体操を緩やかな音楽に合わせてした後，歌のタイトルを書いたカードや歌詞カードを配り，自主的にクライアントからリクエストを募りました。

この方法は，今も，軽度から中度の認知症の高齢者対象によく使いますが，高齢者の方々はとても積極的に応じて下さるのと対照的に，スキゾフレニアの人相手では，なかなかリクエストももらえません。何度も配った歌詞カードの歌の前奏や出だしの部分をキーボードで弾いてみたり歌ってみたりするうちに，本当に，「ほそほそ」という感じで，徐々にリクエストが出てき始めるようになります。それだけでもオブジェクティヴは達成できたと考えます。ここでのオブジェクティヴは，複数の歌の中から自分の歌いたい歌を選ぶということで，上記のゴールに沿った事柄だったわけです。

同じアクティヴィティをしても，高齢者の認知症の方々とはそのゴールもオブジェクティヴも違います。認知症の方々のオブジェクティヴは，認知力や記憶力を活性化し，その能力を最大限に維持するというゴールに沿ったもので，歌詞カードの文字を読むこと，複数の歌詞カードを確かめて順番を整理すること，歌うことによる言語能力の維持です。

それに対して，スキゾフレニア・グループでのオブジェクティヴは，「リクエストをする」「複数の歌の中から好きな歌を選んで歌う」ということで，自分の意志の発露，自己決定，そして歌うことができたと実感して

もらい，活動意欲を再びもつというゴールや，自信を再びもってもらうというゴールにつながっていきます。

　社会復帰につなげることを目的とするコミュニティセンターに通ってくる人たちは，病状は落ち着いていましたが，投薬のせいもあり，動作が緩慢で，また，自分は何らかの病気からほぼ回復している（または，治りつつある）（病識のある方もいらっしゃいます）ことの認識はあるが，「社会復帰などできそうにない」とはっきりと言う人や，無言で，社会復帰に向けての非常に大きな不安を示している人たちばかりでした。

　不安解消には，「自分はやればできるんだ」という自信を再びもってもらうことが必要です。そこで，前章のいくつかの箇所で述べましたが，この人たちにも100％成功のセッションが必要だと思いました。でも，いきなりは無理です。

　長期オブジェクティヴとして100％成功のセッションを計画するとして，今，その人たちに「さあ，頑張って練習しましょう！」と言っても，上記のような特徴をもっている人たちばかりなので，それは不可能です。

　まず，上記にあげたゴールに沿って，徐々にできそうなことをオブジェクティヴとして実践していくうちに，さまざまなことの修復が徐々にできるようになってきたら，100％成功のセッションを目指して，グループのメンバーたちにある計画をもちかけようと私は思いました。その計画とは，彼らが歌手として登場する合唱の演奏会です。演奏会を行うということには多くの意味があります。各オブジェクティヴをゴールとつなげて対比してみましょう。

　まず，
　①プログラムを決定するというオブジェクティヴ＝意志の発露，自発性の発露，
　そして，
　②パート分けが始まり，お互い協力しながら歌を練習するというオブジェクティヴ：活動意欲の修復，
　③歌えるようになってきて隣の人と仲良くなる＝他者への関心の回復，

社会性の修復,

④演奏会当日は,まず,シャワーを浴びるかお風呂に入るかして,身綺麗にして,タキシードなど,その場に適切な服装をするというオブジェクティヴ：自分の身の回りの世話をすることができるようになる。

しかし,前述したようにいきなり演奏会に向けての練習開始は不可能です。それで,まず,自発性の回復を目指すゴールに基づいて,歌いたい歌をリクエストしてもらうことから始めました。コミュニティセンターに通ってくる人たちは,病院にまだ入院している人と比べて,自己意志の表示は幾分か回復していて,リクエストをもらうことにも大変な苦労することはなくできました。

ここで,まず大切なのは,自分以外にも同じ歌を一緒に歌っている人たちがいるという認識をしてもらうことです。すなわち他者の存在を認めることから始まります。第1回目はそれだけで終わりです。彼らは,疲れやすく,集中力に欠けるからです。ですから,それ以上のことはきっと望めないでしょう。でもそれができたら第1回目としては十分な成功と言っていいと思います。

2回目からもっと深く入って行きます。歌いながら,その歌詞の意味を話し合うことをしてみます。そこには,自発性や自分の意志の発露が要求され,また,発言者の言葉を聞くことで,他者のことを知りたい,他者への関心がちらほらと出てきます。

その次の回には,自分が歌いたい曲をそれぞれもってきてもらうように,セラピストから頼み,徐々に自分の気持ちの発露につなげていけるような試みをすると同時に,メンバーたちが徐々に仲良しになっていきます。そこに連帯感が生まれ,社会性が徐々に修復されていくのです。

そうなったころを見計らって,100％成功のセッション,つまり合唱の演奏会を提案し,「したいか,したくないか」から始まり,するなら「いつ,どこで？」ということを話し合ってもらうことがオブジェクティヴになります。こういうことすべてが上記のゴールに沿ったものであるということが理解していただけるでしょうか？

そしてメンバーたちが自分たちの意志で演奏会を開くと決めることができたら，もうゴールの半分以上達成できたも同じです。演奏会を開くことが決まったら，プログラム作り，ちらし配りなど，演奏以外の準備が必要で，社会性を要求される活動が待っています。そして練習もしなければなりません。上記であげたゴールは次々に達成されていき，いよいよ演奏会へと進んでいくのです。

　ここまで書いて，みなさんに誤解を与えてしまったかもしれません。仮にこういう道筋をたどって100％成功のセッションである演奏会が成功し，上記のゴールが達成できたとしても，残念なこと，彼らは，まったく健常者に戻れるというわけではないのです。それがスキゾフレニアという病気の難しさだと思って下さい。ただ，健常者のように振る舞えなくとも，何かができる。彼らは，スキゾフレニアという難しい病気を抱えながら，必死で回復しようとしているのです。

　私の心理学の分野での恩師であるヘーグ博士は「スキゾフレニアはガンと同じくらい難しい病気だ」と常々おっしゃっていました。

　これまで，残遺の方たちの話をしてきましたが，ところで，陽性症状をまだ示している人には音楽療法士は支援できないのでしょうか？

　残念ながら，私が言えるのは，「音楽療法の機能」の「方向転換」のところで例にあげた，幻聴が聞こえている人にヘッドフォンでマスキングをすることくらいしか思い当たりません。

　音楽療法で，スキゾフレニアの治療は無理なのです。まずは薬です。

　後は，臨床心理士が，かなり良くなった人たちを10名くらいのグループに分けて行っている集団精神療法（集団心理療法）への支援くらいでしょう。

　ですが，音楽で幻聴をマスキングすることは非常に大きな手助けになります。なぜなら，幻聴の多くは，その人を苦しめるような事柄が多いからです。幻聴にも耳から聞こえてくる幻聴と，頭の中で響く幻聴と2種類あります。双方共にヘッドフォンで音楽を聴くというマスキングは効果が認められますが，耳から入ってくる幻聴の方により効果があるのは，みなさ

んも容易に想像できることでしょう。幻聴の内容はさまざまです。「二人の知らない人が，耐えられないほど自分の悪口を言っている」「電波を受信している」など，さまざまですが，「飛び降りろ，飛び降りろ」という声を聞いて実際，飛び降りて自殺する人もいるのです。ですから，ヘッドフォンでのマスキングに少しでも効果が認められることは，非常に意義深いことなのです。

[2] うつ病の人たちに対する音楽療法

「同質の原理」という言葉を前述しましたが，まさにここでは，「同質の原理」が必要となってきます。うつ病の症状は気分の落ち込みだけではありません。後述もしますが，無気力，自発性の喪失の他に，それに関連するかもしれませんが，まったく身体が動かなくなってしまう場合もあります。ひどい時には，2〜3m先にある抗うつ剤を取ることもできなくなってしまいます。そういうような症状を示して動けなくなっているうつ病の人にまでも「気のもちようですよ。頑張って早くよくなって下さい」と言う人がたくさんいます。抗うつ剤が効いて何とか普通に生活できている人にはなおさら，「頑張ってね」の言葉がよく聞かれます。その人自身は善意で言っていても，これほど残酷な言葉はありません。うつ病とは，前述したように，ただ，くよくよして気分が落ち込む病気ではないのです。みなさんも想像してみて下さい。うつ病でなくても，誰しも悲しく落ち込んでいる時に，「頑張って！」と力強く励まされても，「こんなに苦しいのにこれ以上どうがんばれと言うの？」と，なおさら落ち込むだけでしょう。ましてや，うつ病という病気の人に同様の言葉かけをすると，その人は，場合によっては，「頑張れない自分には生きている価値がない」と思い詰めて自殺してしまう可能性だってあるのです。

うつ病の人に「頑張って」は禁忌です。音楽でも同じです。励まそうと思って元気の出そうな活気のある音楽を聴かせることは「頑張って」と言うことと同じなのです。「同質の原理」こそが，ここで適用されるべきことだということがお分かりでしょう。

うつ病とスキゾフレニアはまったく違う病気ですが，うつ病の人にも次のようなスキゾフレニアと同じような症状があります（ただし外見はまったく違って見えるので，ある程度知識をもった人ならその人がスキゾフレニアなのかうつ病なのかはすぐ分かります）。

①自発性に欠ける，
②活動意欲に欠ける，
③自分の身の周りの世話ができない，
④自信がない，自尊心を失っている，
⑤集中力に欠ける，

などです。

うつ病の人が，これら全部の症状を示しているわけではありませんが，こういう症状を示している人に元気が出るようにと楽器演奏をしてもらうような"残酷"な能動的音楽療法をしてはいけません。

第1段階では，「つらいですねえ，本当につらいですねえ」と共感を示せるような音楽を聴いてもらう，受動的音楽療法で，何とも言えないもの哀しい音楽を一緒に寄り添うようにして聴くのです。ミリアムの「音楽の機能」の「音楽は言葉で表せない感情を表現できる」ということがまさにここで行われるわけです。その人が何か言うことができなくても，その人の気持ちを代弁してあげるような音楽を一緒に聴いて下さい。それを何回か繰り返します。

うつの人は，「つらい」という単純思考か，またはまったく逆に何も考えられなくなっているかのどちらかの状態にあるのですが，もの哀しい音楽が，自分の側で繰り返し流れている間（自発性に欠ける状態にあるうつ病の人が決して自発的にその音楽を聴いていると思わないで下さい），その人の頭の中に，何かもやもやとした抽象的なイメージが浮かんでくるようになります。この抽象的なイメージこそが自己への気づきにつながっていくのです。それは治療過程において前向きになれるということを意味するでしょう。

私の経験から言って，音楽が横にある時は，ない時よりも，抗うつ剤の

効き目がより顕著に現れてくるように思います。「哀しい音楽ですねえ」などと何でもいいですから，もし，その人が泣きながらかもしれませんが，何か発言をすれば次の段階に進むことができます。

　第2段階では，哀しいといえば哀しい，そうでないところもある，いずれにしてももの静かな音楽を一緒に聴くのです。何回か繰り返します。やはり泣きながらかもしれませんが，何か発言があるでしょう。なければそのままそっと，また，発言があったなら，それに合わせた応答をして，この第1，第2段階で聴いた音楽を録音したMDなどを渡し，次のセッションまで，聴きたいと思った時に聴いてもらうのです。

　次のセッションでは，第1，第2段階で聴いた音楽を再度2～3回ずつ繰り返しながら聴きます。その時，クライアントの様子が前回とまったく変わらなければ，同じセッションを繰り返しましょう。もし，第2段階まで進むことができて，「もっと別の音楽を聴きましょうか？」と問いかけ，その人の返事が曖昧でも肯定的な意味合い，感じをもつものであったら，同じくもの哀しくはあっても少し動きのある，テンポも少しだけ速めの音楽にします。それもMDにして渡して，第1，第2，第3の順番で聴いてもらうようにします。

　クライアントから自発的に「こんなふうな感じの曲を聴きたい」などと言う発言があれば大成功です。そうすれば，徐々に活気のある音楽に移行していけます。

　ただし，誤解のないように言っておきますが，これは治療ではなく，あくまでも対症療法です。うつ病の人は，調子が良い時と，音楽を拒んでしまうくらい調子の悪い時もあります。しかし，毎回上下する波のような状態の繰り返しの中で，少しずつ変化が見られるかもしれません。

　そんな中で第1段階で聴いていた音楽が，いつの間にか必要なくなっている，クラシックのコンチェルトなどのゆったりとしてもの静かな第2楽章を聴いた後，そのまま活気のある第3楽章を聴きたいと言う人もでてきます。その人は良くなってきているのかもしれませんし，ただその時，調子が良いだけかもしれません。

しかし，調子が良い日がでてくるということは，とても良い兆候なのです。こういうことはすぐに担当医に報告しましょう。いずれにしても，うつ病の人は，医師にかかっているわけですから，その医師から情報や指示をもらうことは大切なことです（情報に関しては，個人情報保護法により，医師は，クライアントの承諾がない限りくれませんので，あらかじめ，クライアントから医師にお願いしてもらう必要があります）。

　うつ病になると，早い人で3ヶ月くらいで治る人もいれば，何年もかかる人もいます。また，治っても再発の可能性は非常に高いのです。

　私は，うつ病の人への音楽療法は，「今，ここで」だと思います。音楽療法をすることによって，その日だけでも，もっと欲を出して言うと，音楽を聴くたびに少しでも気分が軽く感じてくれれば，限りなく落ち込んでいたり，あるいは思考停止状態だったのが，抽象的なイメージをもつようになり，脳の中で抽象画が描けているような状態になれば，何かが良い方向に変わろうとしていることなのです。

　そして，徐々に具体的に，自分の感情や想いについて話ができるようになるかもしれません。

　今まで第1段階や第2，第3段階と言って方法論を述べてきましたが，みなさんは，具体的に何の音楽がいいのだろうかと考え込んでいるところでしょう。本当は，選曲にあたり，クライアントに意志決定の能力があるようなら，何種類か聴いてもらい，クライアント自身に選んでもらうのがベストなのです。ところがその意志の発露に弱点をもつ人，そういうことが，病気のせいでできなくなっている人が多いのです。ほとんどの場合，私たち音楽家が代わりに選んであげることが必要とされるのです。

　あるいは，セラピストのみなさんが，ライヴで演奏してあげることももちろんとてもいい方法です。なぜなら，クライアントの様子を観察しながら，音楽のムードを即興で変えていくことができるわけですから。

　みなさん自身でいろいろな曲を聴いたり，演奏したりして考えてみて下さい。その時，くれぐれも注意してほしいのは，同じ曲でも，演奏者によってまったく解釈が違う場合がありますから，聴いた時に主観的にも客観

的にも感じる印象が大きく違う場合があることです．ですから，いろいろな演奏者のものを比べてから，選んで下さい．これはとても大変で，かつ非常に大切で繊細な仕事です．そのためにも繰り返して言いますが，あなたのトゥールボックスを豊かにして下さい．

　私は第2段階でよくサン＝サーンスの《白鳥》を使いますが，演奏者はミッシャ・マイスキー以外には考えられません．同じく第2段階で，ショパンのピアノコンチェルト第1番の第2楽章を使いますが，クリスティアン・ジメルマンかマウリツィオ・ポッリーニが，ショパンコンクールで優勝した時の演奏をよく選びます．

　第3段階ではモーツァルトの40番のシンフォニーの第1楽章をよく使いますが，演奏はアーノンクールかフルトヴェングラーです．

　上記にあげた曲は，すべて，何種類も，しかも世界的に有名な演奏家によって，リリースされていますが，テンポや強弱，ルバートなどの解釈がそれぞれ違い，個人的嗜好に頼る部分が多いのです．本当に名演奏だと言われる中でも，呼吸を合わせにくいなどの理由から，実際に音楽療法に使える曲は意外と少ないのです．

　順番が逆になりましたが，私は，第1段階では，モーツァルトの第23番のピアノコンチェルトの第2楽章などをよく使います．この曲もたくさんの演奏家のCDがリリースされています．どの演奏者のものがベストであるか，みなさん自身で，いろいろ聴いてみて，そして考えて下さい．私の意見は言わないことにします．

　以上にあげた曲は，すべてクラシック音楽ばかりです．曲は別にクラシック音楽に限らなくてもいいのです．シンセサイザーの曲でも，演歌でもいいのです．ただ，演歌や歌謡曲など，歌詞のついた歌は，特定の悲しい出来事を想起しやすく，音楽の特権である「言葉にできない曖昧さ」を発揮できません．人によって考え方は違うと思いますが，私は，歌詞のついている曲はお薦めしません．クライアントがかなり回復した時には，かまわないとは思いますが．

私の経験から言って，多くのクライアントが，「クラシックはよく知らない」と言いながら，私のかけるクラシック音楽のCDに涙し，やがて微笑みを見せるようになることばかりでした。クラシック音楽をかけてみて，「クラシックは嫌だ」と言われたことは，不思議と今までの経験上ないのです。逆に「美空ひばりが好き」と言う人に《悲しい酒》をかけて，「もういいです。他のにして下さい」と言われ，結局クラシックをかけたこともあるのです。

　これは偶然かもしれません。偶然でないとすれば，クラシック音楽の曲の多重構造が，クライアントが意識しないまま，その人の言葉にならない感情，イメージを代弁してくれているのかもしれません。内観療法的に聴ける音楽は，やはりクラシック音楽のみだと思います。クラシック音楽をその人の気分に合わせて，性格の違った曲を段階的に聴いていく，これが私のうつ病の人への対症療法的アプローチです。

　前述もしましたが，ベストな音楽はどんな時でも，クライアントの好きな曲です。しかし，クライアントの知っている音楽の幅は狭いことが多いのです。そこで，私たち音楽家がよく考えたうえで，クライアントの知らない曲を提示して，好きな曲，その時の気分に合った曲のレパートリーをその人に広げてもらうことも大切な仕事なのです。

　良くなってきているうつ病のクライアントとは，音楽療法と言えども，私はたくさん言語を使います。もちろん音楽を通してです。その音楽について語り合う，そして，そこから出てきたクライアントの言葉をキーワードに曲を作ることも有効です。そうして，クライアントが言語的に自己表現できるようになったら，精神科医や臨床心理士の仕事を支援することにつながっていくと思います。

　不安障害の人たちへの音楽療法のアプローチもうつ病の人たちへのアプローチの仕方と同様に考えて下さって結構です。もともと，不安障害の人はうつ病（または抑うつ状態）を併せもっている人が多いようです。ただ，うつ病の人より，第2段階に重点を置いて下さい。

　第8章「高齢者と音楽療法」の章の最後の方で述べましたが，高齢者の

ための少人数のグループホームに，しばしば認知症ではなく，老年性うつ病の方がいらっしゃり，他の方は認知症や身体障害者である場合，老年性うつ病の方も「音楽の時間」に参加したいとおっしゃれば，参加していただきます。複数の人のためのさまざまなゴールをもったグループセッションの中でうつ病の方には，どのように接すればよいのでしょうか？

　まず，認知症の方に接するように満面の笑顔で，楽しそうに声かけしたりすることは禁忌です。あなた自身の感情表現も「同質の原理」に従って下さい。

　「私はここにあなたと一緒にいますよ。つらいですね。無理しなくていいのですよ。ここにいて下さるだけでいいのですよ」という思いをもって，しかし，それを言葉では言わず，態度で示してあげて下さい。

　リボン体操のように，身体を使ったアクティヴィティも，大きな動きはできなくとも，少なくともそれをやってみようという意志の発露を大切にして下さい。それが，オブジェクティヴになります。少しでも動いて下さったなら，すなわち活動意欲が出てきている兆候です。やさしく見守ってあげましょう。

　「今，ここで，寄り添って差し上げる」それを常に心がけて下さい。老年性うつ病の人は認知症の人と違って認知や記憶に問題はないのです。ですから，セッションを続けているうちに，今までずっと無口だったその人が，「質問と答え」を必要とするようなアクティヴィティの時，自発的に答えて下さったりするようになります。懐かしい童謡を歌っている時に微笑んで下さったうつ病の方もいらっしゃるのです。さまざまなクライアントと共に活動しながら，特にうつ病の人には，「寄り添って差し上げる」という気持ちをもって下さい。

　この章のまとめのようになりますが，精神疾患をもった人たちにとって，音楽療法は，治療薬にはなり得ません。あくまでも補助的，支援的なものです。

　スキゾフレニア，この難しい病気も，向精神薬があっても，完治するの

は非常に難しく，音楽療法はその人たちの生活を支援することしかできません。

　うつ病も脳内神経伝達物質のアンバランスがもたらすもので（もちろんその引き金になるエピソードがあるのですが），投薬が一番に必要です。そして心理療法と併用していくのが統計的にも効果が大きいことが分かっています。

　私は，音楽療法士として，精神疾患をおもちの方への音楽療法をしていて，時に，無力感にさいなまれることがあります。

　ですが，私はこうも思うのです。補助的，支援的なものでしかなくとも，音楽が，その人に生きていく力を与えることは可能です。そしてその力があるのとないのでは，その人の人生の意味が大きく違ってくるとしたら，音楽療法は，精神疾患の分野においても大きな意味をもつものではないでしょうか？

第13章

ストレスと音楽療法

　ストレスという言葉を知らない人はいないでしょうし，また，この忙しい現代社会においてストレスを感じることなしに生きるということは非常に困難なことです。心理学の分野でも，近年，ストレスを一つの分野として取り上げ，最近出版された心理学の本や教科書には必ず，ストレスに関する項目が1章を成しています。

　音楽療法の分野でもずいぶん前からストレス緩和について取り上げられるようになってきています。みなさんが，ストレス緩和のために音楽療法をする機会が将来的にあるとして，まず，生理学的・心理学的にストレス理論を知っておくことは，大切かつ必要なことだと思います。

　以下にストレス理論を記します。

[1]　ストレスとは何か？

　この「ストレス」という言葉ですが，元来は，「物体に対して何らかの力が加わることにより，その物体に何らかの変化が生じた場合，もとに戻ろうとする力」という，物理学・工学用語なのです。心理学でいうストレスとは，「ストレッサー（有害刺激：いわゆるストレスとして生体に加えられるもの）によって生じる心身の歪み」というものであり，つまり私たちが普段用いているストレスという言葉は，本来ならストレッサーと言うべきものなのです。ストレッサーを受けて，ストレスが生じるのです。

　これを心理学の分野で初めて唱えたのは，アメリカの生理学者キャノン（Cannon, W. B.; 1871-1945）で，彼は，「病気という状態は，過度のストレッサーに対する生体のホメオスタシス（恒常性）の破綻である」と言いま

した。これは今から述べるセリエ（Selye, H.; 1907-1982）の先行研究となるものです。ホメオスタシスというのは，生体が体内環境を一定に落ち着かせて恒常的に保てる状態を言います。

　音楽療法は，時には，ホメオダイナミックス（生体の力動）を求めるものかもしれませんね。しかし，ことストレスに関しての音楽療法は，ホメオスタシスを求めるものでなければなりません。

[2]　セリエのストレス学説

　カナダの性ホルモン学者のセリエが提唱したストレス学説により，ストレスという言葉は心理学用語として広く使用されるようになりました。彼は卵巣ホルモンに関する研究を行うなかで，「どのようなものであれ，ストレスが生体内に作用すると，副腎皮質の活動が活発になるなどの共通のパタンが観察される」ことを発見しました。これがきっかけとなり，ストレス学説へと発展したのです。

　セリエによるストレス学説とは，「外界のあらゆる要求によってもたらされる身体の非特異反応」で，ストレッサーを受けた生体は，非特異的な，つまり特異でない，すなわち共通な生体反応を引き起こすというものです。特異ということは，まれにしかないから特異なのであって，共通に起こり得ることは，"非"特異になりますね。

　その生理学的反応とは，副腎皮質の肥大，胸腺・リンパ節・胃と十二指腸の出血や潰瘍などです。外界から生体にもたらされるストレッサーは，心身の適応能力に課せられる要求であり，その要求によって引き起こされる心身の緊張状態（防御反応）が生じている状態を指して，「ストレス反応」と呼ばれるのです。もっと分かりやすく説明すると，外界からの刺激（ストレッサー）に対して，心身がそれを不快・苦痛と受け止めた時，心身は緊張するということです。それを「防御反応」と言うのです。そして，ストレッサーに適応して心身のホメオスタシスを保つため，防御反応が起きている状態を指して，それを「ストレス反応」と言うのです。いずれにしても，心身を守るために起きる心身の反応のことなのです。その反応の

ことを防御反応と呼び，防御反応が起きている状態のことをストレス反応と言うわけです。

[3]　ストレッサーに対する防御反応と汎適応症候群 (general adaptation syndrome ＝ GAS)

ストレッサーに対して適応しようとするための防御反応には，
　①心理的変化：思考，感情，意志の変化と
　②生理的変化：自律神経系，ホルモン系，免疫系の変化,
があります。

また，セリエは生体におけるストレス反応，「外界のあらゆる要求によってもたらされる身体の非特異反応」には「時系列的な段階がある」とする「汎適応症候群」というものも提唱しました。どういうことかと言うと，彼は，防御反応としての心理・生理的変化を時系列的に3つの段階に分けています。生体がストレッサーを受けてそれに適応するために反応しますが，それを防御反応と言い，その段階を時間の流れに沿った症状別にまとめたものが「汎適応症候群（GAS）」です。

以下にその3段階を説明します。

（1）　**警告反応期**　　これはショック相と反ショック相に分かれ，生体がストレッサーに対に直面し，それが加えられた時に最初に示す反応のことです。

①ショック相：ストレッサーが加えられた直後に一時的に身体の抵抗力が低下する時期で，心理的変化としては，思考，感情，意志が抑制されます。生理的変化としては，交感神経の働きが抑制され，副交感神経の活動が優位になり，それにより，体温，脈拍，呼吸，血圧のそれぞれが低下します。思考，感情，意志という言葉を使いましたが，これをよく，知・情・意と言い，このショック相での反応をもっと分かりやすく言えば，何も考えられない：知，何も感じない：情，何もできない：意となるわけです。もっと具体的な例を言いますと，筋肉がゆるむ状態でもあります。極端な例で言えば，失禁状態もこのショック相の反応の一つです。普通に言

えば，開いた口がふさがらない状態，放心状態とも言えます。長時間続く場合もありますが，自分でも覚えてないほど一瞬の場合もあります。

②反ショック相：これは，ショック相と逆の反応で，心身の機能が活性化します。つまり，心理的変化としては，思考，感情，意志，すなわち，先ほどの知・情・意が興奮し，生理的変化としては，交感神経の働きが優位になることにより，体温，脈拍，血圧，呼吸数が上昇します。また，ホルモン系，免疫系の機能も活性化します。急性の胃のただれなども起きることがあります。激しい運動に耐えられる状態を作ろうとしている時で，筋肉は収縮します。収縮している筋肉の中で血管が栄養補給しなければならないわけですから，当然，動悸が激しくなる，血圧が上がる，といったことが起き，また血糖値も上がります。

ショック相と反ショック相の例をあげてみましょう。あなたが歩いていて，角を曲がったとたんに，怖そうな犬がいました。あなたは一瞬フリーズします。これがショック相です。

次の瞬間，逃げようとか，飛び退くとかの反応と一緒に，冷や汗が出る，心拍数が高まる，あなたは意識しないけれど，アドレナリンも放出されるなどの一連の反応が起きます。この時の，瞬時の飛び退いて逃げようか，あるいは身構えてにらみつけるとかの反応をキャノンは「闘争・逃避反応」と言っているのですが，これは，セリエの言うところの反ショック相の状態と同じことです。つまり，交感神経が活性化されている状態です。もちろんストレッサーの種類により，ショック相の時間も意識できないほど一瞬であったり，もっと長かったりします。またもちろん個体差はすべての反応にあります。怖そうな犬を見てもそれがストレッサーにならない人もいるわけですから。

（2）**抵抗期**　ストレッサーに対する生体の抵抗力が，平常時を上回って増加し，それが維持されます。それにより，生体は安定した状態にあります。要するに頑張りに慣れてそれが普通になる状態のことです。

世の中で，この状態にある人は大変多いと思います。

（3）**疲憊期**　さらに継続してストレッサーを受けた場合，ストレス

反応を生起させるための生理的資源が枯渇してしまい，防御反応が生起しなくなり，ショック相と同様の反応が起きます。分かりやすく言えば，貯めていた貯金：エネルギーがなくなってしまうということです。そうなると，ストレッサーに対する抵抗力が減退し，「適応反応」（ストレッサーに対抗してその環境に適応しようとすること）を維持できなくなります。ストレッサーを受けたことにより発生した「適応障害」（非適応：適応できない状態）などが慢性化してしまい，そのストレッサーが消滅しても障害が治らず，もとに戻れなくなります。そして重篤な病気に罹ったりするわけです（場合によってはこの段階で，その病気が原因で亡くなってしまう人もいるでしょう）。幸か不幸か，病気にならず，この疲憊期が続き，つまり，さらにストレッサーを受け続けると，最終的には人は死に至るのです。これは，ネズミの実験で証明済みです。人間も同じです。ただし人間では実験はできませんね。

[4] ストレッサーの種類・分類

次にストレッサーの種類について述べます。ストレッサーは基本的に以下の6つの項目に分類され，そのそれぞれが程度によって，いくつかの段階をもつ尺度によって分類されます。

①生理的－心理的
②強い－弱い
③さしてとるにたらない煩わしいもの－大事件
④一過性－慢性
⑤逃避可能－逃避不可能
⑥障害がすぐに出ないもの－障害がすぐに出るもの

また，現代社会において，ストレッサーの種類は多種多様化してまた，量も増加の一途をたどっています。その要因には，価値観や関係性の逆転，苛酷化などといった側面があると思われます。それらが起こり得る原因をあげると次のようになります。

（1） 利便性の向上　　利便性の向上は物事を簡単に行えるようになる

（穏和化）点では，人にやさしいと言えますが，簡単さゆえにスピード化し，暇がなくなってきます。例えば，泊まりがけでゆっくり行っていた出張が日帰りであわただしいものになったりして，それが新しいストレッサーになると考えられます。

（2）**情報化**　さまざまな情報が容易に入手可能になったが，多くの情報を早く処理，吸収しなければならなくなりました。情報が膨大すぎてかえって時間がかかり，それについていけない人が多く見受けられます。

①と②は，穏和化をもたらしながら，実際には環境を苛酷化しているわけです。

（3）**ボーダーレス**　インフラの整備，IT化などにより，時間，空間，人間関係が従来と変化したり，希薄になったり，または喪失したりすることがあります。いわゆる「間」がなくなってきていると言えると思います。

昼夜の逆転が起きたり，PCの普及によって，上司よりも，部下の方が仕事がよくできたりすることがしばしばあります。

家庭の中でも親の優越性が低下し，家庭内価値の崩壊が見られたりすることもあるようです。

生活における価値観や常識が変わることによって，精神的な足場の不安定さを感じる人が増え，その人にとってはその変化が新しい種類のストレッサーになっていると考えられます。

[5]　**ストレスによる障害**

ストレスによる障害は大きく分けて，精神面の障害と，身体面の障害があります。

（1）**精神面の障害**　精神面の疾病としては，ASD，PTSD，うつ病，不安障害，パニック障害など，精神疾患の種類も昔より増えているのが現実です。他にも診断名は驚くほどたくさんあります。こういう病気に罹った人は，いつ発作が起きるか，いつ症状が出てくるか，という「予期不安」にさいなまれる人も多いのです。

それぞれの障害に関しては精神疾患と音楽療法の章で説明してあるので参照していただきたいと思います。これらの発作のその症状は，突然引き起こされるさまざまな身体症状，例えば，息切れ，過呼吸などの呼吸困難，動悸，腹部不快感，発汗，めまい，立ちくらみ，吐き気，ふるえ，寒気からひどいときには意識障害も引き起こします。パニック障害の発作や，PTSD，ASDなどによって起きるパニック発作においては，非常に過激な症状として表れます。

(2) 身体面の障害

①心身症 これは病名ではなく，実は病態名なのです。「身体疾患の中で，その発症や経過に心理社会的要因が密接に関与し，器質的ないし，機能障害が認められる病態であり，かつ，他の精神疾患（神経症やうつ病）に伴う身体症状が除外されたもの」で，全身倦怠感，胃潰瘍，十二指腸潰瘍，偏頭痛，過敏性腸症候群などがあげられます。

②心因反応 心因的に起きる障害のことです。心因とは，内因（＝器質的）や外因（＝外からの刺激）ではないものであり，心因反応とは，それが主たる原因となって精神疾患が引き起こされるものです。つまり心因は，社会生活上のあらゆる出来事からもたらされる精神的なストレスによって発生するのです。

③その他さまざまな病気 心筋梗塞などの心疾患・その他ほとんど全部の病気と言っていいでしょう。

心筋梗塞になりやすい人には共通の行動パタン（性格）があると言われています。これはフリードマン（Friedman, M.），ローゼンマン（Rosenman, R. H.）という人たちが提唱したことで，いわゆるタイプAと呼ばれる人たち，すなわち野心的，競争的，攻撃的，精力的，意欲的で切迫感をもつ，いわゆる企業戦士などで，なかなかゆったりとした気持ちになれず，ストレスを招きやすいのです。

その他のタイプとして，
タイプB：マイペース型，タイプAの逆，
タイプC：耐えてため込む型，おしん型（若い読者は「おしん」とい

うドラマを知らないでしょうか？）
と3項目に分かれているのですが，確かに納得する部分や，「ああ，あの人みたいな人のことだ」とその型が思い浮かんでくる場合もあるでしょう。

　確かにタイプAに当てはまる人もタイプBもタイプCも周りを見渡せばたくさんいるのですが，私は，この3項目だけに分類することには無理があるように思うのですが，どうでしょうか？

[6]　ストレスの解消

　ストレッサーをまったくなくすることは不可能であり，ある程度の刺激は生体には必要です。セリエは「ストレッサーのない状態とは死である」とか，「ストレッサーは人生のスパイス」と言っています。

　ストレスの解消法を大別すると次のようになります。

　（1）　**エネルギーの発散**　　スポーツ，激しい音楽演奏，防衛機制で言うと「昇華」に当てはまるものであり，また「音楽療法の機能」の「方向転換」にも当てはまる場合もあるでしょう。

　（2）　**エネルギーの蓄積**　　リラクセーション法，例えば，ただ音楽を聴くだけでもいいし，瞑想，座禅，自律訓練法，漸進的筋弛緩法などにおいて，BGMを選ぶことにより，これらは立派な音楽療法になり得ます。私は，特に今あげた中の自立訓練法の多大なる効果を認めていますので，自立訓練法については，どういうものなのか，後述します。

　（3）　**生理的健康**　　生活のリズムを崩さない，精神的な成長をはかる……言うだけなら簡単ですが。

　（4）　**栄養バランス**　　偏りのない食生活をすることが大切ですが，良質のタンパク質，ビタミンC，Eなどの摂取を心がけましょう。私は，知り合いの内科医から，ビタミンCがストレスに対抗してくれるので，たくさん摂りなさいと言われたことがあります。

[7] 音楽療法によるストレス・マネージメント（管理）

　まず，筋弛緩法や，自律訓練法などのリラクセーショントレーニングや瞑想に音楽を用いると非常に効果的です。前述した自律訓練の方法は後で説明しますが，その前にまだ話を続けます。音楽を聴いてリラックスし，ストレス解消をはかることは，エネルギーの蓄積に分類されるものです。ただゆったりと座って，目を閉じて聴くだけでもいいのです。毎日15分から20分，仕事から帰ってきた時とか，寝る前とか，音楽を聴くことを試してみて下さい。

　その際使われる音楽は，

　①自分の好きなものであること。

　②全体的に静かでゆったりとしていて，しかもある程度，「緊張と緩和」があること。緊張と緩和とは曲の全体的なとらえ方で言うと，ある程度盛り上がってそれが沈静化される，細かい部分でとらえるとⅤ（ドミナント）がⅠ（トニック）に解決を必ずすることである。

　③呼吸法（腹式呼吸）に合わせやすいものであること。

　よくリラクセーションミュージックなどというコーナーがCDショップなどにあって，そこに並んでいるCDを見ると確かにいいなあと思うものから，そうでないのもあって，一概にすべていいとは言えません。しかも，音楽を聴くということは，個人的主観が一番左右されることでもあるのです。「自律訓練法を含めたリラクセーション法にはバロック音楽が良い」などと決めつけるようなことを言う音楽療法の専門家と称する人たちもいるようですが，それは，まったくの間違いです。確かにバロック音楽の中にはリラクセーションに向いている曲がたくさんありますが，では，何という曲の誰が演奏している曲のことでしょうか？

　そもそも，バロック音楽自体が，当時，人間の情念の爆発として生まれたことをみなさんはご存じですか？　中世までは，西洋では，音楽は正式には，神に捧げるものであるとしか認められていなかったのです（もちろん世俗の音楽も存在しましたが）。ルネッサンスを経て，初めて，バロック音楽が人間の感情・情念を表現するものとして登場したのです。ですか

ら，中には非常に激しい作品もたくさんあります。反対に心やすらかにしてくれる作品もたくさんあります。

　音楽療法に向いている音楽は，たとえ，ストレス緩和のための音楽療法であっても，バロック音楽だけではありません。私は，バロック音楽も使うし，その他さまざまなジャンルの音楽を使います。一例をあげると，ミッシャ・マイスキーの小品集は，とてもよく使います。以前に，「歌詞がついていると，特定の思い出につながりやすいから，あまり使わない方がいい」と述べましたが，クライアントの要望や状態によっては歌詞（その人の心の状態に合った，しかも低俗でない良くできた詩）付きもいいでしょう。現に，《千の風になって》の歌に救われている人は多いですし，3大テノールの歌を聴いて，ストレス緩和になっている人も多いでしょう。結局大切なのは，まず一番にその人の好みの音楽であることです。

　そこで，前述もしましたが，個人的嗜好と，特に呼吸法に合わせやすいという条件がでてきます。なぜなら，ストレス緩和ということは，とても生理学的なことであり，ホメオスタシスを保てる状態が重視されます。とても美しくて酔いしれるような音楽で，自分が大好きな音楽であっても，ルバート（フレーズの揺れ動き）がありすぎると，呼吸法に合わないのです。

　何回も言いますが，バロック音楽と一言で言っても，ものすごくたくさんの種類があり，また，仮に一曲を選んでも，演奏家の解釈によって全然違ったものに聞こえるのです。ですから，プライヴェートな状況を除いた場合として言いますが，意思表示することができなくて，自分で曲を選ぶことができないクライアントや，迷って選曲のアドヴァイスを求めてくる人に対応することは，本当に音楽をよく知っている人でなくてはできない仕事です。例えば，カール・ベームとカラヤンでは同じ曲を指揮してもまったくテンポも解釈も違うことくらいプロの音楽家にとっては常識ですし，そういう違いが人にそれぞれ違った反応を起こさせるから，そこに好き嫌いもでてくるわけです。

　ですから，セラピストは厳密な選曲をする責任と義務があります。それ

ができるだけの音楽的知識をまずもっていなければなりません。一曲を選ぶにしても「誰のどういう演奏か？」ということまで考える必要があるのです。

よく自律訓練法には《G線上のアリア》が向いていると自律訓練法の専門家の方からお聞きするのですが，G線上のアリアでも20種類以上のCDが出ており，私はすべて聴いて判断した結果，自律訓練法に向いているのは1曲しかないと判断しました。それはネヴィル・マリナー指揮のCDです。他にも使えないこともないというレヴェルでは何曲かありましたが……こういう作業は音楽家だからこそできることではないでしょうか？

実際，自律訓練法は慣れるまでかなり時間，または練習が必要なのですが，リラクセーションのみではなく，睡眠障害，不安障害等に大きな効果があると言われています。私は，専門家ではないので，興味のある方は自律訓練法の本を読むとか，臨床心理士など専門家に訊けばいいと思います。

「緊張と緩和」という観点から言うと，自然音もあまり感心できません。そういう場所に行って自然を満喫するのではなく，CDで小鳥のさえずりや川の流れる音を聞くのも，短時間なら，いい気持ちになるでしょうが，20分以上聞いていると，反対にストレッサーになるでしょう。同じことの繰り返しというのは，かえってストレッサーになるのです。

前述した，「昇華」という観点から言いますと，若い人なら，ドラムを叩いたりギターをかき鳴らしたりして，発散させるという方法，音楽療法でもよく使いますが，歌を歌うこと，これもすばらしい一つの方法です。カラオケがこれだけ世界的に流行っているのも，それがストレス発散になっているという一つのエヴィデンス（根拠）ではないでしょうか？

ストレス社会というほどの状況の中，これから健常な人間のためのストレス管理のための音楽療法というのも盛んになっていくと思います。

[8] 自律訓練法について (autogenic training ＝ AT)

自律訓練法とは，心身のセルフコントロールの効果的な技法であり，自

分で練習を積むことにより習得できるものです。正しく用いることによって次のような効果が得られると報告されています。生理学的に言うと，人が活動する時に表に出てくる交感神経を静め，副交感神経を表に出し，鎮静化を図るものです。

　①リラクセーション効果：緊張と弛緩のほどよいバランス
　②疲労回復，エネルギー蓄積効果
　③心身症状や疾病の治癒，改善
　④受動的な注意集中による心身の再統合
　⑤気づきの促進効果（自分自身のことを，より深く，冷静に見つめることができるようになる）

　特に前述した不安障害や，健常者でも誰でも感じることのある不安に効くとされています。

　こういった心理的側面だけでなく，生理的変化，例えば血圧低下，血流の増加，皮膚温の上昇，心拍数の減少，呼吸数の減少なども報告されており，ホルモン系・免疫系の変化も報告されているようです。

　これには適用と禁忌，非適用（しない方がいい）があり，禁忌としてあげられるのは，重症筋無力症，発病後間もない心筋梗塞などの心疾患，気管支喘息，消化器疾患のうち出血の可能性があるがある場合，偏頭痛，脳出血後遺症，てんかん，などです。

　非適用は，10歳以下の子どもたち，発達障害，精神障害のレヴェルにあるうつ病，スキゾフレニア，その他各精神病の急性期にあるものがあげられています。また，後で紹介しますが，呼吸や心臓・内臓・頭に関係する自律訓練法の練習（公式）は，それらの部位に疾患をもっている人（喘息，低・高血圧，胃腸などの内臓疾患，偏頭痛など）は行わない方がいいとされています。また，近年の研究として，岡山大学で開催された日本自律訓練学会では，「母親や兄弟が指導し，共に行う」というただし書き付きですが，3〜5歳児にも自律訓練法は適用可能であるとの報告が，九州大学医学部の研究者から提出されています。

（1） 自律訓練法の内省報告による変化

正：温感・重感を感じる，手足がぴくぴくする，おなかがごろごろ鳴る，気持ちがいい，疲れが取れる，すっきりする

負：眠くなる，雑念が浮かんでくる，またそれによって不安になる，咳が出る

「眠くなる」というのは寝る前とか心を沈静化したい時は，必ずしも「負」ではなく，「正」となるでしょう。

また，「雑念が浮かんでくる」ということについてですが，特に，最初の慣れないころや，悩みや，心的苦痛を抱えている時には，雑念は次々浮かんできて当然です。そういう時は一回の公式を90秒くらいの短い時間（またはそれ以下）にして，その代わり，一つの公式を行う回数を増やして下さい。

また，自律訓練法は音楽療法と同じく，遅効性の療法であり，薬剤のような即効性はありませんが，先に述べた禁忌を除けば，副作用が少なく安全です。自律訓練法によって過敏性腸症まで治ったという例を私は，ごく身近な実話として知っています。また，自律訓練法は，不安障害にはとてもよく効くとされています。

そして自律訓練法は，音楽療法の一部として，つまり上記にあげたようなBGMと共に行うことが可能なものです。

夜遅くまで，パソコンに向かって仕事をすることが多い人は，交感神経が覚醒して，とても寝付きが悪くなることが多いと思います。そういう時，自律訓練法をすればいいでしょう。それから，何か緊張を要する仕事の前，人前でしゃべるとか，演奏するとかなどの際，いわゆるあがってしまうという人は，その前に自律訓練法をするといいとも言われています。ただし，気分がゆるんでしまっていると，重大なミスをしてしまうようなこともあります。車の運転をする前には，あまりリラックスしすぎて，よくない場合もあることを覚えていて下さい。何事も「適度に」ということが大切です。

一日のうち，いつ行ってもよいのですが，最初は静かな環境を選んで練習する方がよいと思います。慣れてくれば雑踏の中でも立っていても行えるようになります。
　自律訓練法とは，自ずから律するというその名のとおり，自分で行うからこそ自律訓練法なのであって，その点が，セラピストなど他者のペースに乗せられた状態で行われる「催眠」とは大きく異なる部分なのです。では，自分が何を律するかと言うと，それは自律神経です。交感神経の興奮をおさえ，副交感神経を活性化する，つまり，心を静め，弛緩状態を促進し，しかも内臓の働きを活発にするということです。
　それでは誰にでも自分で練習できてマスターできる初歩の段階をお教えしましょう。最初は専門家に教えてもらうことが多いと思いますが，自分で実践するということで，催眠療法ではありません。なぜ自分で実践するのかというと，自分のペースで行う方が催眠よりも効果が高い，自分に一番合う方法は体感的にも，自分が一番よく分かるからです。簡単に言うと，自分に合ったペースを見つけやすいということです。

　(2)　実際の練習に入る前に注意するポイント
　①楽な姿勢をとること。安楽イス（カウチ）や寝姿勢（ふとん，ベッド）がよいが，背もたれの角度が立ったイスでもできる。
　②ベルトや腕時計，ネクタイなど，体を締め付けるものは事前にゆるめておくか，外しておくこと（体への圧迫感の除去）。
　③トイレは済ませておくこと。
　④外界からの刺激ができるだけ少ない場所（適度な温度・明るさがあり，静かで落ち着ける場所）で行うこと。
　⑤気が散ってしかたがないほどの空腹ではないこと，などです。

[9]　**自律訓練法の一番初歩の練習マニュアル**
　自律訓練法には段階に沿っていくつかの種類の練習法があり，それらの各練習は「公式」と呼ばれる内容から成っています。

練習者（自分）がどの程度自律訓練法を習得できているか，また，その人（自分）が抱える症状（病状）によって，行う練習が変わってきます。

ここでは，まずすべての基本となる「標準練習」と呼ばれる練習を紹介します。

「標準練習」は，その後に続くすべての練習へと進むうえで欠かせないものであり，「標準練習」だけでもかなりの効果が認められるとされています。

「標準練習」は，以下の7つの段階に分かれています。

①背景公式（安静練習）

身体をほぐし，姿勢を整えて目を閉じる。初めは吐くことに集中した深呼吸から入り，徐々に呼吸を整えていく。心地よくリラックスできるイメージを心に浮かべる（野原など，心地よい所に自分が気持ちよく，伸び伸びとゴロ〜ンと寝転がっているところなどをイメージする，そよ風がそお〜っとほほをなでている。あったか〜い日差しを浴びている）。

「気持ちが落ち着いている」とゆっくり数回心の中で唱える。これにより，心と身体を弛緩・脱力（＝リラックス）させる。

②第1公式（重感練習）

「気持ちが落ち着いている」「手脚が重た〜い」と，ゆっくり数回心の中で唱える。

手腕に重さ（人によってはジ〜ンと軽くしびれるような感じの重さ）を感じられるようになったら，それが重感です。

毎回の練習でここまで感じられるようになるのに，個人差はありますが，だいたい1〜2週間かかります（初回で感じる人もいます）。

③第2公式（温感練習）

第1公式をしっかりとマスターすると，次は温感練習に入ります。

背景公式・第1公式を行い，それに続いて「気持ちが落ち着いている」「手脚が温か〜い」とゆっくり数回心の中で唱える。

手腕に暖かさが感じられるようになったら……「気持ちが落ち着いてい

る」「手脚が温か〜い」とゆっくり数回心の中で唱える。

　毎回の練習でここまで感じられるようになるのに，個人差はありますが，だいたい1〜2週間かかります（初回で感じる人もいます）。

　標準練習だけでもかなりの効果があり，その中でも第1・第2公式だけで，標準練習の70％の効果が見られると言われています。

　ここから以下は特に禁忌に気をつけて下さい。

　④**第3公式**（心臓調整練習）＝心臓が静かに規則正しく（自然に）打っている

　⑤**第4公式**（呼吸調整練習）＝楽に（自然に）呼吸（息）をしている

　⑥**第5公式**（内蔵調整公式）＝おなか（胃のあたり）が温かい

　⑦**第6公式**（額涼感公式）　＝額が心地よく（快く）涼しい

練習の流れ

　①背景公式

「広〜い広〜い野原の真ん中で，あなたは何を考えるでもなく，ただボーっと寝転んでいます……」（など）と頭の中で想像する。

　②第1公式

「気持ちが落ち着いている……両手がだら〜んと重た〜い……」と頭の中で自分に対して言う。

　――――（繰り返す・方法また，繰り返し方は前述のとおりです）――――

重要なこと

　背景公式を終えて，第1公式に入った時点から約1分〜1分半で「消去動作」を行い，これを1セットとする。消去動作とは，手や腕，肩，足，脚などを折り曲げたりぶらぶらさせたりしてしっかり動かし，再び交感神経を表に出してくるためのものである。ポイントは，指先やつま先など，心臓から遠い部分から徐々に動かすようにすることである。この背景公式→第1公式→背景公式→……を続けて2〜3セット行って（3分〜5分），これを続けて2〜3セット行って，1回の練習とする。1回の練習を1日に1〜3回行うのがよいとされている。

セットを終了するに際し，必ず消去動作を行い，その後で眼を開ける。そして次のセットを行うようにする。

寝る前に自律訓練法をする際には，最後の公式の後の消去動作を省いてもよい，と言うか，自律訓練法を行いながら眠ってしまう人が多いようである。

毎回の練習で，必ず両腕に重感を感じられるようになったら……

「気持ちが落ち着いている……手脚がだら〜んと重た〜い……」

―――――（繰り返す）―――――

これも1回60〜90秒（合間に必ず消去動作をする）を2〜3回行い，これを1回の練習とする（1日に1〜3回）。

③第1公式をマスターしたら，次に第1公式と第2公式をあわせて練習する。

「気持ちが落ち着いている……両手が暖か〜く，そして重た〜い……」

―――――（繰り返す）―――――

毎回の練習で，必ず両腕に温感と重感を感じられるようになったら同じことを繰り返す……

なぜ，音楽療法の本なのに，私がここまで詳しく自律訓練法を紹介したかと言いますと，それだけ効果があり，しかも音楽と深く関連づけることができるからです。

そしてまた，ここで，私自身の考えを述べたかったからなのです。自律訓練を行っている人たち，あるいは専門家たちは，自律訓練法を行いながらBGMとして音楽を流す人が多いようです。

今から述べることは，私や私の周囲で自律訓練法を行っている人たちからの報告以外に，何のエヴィデンスもないことなので，この本の中で述べることを逡巡したのですが，BGMとしてではなく，私や私の知人たちの体験からして言うと，自律訓練前・後に音楽を使う方法もあると思うのです。

「自律訓練法を始めてもいろいろ仕事の悩みとか雑念が入ってきて困る」

場合が多々あると思います。私は，心理療法の前段階として音楽療法があるのと同様に，自律訓練法の前段階としての音楽療法が，短時間でもあれば，ない場合より，より心地よく，自律の状態に入れると考えています。実際に正式な実験をしたわけではありませんが，私自身も，私の知人たちも同意見です。「より心地よく」と述べましたが，これは非常に大切なことだと思うのです。

　毎日，自律訓練法をしたら，「よく眠れる」「ストレス緩和に効果があるのは分かっている」，でも，「するのがめんどうだ」という人が結構たくさんいます。私もその一人です。その時，前段階として音楽を聴くと，自然に自律訓練法に入っていけることが多いのです。これは，大規模な調査をしたわけではありませんが，私だけでなく，私の周りの人たちも，そう言う人が多いのです。

　その前段階で聴く音楽は，リラクセーションの箇所であげた3項目を満たすものでなければなりません。今から自律の状態に入ろうとしているのに，ベートーヴェンの《運命》を聴く人はいないでしょう。できるだけ，リラックスできる，そして自分が心地よく感じる音楽でなければならないという意味で，上記の3項目を満たすものと言ったわけです。

　個人的に言いますと，私は新垣勉氏の歌う《赤トンボの歌》をよく選びます。これは歌詞付きということで，本来ならお薦めしませんが，参考までに私の個人的嗜好を述べただけのことで，私自身も気分によって違う音楽を選ぶ時ももちろんあります。他にも，千差万別の音楽があっていいと思います。

　なぜ自律訓練に入る前に，音楽を聴くことをお薦めするかというと，音楽の拍は人間の呼吸を組織化してくれるからです。ですから，自律訓練法の前に音楽に乗せて呼吸を整えやすいのです。また，「第5章　音楽の機能」のところを思い出してほしいのですが，音楽は非言語的な感情を代弁してくれます。つまり，その音楽を聴くことにより，人は言語的な世界からイメージの世界に入りやすくなり，自律訓練法を始める前に，自律訓練法をしても雑念が入りにくい状態にすぐに自分をもっていけるようになれ

るのです。そこに，私は，大きなメリットを見出しています。

　自律訓練法を睡眠前にする人は，それでいいのですが，自律訓練法をした後，再び，交感神経を活発化して活動しなければならないような人には，自律訓練法後に音楽を聴くことをお薦めします。音楽と共に消去動作する，あるいは消去動作の後に音楽を聴いて，目覚めるのもいい方法ではないでしょうか？

　それには，自分の好きな音楽で，活気がある音楽が最も適しているでしょう。人によれば大シンフォニーがいいと言う人もいるかもしれませんが，私は，徐々に覚醒していくという意味で，あまり大きな曲はお薦めしません。私の好みの曲を言いますと，アリシア・デ・ラローチャ演奏のモーツァルトのピアノソナタK331の終楽章ロンド・アッラ・トゥルカ，俗に言う《トルコ行進曲》，そしてまた歌詞付きですが，秋川雅史氏の歌うエルガーの《威風堂々》などです。

　みなさんもいろいろな種類の音楽を聴いてみて，自分に合ったものを見つけて下さい。

　なお，この章を読んで，自律訓練法についてもっと知りたいと思われた方は，松岡洋一・素子両氏共著の『自律訓練法』（日本評論社）を購読するか，臨床心理士の方にたずねるなりして下さい。

第14章
困った時どうすればいいのでしょう？　Q＆A編

　経験の少ない学生や音楽療法士の人たちは，音楽療法を理論的に勉強していても，いざという時，どうしたらいいか分からないことが多々あると思います。
　この章は，学生たちや経験の浅い音楽療法士から寄せられた質問に，実際にどうすればいいかをお答えする章にしました。
　ここにでてくる質問は，本分の中の症例と重複したり似通ったりする症例もありますが，大変有用な質問と思い，あえてこの章にも載せました。

❧　I　障害をもつ高齢者

　Q；認知症を主とする障害をもつ高齢者のグループの中に，困難ではあるけれど，まだ手足を何とか動かすことのできるパーキンソン病の人も参加していました。そのグループでリボンを使って音楽に合わせて軽い運動をするアクティヴィティをしようとして，リボンを各クライアントに配り始めたのですが，その人の上肢がこわばっていてどうしても手を開いてリボンの棒を持つことができません。どうすればいいでしょうか？
　A；まず，後ろからでも前からでもいいですから，その人の両肩から腕にかけて，何回かなで下ろすようなマッサージをしてみて下さい。その間，他のクライアントはアクティヴィティをしていて結構です。数回なで下ろす動作をして，その人の筋肉が和らいだ瞬間，手のひらがだらりとなりますから，その瞬間に，その人の手にリボンを握らせてあげて下さい。その人はリボンを持ったアクティヴィティに十分参加できるようになります。

Ｑ；認知症を主とする障害をもつ高齢者のグループの中に目のまったく不自由な方がいました。歌を歌う時や，動作の模倣をしていただく時など，どうすればいいのでしょうか？

Ａ；音楽療法を手伝って下さる職員の方にお願いして，終始その方のそばにいて，今何をしているか，同時進行で，または，一瞬先に教えてあげるように頼んで下さい。また，特に歌を歌う時には，フレーズごとに前もって歌詞を言ってあげるようにしましょう。歌いながら，一足先に歌詞を言って，皆で合唱することは，よくフォークシンガーがやっていますね。あんな感じでやってみて下さい。しかし，他のクライアントの邪魔になるほどの大きな声で言うのはいけませんよ。

Ｑ；認知症を主とする障害をもつ高齢者のグループの中には，数多く老人性難聴の方がいらっしゃいます。そういう時に気をつけることは何ですか？

Ａ；クライアント全体に話しかける時には迷わず，マイクを使いましょう。またその難聴の方個人に語りかける時には，大声と言うよりも大きめで低めでやさしく愛情をもって語りかけるのが一番です。聞こえないからといって，大声で叫んだりするのは怒ったようになり，お互いが不愉快な思いをしなければならないので禁物です。

Ｑ；認知症を主とする障害をもつ高齢者のグループで一緒に歌詞カードを見ながら昔懐かしい歌を歌うアクティヴィティをしていると，ある方が，突然，昔懐かしい歌ではあるけれど，今歌っている歌とまったく違った歌を歌い出しました。無視して今歌っている歌を続けるべきでしょうか？

Ａ；一時セッションを中断するのではなく，今歌っている箇所で，区切りのいい箇所で，例えば，「あれ，Ａさんがこんな歌を歌って下さっています」と，まず，その方の自発性を尊重し，伴奏楽器でその歌の伴奏をして他の人も巻き込んでその歌を一応みんなで歌いましょう。歌い終わった

ら，その方やみなさんにお礼を言い，それから，「そう言えば，この曲の前には○○という歌を歌っていたのですよね。それで○○をみなさんで一緒にもう一度歌いましょう」とセッションの軌道修正をします。その時，他の職員の方に頼んでAさんがセッションについてくることができるよう歌詞カードの歌っている部分を指でなぞってもらえれば，なおいいでしょう。

Q；認知症を主とする障害をもつ高齢者のグループとか知的障害者のグループでトーンチャイムを使ってコード別にグループごとに分けて演奏していただく時，トーンチャイムにコードごとに同じ色のリボンを付けるなど工夫し，なおかつ前もって練習しても，必ず，自分の番でない時に振ったり，いつも振ったりしている人が出てきます。こういう時，どうすればいいのでしょうか？

A；これには時間がかかりますが，練習する場所が問題となってきます。グループの方たちを同じように半円形に座ってもらってコード分けをするのではなく，Ⅰ（トニック），Ⅳ（サブドミナント），Ⅴ（ドミナント）の3つのコードを使うとすれば，極端に言えば部屋の壁の3面を使うくらいのつもりで，それぞれのコードグループを切り離して座ってもらって下さい。上達するにつれてそのコード別グループの距離を縮めていき，最終的に半円形に戻せばいいわけです。弁別という認知をしてもらうには，場所を違えて弁別してもらうととても効果的です。

Q；ある小規模の高齢者のグループホームで，認知症の方の他に老年性うつ病や，不安障害，軽度のスキゾフレニアの残遺の方たちを交えて混合型の小規模セッションを頼まれました。それぞれの病気・障害がグループ活動を妨げることになることはないということで，引き受けることにしたのですが，具体的に，どういう点に留意すれば一つのグループとしてセッションの効果を上げることが可能でしょうか？

A；グループが少人数であれば，（3〜5人程度）で，そしてその障害特

有の症状がはなはだしくなければ十分グループとして効果を上げることができます。なぜならそこに音楽が介在しているからです。ただし，以下の点に特に注意して下さい。

　スキゾフレニアとうつ病はまったく違った病気ですが，共通点があります。それは自己意志による決定，自己表現が苦手であるということです。そこを上手に引き出してあげましょう。しかし病気はまったく違ったものですから，アプローチもまったく違います。

　まず，うつ病の人には決して励ましたり音楽に乗らせようと手拍子などを強要してはなりません。「頑張ってしてみましょう」という言葉や大げさな褒め言葉も禁忌です。その人の好きな音楽をグループ全体で聴きながら，それに合わせて身体を動かしてもらうアクティヴィティの時に，その人のそばにじっと共存してあげるなり，黙って膝を軽く叩くのみにしましょう。そうするうちにその人から小さなクラッピングなど自発行動が出てきたり，一緒に歌を歌ったりするような行動が出てきます。そうすれば，それはその人を支援することの成功への大きな一歩です。

　反対にスキゾフレニアの方には積極的に働きかけねばなりません。彼らは，行動から行動への移り変わり（変遷）が不得意です。ですからアクティヴィティから次のアクティヴィティに移る時は，「次は〇〇をしましょう」などのように必ず声かけをしてあげ，その方が，納得がいくようにしてあげましょう。終わる時には通常《さようならの歌》で終わると思いますが，それが終わった後も拍手をするとか，「それでは今日はここまでです。次回をお楽しみに」などの言葉かけをしてあげないとその人は混乱するかもしれません。また，自己意志決定力の弱さは，何か質問をしたときに必ず隣の人や職員に相談してから決めるという行動に出てくるかもしれませんが，その人の好きなもの（色・歌・花などありとあらゆるもの）を前もって情報アセスメントの時に調べておいて，それを提示するようにすれば，徐々にその方の自発性が引き出されてきます。

　先ほどスキゾフレニアとうつ病の方の共通点をあげましたが，もう一つ忘れてはならない共通点は，「疲れやすい」ということです。ですから，

セッションの中に,「休憩」と題するアクティヴィティをはさみ,数分間ゆったりとした音楽を聴きながら目を閉じたり,音楽に合わせて身体を揺り動かすというようなリラクセーションのためのアクティヴィティを取り入れましょう。

Q；認知症を主とする障害をもつ高齢者のグループで,リボンやスカーフを使ったアクティヴィティで,どうしても無反応な人がいます。どうすればいいでしょうか？

A；まず,その人の腕を持って半ば強制的に動かしてもらうということは最後の手段です。自分（セラピスト）のリボンなりスカーフの先をその人のリボンなりスカーフの先にくっつけて,最初は静かな動きを促して下さい。そうすれば,他のクライアントのようにはできなくとも,その人なりに反応してくれるでしょう。

Q；認知症を主とする障害をもつ高齢者のグループで戦時中に不幸な育ち方をしたため,字が読めない人がいらして,歌詞をホワイトボードに書いたり,歌詞カードを配ると劣等感が刺激され,とても嫌がる人がいます。どうすればいいでしょうか？

A；グループからその人だけを除外することは困難で,よくないことです。まず,情報収集アセスメントで,その人が,暗譜で歌える曲を探しましょう。それをメインに歌い,その人への正の強化をしましょう。そして慣れてくれば,常にその人がよく知っている歌を入れ,歌唱のアクティヴィティをする時には前もって横でフレーズごとに歌詞を言ってあげましょう。そして,毎回,正の強化を忘れずに行って下さい。現代では考えれないようなことですが,昔のことをよく勉強して,そういう不幸な方もいらっしゃることを常に頭に置いておきましょう。

Q；認知症を主とする障害をもつ高齢者のグループで各クライアントの方に歌で問いかけてそれぞれの名前を言っていただくという「自己紹介」

のアクティヴィティをしていたところ,「名前を言うのが嫌だ」と怒られる人がいました.どうすればいいでしょうか?

A;もちろん,各クライアントの自己紹介をしてもらう前に,自分(セラピスト)自身が自己紹介をしていることでしょうが,もう一度,個人化してそのクライアントの前でセラピストの名前を歌に乗せて,あるいは言語と歌を組み合わせて,自分の自己紹介が不十分であったことを詫び,再度,はっきりと自己紹介をし,その人にセラピストの名前を覚えて口に出して言ってもらいましょう.その後で「あなたのお名前も教えて下さい」とお願いすれば,嫌がる人はいないはずです.

Q;認知症を主とする障害をもつ高齢者のグループで失語症の人がいます.その人に自己紹介をしていただくのは,無理でしょうか?

A;前もって全員のクライアントに名札をつけてもらい,その人には「名札を見せてください」と歌詞を換えて頼みましょう.そして「〇〇さんですね.名札を見せて下さってありがとうございます」と歌い返してあげて下さい.そういう失語症の方々はしゃべれなくても歌は歌える方が多いので,もしその方が歌えるのなら,歌唱のアクティヴィティでは,マイクを持ってもらったりして,しっかり歌っていただきましょう.それだけでも,言葉を取り戻せる徴候が現れることがあります.また,「歌なら歌える」という特性を活かして,その人には,個人的に言語療法的な音楽療法をすることができれば,その人は必ず少しずつ言葉を取り戻せるようになるでしょう.

Q;新しくできたばかりの高齢者のためのグループホームから音楽療法を頼まれました.入居者もまだ3人程度です.どうすればいいか困っています.

A;高齢者への音楽療法のゴールとしてまず一番に考えなければならないのが,今ある機能を退行させない,維持する,あるいは損傷を受けた箇所を修復させるなどと,いろいろ大切なことが考えられますが,このよう

な場合，まず一番に考えなければならないのが，この新しいグループホームという小社会に居住する人たち，支援する人たちお互い同士が，お互いをよく知り合って，この小社会をうまく機能させねばならないということです。ですから，この場合，私なら，まず，短期ゴールとして，居住者同士，居住者と支援する人の間のよい人間関係作り（すなわちラポールを築くということ）をまず一番にもってくるでしょう。それが達成できないと，何も始まりません。ですからセッションには，職員の方にも居住者の方と同様に加わっていただくことをお願いします。ただし，職員の方には，セッション中に先走ったり，クライアントをいつもの調子で介助しすぎないように，「今，ここで，一緒に，存在して下さい」とお願いします。またセッションを行う時の形も半円形ではなく，セラピストも含めて一つのサークルを作るような形（すなわち円形）で行うことも必要と思われる場合は，臨機応変にそれを行って下さい（第8章参照）。

Q；認知症を主とする障害をもつ高齢者のグループでどうしてもセッションがクライアント対セラピストという関係になってしまいます。もっとクライアント同士でラポールを築いてもらうためにはどうすればいいでしょうか？

A；セッションを行う際の配置を時々，変えてみて下さい。いつも半円形にクライアントが並び，それに対してセラピストが向き合っていませんか？　そうではなくて，セッション中のあるアクティヴィティだけでもいいですから，クライアントを2つのグループに分けて対面するように座っていただいて下さい。その際，セラピストは両方の側を取りもつ役目をします。自ずとクライアント同士が相互作用をもたなければならない環境が生まれ出てくるでしょう。楽器の相互作用もよし，一つの歌をフレーズごとに歌い合うもよし，回想法を行うもよし……です。

Q；あるグループホームの音楽療法のクライアントの中に老年性うつ病の方がいらっしゃいました。指導に来ていらしたある講師の先生がにこに

こ笑いかけながら「さあ，音楽しましょうね」と，とても楽しそうに近づいていき，学生でさえも「これはまずい」と思っていたところ，その人はいきなり怒り出しました。教授がその人のところに行って，その人はすぐ穏やかな状態に戻ったのですが，なぜその人はうつ病なのに興奮して怒ったのでしょうか？　うつ病の人にも怒り出すというエネルギーがあるのですか？

　A；あります。これを激越性のうつ病と言います。うつ病の人は，本当に苦しいのです。その講師の先生は，明らかに勉強不足ですね。

✣　Ⅱ　知的障害者および知的障害を伴う障害者

　Q；MRの少年2人組のセッションをしていました。2人は普段とても仲良しなのですが，突然けんかを始めてしまいました。どうすればいいのでしょうか？

　A；これぞ音楽の力の見せ所です。2人を引き離そうとせず，何でもいいですから2人の好きな音楽を演奏して下さい。そして何事もなかったようにアクティヴィティに戻って下さい。実際，このような例が音楽療法実習現場であり，学生たちはどうしていいか分からず，ほとんどフリーズ状態だったところ，私はピアノのところに座っていた学生に，あるアクティヴィティに必ず使う音楽（つまり2人にとって条件づけされた音楽と言えるでしょうが）を演奏するよう指示し，その学生がそれを弾き始めたとたん，けんかは収まり，何事もなかったようにアクティヴィティは続いていきました。ちなみにこのときの曲はスコット・ジョップリンのラグタイム《エンターテイナー》でした（第10章参照）。

　Q；非常に内気で自閉症かと思うほど，他人とのコミュニケーションをとるのに大変時間がかかるという，社会化のほとんどできない中度のMRの女の子がいます。その子はいつも立ったまま，下を向いています。
　その子のセッションを頼まれたのですが，どういうふうに始めたらよい

のでしょうか？

　また，他者との相互作用を少しでも取りやすくするにはどうすればいいのでしょう？

　A；まず，セッションの始め方ですが，その子が到着したら，すぐさまドアのところでその子の名前を挟み込んだ《こんにちはの歌》を始めましょう。当然その子は下を向いたまま，同じ場所に立っていることでしょう。そこでセラピストは，その子とアイコンタクトを取れるよう《こんにちはの歌》を続けながら，しゃがみます。そうしてその子を見上げて，アイコンタクトを取るのです。アイコンタクトが取れれば，もちろん，微笑んであげて下さい。それがこの場合その子にとって，一番恐怖心を取り除く方法であり，また報酬であるわけです。

　次にアイコンタクトを取りながらその子の周りを回りながら少しずつセッションを行う予定の場所に導いていき，向き合って座ります。それに成功すれば，その子の膝を歌に合わせて叩いてみて，同じように叩き返してもらうような相互作用を取ります。慣れてくればその子の方から叩き返してくるようになるでしょう。

　この子の場合，セラピスト－クライアント間のラポールが取れるだけでは短期ゴール達成はできたことになりません。そこで誰かその子の知らない人たちに応援を頼んで音楽に合わせた膝叩きゲームをします。

　その時肝要なのは，すでにラポールの取れているセラピストが常に，その子の横に座っていて，その子が他者の膝叩きができないとモデリングをしたり，その子と一緒にその他者の膝を叩きにいくということをします。いきなりエクスポージャーをしているようですが，このアクティヴィティを行う前に，セラピスト－クライアント間の堅固なラポールが取れていれば，成功します。

　こういうことができるようになるとワンコードチューニングのギターを使って何人かと演奏し合うとか，いろいろな人の名前を書いた紙をランダムに見せて名前の出た人と風船を使った相互作用を行うなど，さまざまなアクティヴィティがゴール達成のために考えられます。

もちろん，さまざまな相互作用ができるたびに正の強化（報酬）が必要です。その報酬でさえ，みんなでその子の好きな歌を一緒に歌うという一つの社会化というゴールにかなう報酬になり得るのです。

　Q；ほとんど無反応で言語のないダウン症の男性のセッションを頼まれました。その男性には手にしたものを投げる癖があります。アセスメントセッションでは，例えばドラムを叩くなどの反応性が見られ，音楽療法を適用できるとは思うのですが，急に物を投げるので困っています。どうすればいいでしょうか？

　A；物を投げるという行為はその男性にとっては「反応」ではあるけれど，明らかに不適応行動です。そこで，不適応行動をなくすということが一つのゴールとして，定められなければなりません。

　ではどうすればいいのでしょう？

　音楽療法では，80％は正の強化を使うことが原則です。それにのっとって考えればいいのです。不適応行動を負の強化や罰等で禁じるのではなく，どうすれば，正の強化を使ってその不適応行動をなくすことができるかを考えてみましょう。物を投げたらそれを拾う，そしてさらにかごの中に片づける行為を条件づけで学習してもらいます。その際には《拾いましょう》とか《お片づけしましょう》などの条件づけのための短い反復性のある歌を歌うことが肝心です。そうしてクライアントに新しい学習をしてもらい，それができたら，好きな音楽を歌ってあげるとか，その他，その人が好きなこと（アセスメントセッションで明らかにされているはずです）などを報酬として行います。そうすればその人は「拾う」とか「片づける」という適応行動をすれば報酬がもらえるということを学習することができます。どんなアクティヴィティをしていても，もし，物を投げるという不適応行動が出たら，すぐさま，以上に述べたアクティヴィティに移ります。

　また，最初から，床に物をランダムに並べておいてそれを拾う，片づけるというアクティヴィティを行い，その人の中に新しいスキーマを作るこ

とが肝要です。

　また，物を投げるチャンスがないというアクティヴィティも考えます。キーボードを弾く，1，2，3，4，と数えながら1本指で一つのキーを押さえていくとか，音楽に合わせて歩くなど，その人の行動を組織化することも肝要です。こういうことをしている時，その人には物を投げるという不適応行動をする暇がないわけです。

　さらに，セッションが進んでくると，風船を使ってわざとその風船を投げてもらいましょう。それをセラピストがクライアントに打ち返して受け取ってもらう，それを何回も続けるうちにクライアントはセラピストから来た風船を打ち返すというセラピスト－クライアント間の相互作用が生まれる可能性があります。そうなると，元来，不適応行動であった「物を投げる」という行為が目的をもった「適応行動」に生まれ変わるのです。

　いずれにしても，こういうことは，すぐに結果を求めることは不可能です。

　セラピストはとても我慢強くなくてはなりません。何の変化も見られないようなセッションが続くかもしれません。でも，その間，クライアントの中では何かが起きているはずなのです。それがある日，突然，表面化することがあります。これが，スプリンタースキルです。また，何の変化も起きてないようなセッションが続いているように見えてもそれは，セラピストの観察力不足も考えられます。どんな小さな変化も見逃さないようにしましょう。

　Q；発語に問題のある障害（ダウン症，脳性麻痺，MRなど）の発語訓練について教えて下さい。

　A；症例によってアプローチの仕方が違ってきますが，できるだけ，私の経験から思い出せるものをあげてみましょう。

　ダウン症の子は舌が前に出ているため，発音矯正が必要です。唇をくっつけないと発音できない音，「ぱぴぷぺぽ」や「まみむめも」を発声練習のように行うか，またはその子の好きな歌に乗せて練習しましょう。MR

児も似たような練習が効果があると思います。脳性麻痺児の場合はこの本の中で詳しく述べていますから，参照して下さい。

　Q；自分では弾けないけど「執着」と言っていいほどピアノが好きな自閉症の少年がいました。常にピアノをセラピストに弾いてもらうことを頼み，自閉症特有の仕方でセラピストの手を鍵盤のところに持っていき（クレーニング），ピアノを弾いてあげると非常に喜びます。そこでしばらくはピアノが報酬となるようなセッションを続けていました。ある日，クライアント自身にピアノのふたを開けてもらおうと，そのクライアントが来る前からピアノのふたを閉じていて，クライアントに「ピアノのふたを開けてちょうだい」と頼むと怖がって一切自分で開けようとせず，セラピストには開けるように頼むばかりでした。このような時，どうすればいいのでしょうか？

　A；健常な人にとってなんでもないことが，たとえ自分の好きなピアノであっても，それを今まで自分で開けた経験をもたない自閉症の人たちには，それはほとんど恐怖を伴うと言っていいほど新しい行為への挑戦になります。

　ですから，そのクライアントが自分でピアノのふたを開けることができれば，それは，素晴らしい出来事になります。そこで，今回は，彼に頼まれてもあえてセラピストはピアノのふたを開けず，ギターとか他の代替楽器でその日のセッションをしましょう。そして次回にもう一度クライアントに「ピアノのふたを開けてちょうだい」と頼むのです。きっと彼は自分でふたを開けるでしょう。このように自閉症の人たちにとって新しいことをするということは非常な冒険であり，それを試みるまで，健常者が想像もできないほど脳内のプロセシングに時間がかかることがあります。こういう場合，自閉症の人には時間またはきっかけを与えてあげれば成功することが多いのです（第11章参照）。

　Q；先ほどと同じ自閉症の少年に，ピアノを弾いてもらおうとしました

が，決して自分で弾こうとしません。どうすればいいでしょうか？

　A；これも同じことです。今度は時間ではなく，きっかけを与えてみましょう。自閉症特有の行動でクライアントは，言葉を使わずに，セラピストにして欲しいことがある場所に，セラピストの腕をつかんで持っていくことが多いのですが，まず，この場合は，2人がけのイスを用意して，先にセラピストが何でもいいですから，フレーズかメロディーを弾いてみます。クライアントはピアノが好きですから，必ずピアノのそば，あるいはセラピストのすぐそばにいるはずです。セラピストは片手でピアノを弾きながら，やさしく彼の腕を取り，一音だけでいいですから，鍵盤を押さえさせるのです。何の音でもかまいません。一度，自分で音を出してしまえば，もはやピアノを自分で弾くことはクライアントの恐怖の対象ではありません。即興で連弾も可能になるだろうし，クライアントのソロの即興も可能になるだろうし，コウセラピストとか誰か他の人の支援を得て，彼に1本指演奏をしてもらい，セラピストが伴奏することも可能でしょう。これができれば，これを報酬としてのアクティヴィティにすることが可能になりますね。

　こうやって，自閉症の人たちの特性を利用して，最終的には，音楽療法のフレームの中で，できるようになっていくと，必ず般化も可能になり，彼らは通常の生活でも変化していくでしょう。

　Q；ある音楽療法実習での，知的障害をもつ人たちのグループの中に自閉症の人もいました。全員でパラシュートを上げ下げしたり，左右に回したり，波を作ったりするようなアクティヴィティをしている時，アクティヴィティがうまく進行していることを確認したセラピストは自ら，パラシュートの中に入っていき，ぐるぐる回ったりしました。そして自閉症の人に手招きをしたのですが，その人は入って来ませんでした。セラピストは，次に単なる知的障害をもつある人を手招きすると，その人はパラシュートの中で楽しそうに遊ぶことができました。

　アクティヴィティが終わって，セラピストは，一緒にいた学生たちに

「次回は必ずあの自閉症の人も入ってきます。なぜだかわかりますか？」とたずねましたが，誰も答えることができませんでした。実際，次回のセッションでのパラシュートのアクティヴィティにはその自閉症の人も入ってきました。セラピストの予言どおりになったのです。なぜでしょう？

　A；自閉症の人たちの多くはアイコンタクトを取りません。前回，セラピストが，パラシュートの中から，彼を招いた時も，アイコンタクトは取れませんでした。しかし，セラピストは，彼が横目で一瞬パラシュートの中のセラピストを見たことに気づいていました。そこで，セラピストはその自閉症の人が，セラピストと同じようにパラシュートの中に入ることに関心をもっていることに確信を抱いたのです。そして予言は当たりました。予言と書きましたが，これは予言でも何でもなく，どんな小さなことも見逃さないセラピストの観察力の結果の発言だったのです。

　その後，パラシュートの中に入ることのできたクライアントでしたが，その日は，セラピストがぐるぐる回ったり，大きくなったり小さくなったりしても無関心のようでした。しかし，セラピストは，その人が，セラピストを，横目で見た瞬間を見逃しませんでした。しかし，この動作はかなり難しい模倣能力を必要とするで，今回のセラピストの予言は「彼は次回は無理かもしれないけど，必ずこの２〜３回のセッションのうちに，パラシュートの中での模倣動作をするようになるでしょう」と学生たちに告げました。そして，彼は，その日から数えて，２回目のセッションの時に模倣動作ができるようになりました。

　ここで大切なのは，自閉症の人には決して強制したり，強引に誘いかけたりしてはならないということです。そうすると絶対に失敗します。それよりも無関心を装って，一瞬のアイコンタクトや，一瞬の関心を示す視線を見逃さない観察力が大切です。この症例も第11章に一部書いてあります。

　Q；自閉症の人たちで，音楽が好きなのに，しばしば耳を手でおおいます。なぜなのですか？

A；自閉症の人は確かに音楽が好きです。しかし自分の好きな音楽を聴いている時でさえ，聴覚過敏と言って，健常な人には何でもない音量が，叫び声のように聞こえることがしばしばあるようです。このような場合は，様子を見ながら，すぐさま，音楽をピアニッシモにしたり，一時中断したりして様子を見ながらセッションを進行させて下さい。

　Q；自閉症の常同行動だと思うのですが，いつも手をかなり速いテンポで叩いたり，自分の胸を叩いたりする子どもがいます。音楽療法士としてどのように関わればいいのでしょうか？
　A；まずその子のもつリズムに合わせて，即興演奏で，ピアノやドラムなどを演奏するという，その子の常同行動の伴奏をして下さい。そして徐々にそのテンポを変えてゆっくりにするとか，歌を歌いながらその子の好きな歌を演奏してみて下さい。最初は数秒間かもしれないけれど，その音楽に合わせて叩く行動が見られるようになると思います。
　それがだんだんできるようになると，その音楽のおしまいの部分だけ，何回も演奏し，音楽が終わるたびにその子の手を取ってもいいですから，手を叩く行為は，そこでは行わないということを学習させます。何回も音楽の終わりの部分を演奏し，そこは手拍子を打ち，音楽が止まったら手拍子も終わり，ということを覚えてもらうのです。
　また，自閉症の子の中には，こういう常同行動で，非常に興奮している時があります。その時には別の手法を使います。興奮しているとき，人間は，誰しも，身体がこわばっています。セラピストは，もし，その子が接触を拒まない子なら，後ろから抱きかかえるようにして，両腕を支えて，身体をゆったりとした音楽に合わせて揺らしてあげます。お母さんが赤ちゃんを抱きかかえて揺らしてあげるテクニックを大きくなった子どもには立ってしてもらうわけです。そうすることによって，その子はリラックスすることができ，興奮も鎮まり，常同行動も同時に治まっているでしょう。また，こういうことをすることは，自閉症の子にとって非常に重要な「感覚統合」にもなるわけです。

もし，その子が身体接触を拒む子なら，あらかじめアセスメントでその子の好きなものを調べておいて，例えば，風船やゴムボールが好きなら，いろいろな色の風船やゴムボールでその子を取り囲むようにしてあげて下さい。

　身体ではないもので，やさしいものを使って，その子を落ち着かせるのです。

　Q：先ほどと同じような質問ですが，ある自閉症の子が，初めて床においたギターをかき鳴らしていて，非常に興奮して暴れ出す寸前までになりました。どうすればいいのでしょうか。

　A；セラピストは常にクライアントをよく観察しなければなりませんが，暴れ出しそうだと思うより先に，ギターをかき鳴らしている時の興奮度でその子の様子をつかまねばなりません。理想的には，その時点で，前の質問の答えと同じように，この場合は，セラピストも床に座って，後ろからクライアントを抱きかかえて，ゆったりとした音楽（即興の歌でもいいのです）に合わせてその子を揺らしてあげましょう。

　ギターをかき鳴らしていた時とか，何か楽器を演奏している時などのように腕を使っていた時なら，特に腕が緊張しているはずですから，抱きかかえながら，腕を支えていろいろな方向にやさしく動かしてあげればいいのではないかと思います。ここで誤解してはならないのは，その子が決してギターを嫌っているのではないということです。むしろ，その反対でしょう。

　Q；自閉症の男性で自傷と他害がある人がいます。自傷は，自分の腕をかむことが多いようです。他害は，いきなりセラピストの腕を強くつかんだりすることが多いようです。どうすればいいですか？

　A；まず，自傷ですが，音楽療法の機能でいうところの「方向転換」が必要です。自傷しそうになると，さっとその男性にタンバリンをさし出して叩いてもらうなどすると，ある程度の効果が期待できます。

他害には，かなりな観察力が必要となります。自閉症の人が他害をする一瞬前に，必ず目つきが変わります。ほんの一瞬なのでセラピストは，それを見逃してしまい，よけそこなって，腕をつかまれてしまうのです。とは言え，この一瞬の目つきの変化に気づくことは，非常に困難なことでもあります。あざや傷ができる程，強くつかまれることが複数回あるなら，残念ですが，自衛のためにその人のセッションはお断りしましょう。

自傷・他害にはいろいろな種類があって，もっとひどいのもあります。いずれにしても，セラピストはまず自分とクライアントの安全を確保しなければセッションは行えないと思って下さい。

❖　Ⅲ　精神障害者

Q；スキゾフレニアの人たちの集団セッション中，ある一人のクライアントがあらぬ方向を見て，歩き出そうとしました。「どうしたのですか？」と問いかけると，「ちょっと静かにして，今，電波を受信しているから」と言われました。どうすればいいでしょうか？

A；もし，その人が一人の時なら，ヘッドフォンをすぐさま渡して音楽でマスキングできますが，集団の場合，人数分のヘッドフォンの確保は困難です。

こういう時には，あらかじめ，アセスメントで調べておいたその人の好きな音楽のメロディーをピアノなりキーボードなり，高めの音域を選んで弾いて下さい。そして，「こっちの電波も受信して下さい。みなさんも一緒に歌って下さい」と，巻き込んでしまいましょう。

❖　Ⅳ　健　常　者

Q；「認知症予防になるよい方法を教えて下さい」とよく聞かれるのですが，何と答えればいいのでしょうか？

A；最近，こういう質問が増えてきました。

遺伝子科学がもっと発達すれば，はっきりとした答えが出るのでしょうが，答えは一つです。人間の脳細胞は乳幼児期に最大限に増えた後，徐々に死滅していき，高齢になると，かなり死滅しています。しかし，脳細胞自体の数が減っても，脳細胞同士はくっついているわけではなく，脳細胞の先端のシナプスというところから隣のシナプスへシナプス間隙というところを通して，情報伝達物質がキャッチボールのように行き来し，それによって，情報が伝達されるのです。脳細胞が死滅しようと，シナプスは「学習行為」によって増やすことができます。70歳でノーベル賞を受賞する方もいらっしゃるわけです。

この答えは，音楽療法の観点からいうと大きく分けて2種類あると私は考えています。

①**身体を使うこと**　　細緻運動（指先を使うなどの細やかな運動・動作）をたくさんすることです。例えば，小さなキーボードでもいいですから（ピアノならなおよいです），指先を使うような細かい動作をしましょう。しかもピアノを弾くためには，まず「音符を読めるようになる」というきわめて知的な学習行為が要求されます。音符を読みながら，どの鍵盤を押さえるかなどと考えながら意識的にピアノを弾くことには，実は，ものすごい複雑思考が必要とされるわけです。シナプスはどんどん増えるでしょう。そして，ピアノを弾くことに慣れて，意識せずとも左右の手が違った動作をすることができるようになっても，実は，脳の中は大忙しなのです。自然と脳は活性化されていきます。

②**脳を使うこと**　　昔なつかしい，例えば《赤とんぼの歌》のような古い歌を音楽なしで，しかもいきなり3番の歌詞を思い出してみるのです。結構難しいと思います。人間，音楽がついていると，認知症や失語症のために言語を失った人まで歌い出すくらいですが，音楽がついてないと，歌詞を思い出すことは意外と難しいことなのです。そして，ぽかりと穴の空いたように思い出せない言葉を歌ってみて思い出すなり，歌曲集で調べたりして「再学習」するのです。

そうして，どんどん音楽なしで歌詞だけを言える曲を増やしてみて下さ

い。

　これは，認知症の方々に，音楽をつけて歌詞を思い出していただくことの反対をするということです。もちろん，忘れないように「再学習」して覚えた歌はどんどん歌う習慣をつけましょう。

　Q；リラクセーションのために聴く音楽として，知り合いの音楽療法士から，自作自演のMDを1枚もらいました。曲自体はとてもすてきなのですが，ピアノがとても硬い音で弾いていて，耳障りです。私は，聴くのをやめましたが，その音楽療法士は，多数の人たちにMDを配っています。どうすればいいのでしょうか？

　A；結果的に，その音楽療法士は，公害をまき散らしているわけですね。私なら，音楽自体を誉めながら，ピアノの硬さのことを言うでしょう。音楽療法士は，まず第一に優れた音楽家でなければなりません。その人に謙虚に考えてもらえるような言葉を探して言ってあげて下さい。

Coda

　私は，専門書でありながら，読みやすく，しかも，臨床の現場ですぐにでも応用できる音楽療法の本を書きたいと思ってきました。ゆえに，本書では，本来，音楽家であるべくして，音楽療法を勉強する方たちに，必要最低限な知識と，実際の臨床例を含めて，音楽療法を，私の方法論で語ってみようと思いました。ですから，この本を書く際に使用した参考文献は非常に少なく，それらは，本の中にすべて明記されています。

　私は，誰かの真似をするのではなく，もちろん既存のよいテクニックは採り入れますが，私自身が，ピアニストとして，そして音楽療法士（MT-BC）として，考え，悩み，実践してきた音楽療法の本をみなさんに提供します。

　音楽療法だけでなく，音楽療法に欠かせない心理学等の知識もこの本である程度身につけることができます。

　どうか，読者のみなさんが，この本を読まれて，多くの人々を支援して下さることが，私の願いです。

　もちろん，それだけでなくこの本は，基本的なことをベースにしています。いろいろなラインが交差し合った対位法のような本を書いて，みなさんがもっと深く勉強できる基盤としたかったのです。この対位法が美しい声部の重なりで，素晴らしい音色にできあがったことを切に望んでいます。

　最後に忙しい中にも時間を見つけて助けてくれた夫とこの本の出版にご尽力を賜った（株）ナカニシヤ出版編集長宍倉様，私の本に登場して下さったクライアントの方々にお礼申し上げます。

参考文献

American Psychiatric Association (2000). *Diagnostic and statistical manual of mental disorders: DSM-IV-TR.* Arlington, VA: American Psychiatric Association.
Armstrong, T. (1995). *The myth of the A. D. D. child.* New York: Penguin.
Ayres, A.J. (1978). Learning disabilities and the vestibular system. *Journal of Learning Disabilities*, **11**, 30-41.
Baroff, G. S. (1999). *Mental retardation: Nature, cause, and management.* Philadelphia, PA: Brunner/Mazel.
Bruscia, K. E. (1998). *Defining music therapy.* Gilsum, NH: Barcelona.
Boxberger, R. (1962). Historical bases for the use of music in therapy. In E. H. Schneidre, *Music Therapy 1961.* Lawrence, KS: National Association for Music Therapy.
Bunt, L. (1995). *Music therapy: An art beyond words.* New York: Routledge.
Davis, W. B., Thaut, M. H., & Gfeller, K. E. (1992). *An introduction to music therapy: Theory and practice.* Boston, MA: McGraw-Hill.
Emery, R. E., & Oltmanns, T. F. (1999). *Essentials of abnormal psychology.* Upper Saddle River, NJ: Prentice Hall.
藤井知明 (1978). 「音楽」以前　NHKブックス
Gibbons, A. C. (1977). Popular music preferences of elderly people. *Journal of music therapy*, **14**(4), 180-189.
Greenwald, M. A., & Salzburg, R. S. (1979). Vocal range assessment of geriatric clients. *Journal of music therapy*, **16**(4), 172-179.
Grout, D. J.(Ed.) (1960). *History of western music.* New York: W. W. Norton & Company.
Hilliard, R. E. (2001). The use of cognitive-behavioral music therapy in the treatment of women with eating disorders. *Music Therapy Perspectives*, **19**, 109-113. (AMTA)
Hodges, D. A.(Ed.) (1996). *Handbook of music psychology.* St. Louis, MO: Mmb Music.
磯貝芳郎(監修) (2000). 心理学なるほど事典　実業之日本社
Kirk, S. A., Gallagher, J. J., & Anastasiow, N. J. (1970). *Educating exceptional children.* Boston, MA: Houghton Mifflin.
Kunst, J., & Sachs, C. (1965). *The wellsprings of music.* New York: McGraw-Hill.
Lachmann, R. (1929). *Musik des Orients.* Breslau: Jedemann's Bücherei.
松岡洋一・松岡素子 (1999). 自律訓練法　日本評論社
Merriam, A. P., & Merriam, V. (1964). *The anthropology of music.* Evanston, IL: Northwestern University Press.
Oltmanns, T. F., & Emery, R. E. (1995). *Abnormal psychology.* Englewood Cliffs, NJ: Prentice Hall.

Sachs, C. (1930). *Die vergleichende Musikwissenschaft in ihren Grundzügen*. Leipzig.
Saladin, K. (2004). *Anatomy & physiology* (3rd ed.) New York: McGraw-Hill.
Sears, W. W. (1968). Process in music therapy. In E. T. Gaston (Ed.), *Music in therapy*. New York: Macmillan.
Steinsiek, I. (1928). *Musik Instrumente der Welt*. München: Orbis Verlag.
Taylor, D. B. (1997). *Biomedical foundations of music as therapy*. St. Louis, MO: Mmb Music.
Thaut, M. H. (2000). *A scientific model of music in therapy and medicine*. San Antonio, TX: The University of Texas.
Wylie, M.E. (1990). A comparison of the effects of old familiar songs, antique objects, historical summaries, and general questions on the reminiscence of nursing home residents. *Journal of Music Therapy*, **27**, 2-12.
Zimbardo, P. (1999). *Psychology* (3rd ed.) Reading, MA: Addison Wesley.

人名索引

あ
アーノンクール　*204*
秋川雅史　*226*
アナスタショウ（Anastasiow, N. J.）　*66, 140*
新垣　勉　*225*
アルヴァン（Alvin, J.）　*6*
磯貝芳郎　*83-86*
ウィリアムズ，ドナ　*168*
ヴェルディ　*29*
ヴント（Wundt, W.）　*81*
エアーズ（Ayres, A. J.）　*170*
エメリー（Emery, R. E.）　*66, 83-85, 89, 185*
エリクソン（Erikson, E. H.）　*122, 134, 136, 137*
オルトマンズ（Oltmanns, T.）　*66, 83-85, 89*

か
カーク（Kirk, S. A.）　*66, 140*
ガストン（Guston, E. T.）　*25*
カナー（Kanner, L.）　*166*
ギボンズ（Gibbons, A. C.）　*111*
キャノン（Cannon, W. B.）　*208, 211*
ギャラガー（Gallagher, J. J.）　*66, 140*
グフェラー（Gfeller, K. E.）　*60, 184*
グランディン，テンプル　*168*
グリーンウォルド（Greenwald, M. A.）　*111*
クルーズ，トム　*168*
孔子　*23*

さ
ザックス（Sachs, C.）　*20*
サルツバーグ（Salzberg, R. S.）　*111*
サン=サーンス　*204*
シアーズ（Sears, W. W.）　*3*
ジメルマン，クリスティアン　*204*
ジャコックス（Jacox, A.）　*60*
シャルコー（Charcot, J.-M.）　*81*
シューベルト　*81*
シューマン　*81*
ショスタコーヴィチ　*17*
ショパン　*17, 204*
ジンバルド（Zimbardo, P.）　*66, 75, 185, 188*
スキナー（Skinner, B. F.）　*68, 70, 71, 79, 91, 159*
スターリン　*17*
セリエ（Selye, H.）　*209-211*
ソーンダイク（Thorndike, E. L.）　*71*
ソルジェニーツィン　*17*

た
ダーウィン（Darwin, C.）　*21*
タウト（Thaut, M. H.）　*53, 120, 184*
デイヴィス（Davis, W. B.）　*60, 101, 144, 184*
ドヴォルザーク　*12*
ドゥビッシー　*23*

な
ナポレオン　*17*

は
バーン（Berne, E.）　*96*

ハイティンク, ベルナルト　28
パブロフ(Pavlov, I. P.)　68-71
ピアジェ(Piaget, J.)　98, 127, 128, 130, 131, 134, 135, 137
ヒリアード(Hilliard, R. E.)　54, 61
ファリネッリ　25
フェリペV世　25
フォックス, マイケル・J.　117, 118
藤井知明　1, 20
ブュッヒャー(Bücher, K.)　21
フリードマン(Freidman, M.)　214
ブルーシャ(Bruscia, K.)　6, 96
フルトヴェングラー　204
フロイト(Freud, S.)　81-83, 90, 91, 122, 123
ベートーヴェン　17, 81, 225
ベーム, カール　28
ボウルビー(Bowlby, J. M.)　125, 134, 137
ボックスバーガー(Boxberger, R.)　24
ホッジズ(Hodges, D. A.)　9
ポッリーニ, マウリツィオ　204
ホフマン, ダスティン　168

マイスキー, ミッシャ　204
マズロー(Maslow, A. H.)　94
松岡素子　226
松岡洋一　226
宮﨑駿　23
ミリアム(Merriam, A. P.)　9, 15, 16, 19
モーツァルト　204, 226
モーニッツ(Moniz, E.)　89

ら
ルソー(Rousseau, J.-J.)　22
ローゼンマン(Rosenman, R. H.)　214
ローバッカー(Rohrbacher, M.)　18, 20, 26, 42, 53, 54, 61, 120, 121, 177, 180
ロジャーズ(Rogers, C. R.)　79, 94-96

わ
ワイリー(Wylie, M. E.)　112
ワトソン(Watson, J. B.)　91, 94, 95

事項索引

AAMT　25
ADHD　75, 157-160, 162
AMTM(アメリカ音楽療法協会)　25
ASD(急性ストレス障害)　193, 194, 213, 214
CBMT　25
DSM-Ⅳ(アメリカ精神医学協会による診断と統計のマニュアル)　66, 81, 158, 167, 180
ECT　191
GABA　187

IEP　26, 31
improvement(向上)　52
IPP　26
maintenance(維持)　52
MIT　53
MR(person with mental retardation)　140-149, 151, 160, 234, 237, ──児　149
MT-BC(全米認定音楽療法士)　26
MMPI　33
NAMT　25

person centered therapy　79
PTSD（心的外傷後ストレス障害）　88, 92, 162, 182, 184, 193, 194, 213, 214
puzzle box　71
QoL　64, 120, 136
　――の向上　29, 52, 64, 65, 109, 135
restore（回復・修復）　52
SA　53
SNRI（セロトニン・ノルアドレナリン再取り込み阻害薬）　190
SSRI（セロトニン選択的再取り込み阻害薬）　190, 191, 193, 194
SST（social skills training）　139, 148, 187, 194
STAI　33

あ

愛着（アタッチメント）　67
アカウンタビリティ（accountability）　50
アクセス　75, 76
アクティヴィティ　41-45, 47, 48, 108, 109, 113, 114, 119, 151, 155, 156, 170, 172, 179, 196, 206, 227, 228, 231-237, 239
アサイラム（瘋癲院）　80
アスペルガー症候群（Asperger syndrome）　168, 180
アセスメント　31, 33, 37-39, 47, 50, 135, 136, 179
　――セッション　31, 34-38, 56
アセチルコリン　88, 187
アタッチメント　125, 126, 134, 137, 173
アテトイド型麻痺（athetoid）　153
アドヴァイス　5, 34
アドレナリン　211
アニミズム　132
アメリカ音楽療法協会（AAMT）　25
　――の定義　6
アリセプト　90, 104
アルコール
　――関連障害　183
　――中毒　183
アルツハイマー型認知症　20, 37, 59, 89, 90, 103-107, 117
イオニア旋法　24
医学的アセスメント　33
医師　5, 26
維持（maintenance）　37, 44, 52, 59, 108, 109, 232
意識　82, 83
　――化　90
意志欠如　186
いじめ　163
異常反射パタン（abnormal reflex pattern）　153, 154, 156
イド（id または es）　82, 83, 85
意味記憶　77
イン・ヴィーヴォ（in vivo）　93
因果関係（consequence）　71, 132
陰性症状　186
ヴェッダ族　20
うつ
　――状態　93
　――病　88, 89, 162, 163, 182-184, 190-192, 195, 200-202, 205-207, 214, 219, 230, 233
運動（motor）　42, 117
　――感覚（筋覚）　170
運動神経・筋肉（motor）　13
エクスポージャー法（exposure）　93, 194, 235
エゴ　82, 83
エコラリア　167, 176, 177
エストロゲン　90
エピソード記憶　77, 112
エンドルフィン　8, 10
置き換え（displacement）　84
オブジェクティヴ　40, 41, 44-48, 50, 55, 57, 109, 113, 114, 135, 175, 177, 196-198, 206
オペラント　74

254　索引

──条件づけ　68, 70, 74, 93, 94, 160
音楽心理学　9
音楽の機能　9
音楽の伝える曖昧さ　12
音楽療法
　　──士(MT-BC)　26
　　──の機能　52
　　──の父　25

か

快楽刺激　7, 72
回想法(reminiscence)　112, 233
解体
　　──型　186
　　──症状　186
海馬　77, 91
回避行動　194
解離性同一性人格障害(dissociative identity disorder)　91
会話不能　186
化学物質　88
学業の向上　170, 171
学習　66, 70, 91, 102, 145, 148-150, 154, 169, 174, 236
　　──行為　67
　　──障害(leaning disorder = LD) 157-160
　　──の向上　170
　　──理論　48, 68, 91, 160
学習と記憶のメカニズム　66
カクテル療法　194
過食症　53, 54, 61, 163
カストラート　25
カタトニア　186
片麻痺(hemiplegia)　153
感覚
　　──運動期　134
　　──記憶　76
　　──記憶インプット　76
　　──刺激　166
　　──障害　139, 141, 151, 157

──統合　170, 171, 179, 241
感情　188
観念失行　104
記憶　67, 75-77, 159
　　──障害　105
　　──力　148
気質障害　103
器質的疾患(大脳活動機能の低下)　185
記銘　75
恐怖　67
　　──症(phobia)　194
緩和　3
機能的音楽　2
気分　188
　　──障害　188, 192
嗅覚記憶　76
急性ストレス障害(ASD)　193, 194, 213, 214
教育的アセスメント　32
協応　129, 130, 155,
強化　70-73, 146
　　──子　72-75, 160
　　──刺激(強化子)　72
教会旋法　23
共感(empathy)　27
強迫神経症(OCD)　193
強迫的行動　185
恐怖症　184
ギリシャ旋法　23, 58
禁忌　30, 200, 206, 219, 223, 200
筋固縮　118
緊張　3
クオリティーオヴライフ　64
具体的操作期　132, 134, 135
クライアント　3, 4, 6, 7, 27, 28, 30-39, 44-51, 54, 57, 62, 66, 79, 91, 94-99, 107, 109-111, 113, 120, 135-137, 147, 149, 150, 155, 169, 180, 194, 196, 202, 203, 205, 206, 227, 228, 232, 233, 238-240
　　──中心療法(client centered therapy) 79

クラッピング　　167, 169, 170
警告反応期　　210
形式的操作期　　133-135
継時接近法　　41, 175
痙直性麻痺 (spastic)　　153
系統的脱感作　　93
　　──法 (systematic desensitization)
　　　92, 194
ゲイト・コントロール理論　　60
激越性のうつ病　　234
ケネス・ブルーシャの定義　　6
幻覚　　104, 105
言語
　　──聴覚士　　5
　　──野　　53
　　──療法　　5
　　──療法士　　26
検索　　75, 76
幻視　　105, 183
現実原則 (reality principle)　　82
原始反射　　68
幻聴　　183, 186, 199, 200
見当識　　47, 109
ゴール　　36, 37, 39, 40, 46-51, 57, 108, 114,
　　135, 136, 169-171, 173, 177, 180, 196-199
行為障害　　75, 162
抗うつ剤　　190, 194, 200, 201
効果の法則　　71
交感神経　　211, 218, 220, 221, 223
高機能自閉症　　176
向上　　52, 55, 59, 64, 135, 148, 150, 154,
　　170, 178
高所恐怖症　　194
向精神薬　　187, 206
行動　　68, 73
　　──主義　　71, 79
　　──主義者　　80
　　──障害 (behavior disorder = BD)
　　　32, 44, 54, 75, 151, 157, 158, 161-164
　　──分析 (behavior analysis)　　159
　　──変容 (behavior modification)
　　　80, 91, 94, 145, 169, 170, 175
　　──療法　　79, 91-94, 145, 163, 180, 181,
　　　194
後頭葉　　157
広汎性発達障害　　157, 180
抗不安薬　　193, 194
合理化 (rationalization)　　84
交流分析 (transactional analysis)　　96
個人セッション　　149
個人情報保護法　　34
誇大妄想　　186
古典的条件づけ　　68, 70, 74, 146
コミュニケーション (伝達) (communication)　　42, 43, 170
　　──言語　　12
　　──ボード　　55
固有感覚　　170
混合型 (mixed)　　153
コンフィデンシャリティ (守秘義務)　　34
コンプレックス (複合的な感情)　　90

さ

再アセスメント　　135
最上の音楽　　28
再生　　75, 76
細緻運動　　63, 244
再認　　75, 76
サヴァン症候群　　168
作業療法　　5, 136, 170
　　──士　　5, 26
残遺　　183, 186, 195, 199
　　──症状　　54
三肢麻痺 (triplegia)　　154
算数障害　　157, 158
シェイカー　　56
シェイピング　　41, 93, 155
ジェロントロジー　　100
自我 (ego)　　82, 83
視覚　　166
　　──記憶　　76
　　──刺激　　58, 170

――障害　　*139, 141, 151, 152*
――障害者　　*152*
弛緩性麻痺(atonia = floppy)　　*153*
刺激　　*1, 49, 70, 72-74, 170*
試行錯誤(trial-and-error)　　*71, 129*
自己実現　　*49, 165, 178*
自己表現　　*170*
四肢麻痺(quadriplegia)　　*154*
自傷行為　　*167, 168*
自尊心(自信)　　*49, 165, 178*
失語症　　*232*
嫉妬妄想　　*104*
質問紙法　　*33*
シナプス　　*88, 102, 190, 191, 244*
――間隙　　*88, 190, 244*
自発的回復　　*69*
自閉症(autism)　　*38, 59, 98, 157, 166-173, 176, 178-180, 234, 238-241*
自閉性障害(autistic disorder)　　*167*
社会
――化(socialization)　　*13, 42, 148, 170*
――技能トレーニング(SST)　　*187*
――恐怖症　　*194*
――性　　*60, 174, 198, 199*
――的規範・標準　　*14*
――的反応　　*8*
――・文化的(環境)アセスメント　　*32*
若年性
――(早発性)アルツハイマー型認知症　　*105*
――パーキンソン病　　*117*
終結　　*50*
集団
――精神療法　　*199*
――セッション　　*149*
習得　　*68*
修復(回復)　　*52, 54, 61, 148, 187, 196-198, 232*
終末医療　　*64*
重要な他者　　*50*
自由連想(free association)　　*90*

宿題(ホームワーク)　　*94*
受動的音楽活動　　*79, 201*
ジュリエット・アルヴァンの定義　　*6*
循環反応　　*129*
昇華(sublimation)　　*85, 215, 218*
消去(extinction)　　*74, 91*
条件
――づけ　　*68, 69, 74, 94, 236*
――刺激　　*68, 69*
――反射　　*68, 69*
象徴化　　*13*
情緒(emotion)　　*42, 43, 188*
――障害(emotional disorder)　　*32, 157, 162, 163*
――表現　　*170*
常同行動　　*152, 169, 170, 173, 241*
――の軽減　　*174*
衝動性　　*159*
小児期崩壊性障害　　*180*
情念起源　　*22*
小脳扁桃　　*77*
情報　　*75*
情報収集アセスメント　　*34, 35, 38, 108, 231*
食行動異常　　*105*
書字表出障害　　*157, 158*
触覚　　*166*
――記憶　　*76*
ショック相　　*210, 211*
自律訓練法　　*215, 216, 218-222, 224-226*
自律神経系の呼吸困難　　*93*
心因性　　*162*
心因反応　　*214*
人格
――障害　　*103, 162*
――の分裂　　*186*
神経
――症　　*183, 184, 214*
――的不安　　*83*
――伝達物質　　*88, 89, 182, 189, 190*
進行麻痺　　*80, 81*

心身症　　214
人生の質の向上　　64
深層心理　　94
身体
　　——障害　　55, 116, 122, 139, 140, 151, 152, 157,
　　——的反応　　8
心的外傷後ストレス障害（PTSD）　　88, 92, 162, 182, 184, 193, 194, 213, 214
心理学　　3, 80, 81
　　——的アセスメント　　33
心理的反応　　8
心理療法　　5, 51, 55, 67, 79, 80, 163, 164, 194, 207
スーパーヴィジョン　　5, 34
スーパーエゴ　　82, 83
睡眠障害　　89, 218
睡眠薬　　194
スキーマ　　127-130, 236
スキゾフレニア（統合失調症）　　54, 62, 88, 89, 103, 143, 162, 164, 183, 186-189, 195, 196, 199, 201, 206, 219, 229, 230, 243
スキナーボックス　　70
スクールカウンセラー　　32, 162, 164
スティミュレイション・アプローチ（SA）　　53
ステップ・イン・ビトゥイーン（step in between）　　48, 75
ストレス　　7, 101, 147, 172, 183, 184, 186, 187, 193, 208, 209, 211, 213, 215
　　——学説　　209
　　——管理　　63
　　——緩和　　208
　　——障害　　184
　　——反応　　209, 210
　　——理論　　208
ストレッサー　　7, 208-212, 215, 218
スプリンタースキル　　135, 237
生化学的アプローチ　　88
脆弱X症候群（Fragile X）　　142

精神
　　——安定剤　　193, 194
　　——疾患　　32, 79, 164, 182-185, 206, 207, 214
　　——遮断薬　　187
　　——障害　　32, 44, 79, 116, 164
　　——分析　　90, 194
　　——保健　　182, 185
　　——力動療法（psychodynamic therapy）　　90, 194
精緻化　　75, 76
正の強化（positive reinforcement）　　72-75, 114, 145, 146, 149, 170, 231, 236
　　——子　　74
生理学　　3
生理的反応　　8
世界音楽療法連盟の定義　　6
摂食障害　　32, 89, 157, 184, 185
セッション　　31, 33, 40
　　——終結　　40
　　——日誌　　49
セクシュアル・ハラスメント　　162
説明責任（アカウンタビリティ）　　50
セロトニン　　88, 187, 189-191
　　——選択的再取り込み阻害薬（SSRI）　　190, 191, 193, 194
　　——・ノルアドレナリン再取り込み阻害薬（SNRI）　　190
前意識　　83
前概念的思考　　130
宣言的記憶　　77
前向性健忘症　　77
潜在意識　　91
漸進的筋弛緩法（progressive muscle relaxation）　　92, 215
前操作期　　130, 132, 134, 135
前庭感覚（バランス感覚）　　170
先天性脳性小児麻痺　　153
前頭葉　　89, 104, 158
全米音楽療法協会（NAMT）　　25
全般性不安障害（GAD）　　184, 192

せん妄　*105*
ソーシャルスキルズトレーニング（SST）
　　　139, 148, 187, 194
双極性障害　*183, 188*
　──Ⅰ　*189*
　──Ⅱ　*189*
操作（operation）　*131, 132*
躁状態　*188, 189*
側頭葉　*77*
粗大運動　*63, 156*

た
ダイアトニック　*23*
第一次循環反応　*129*
第一次老化　*101*
対位法　*28*
大うつ病　*89, 183*
ダウン症（Down syndrome）　*143, 144, 236, 237*
退行（regression）［機能の］　*37, 108, 232*
退行（regression）［防衛機制］　*85*
第三次循環反応　*129*
対象物の永続性　*130*
対症療法　*205*
代替療法　*164*
第二次循環反応　*129*
第二次老化　*101*
大脳活動機能の低下　*185*
大脳新皮質　*102*
大脳皮質　*157*
大脳辺縁系　*10, 59, 170*
タイムアウト法（time out）　*74, 75*
唾液中のイムノグロブリンA（SigA）　*8, 63*
他害行為　*167, 168*
タクス・アナリシス（作業分析 = task analysis）　*146-148*
多幸状態　*104*
脱中心化　*133, 145*
多動　*158-160*
　──性　*162*

多発性脳梗塞性認知症　*103*
短期
　──オブジェクティヴ　*116*
　──記憶　*76, 77, 108*
　──ゴール　*116, 233, 235*
単極性障害　*188, 189*
単麻痺（monoplegia）　*153*
遅延性発作　*194*
知覚-運動の維持　*44*
自己中心性　*131*
知的障害　*122, 134, 135, 139, 140, 153, 157, 170, 171, 239,*
　──者　*55, 132, 135, 141, 170, 229,*
注意欠陥　*158*
注意欠陥多動障害（attention deficit hyperactivity disorder = ADHD）　*157-160*
注意力欠損　*159, 160*
抽象的概念　*130*
中心化　*131, 132*
中心線　*154-156*
中枢神経　*1, 141*
中立の刺激（中立刺激・ニュートラル刺激）　*68*
聴覚　*166*
　──過敏　*241*
　──記憶　*76*
　──刺激　*58, 170*
　──障害　*139, 141, 151*
長期
　──オブジェクティヴ　*116, 197*
　──記憶　*76, 77, 108*
超自我（superego）　*82*
調整（調節）　*127-129*
直感的思考　*130*
治療同盟　*95*
対麻痺（paraplegia）　*154*
抵抗期　*211*
適応
　──行動　*61, 64, 91, 145, 146, 148, 158, 160, 169, 236, 237*
　──障害　*212*

──反応　*212*
適用　*219*
手続記憶　*76, 77*
てんかん　*153*
転換性障害　*79, 81*
転動的推理　*130*
ドーパミン　*88, 117, 159, 187*
　──仮説　*88, 187*
トーンチャイム　*45, 46, 61, 113, 229*
　──アンサンブル　*49*
同一性拡散　*124*
同化　*127-129*
頭頂葉　*77*
トゥールボックス（道具箱）　*28, 29, 30, 204*
同一化（identification）　*86*
投影（projection）　*84*
投影法　*33*
統合性　*124*
同質の原理　*30, 95, 200*
闘争・逃避反応　*211*
道徳的不安　*83*
逃避（escape）　*86*
読字障害　*157*
特定不能の学習障害　*157, 158*
トラウマ　*79, 92-94, 101, 162, 184, 192-194*
ドリア旋法　*24*

な
内観療法　*205*
ニーズ　*5, 27, 37, 38, 114, 115, 136*
日没症候群　*105*
ニューロファイブロマトーシス　*142*
ニューロペプチド　*187*
ニューロレプティック　*187*
ニューロン　*88*
認知（cognition）　*42, 159*
　──行動療法　*91, 163, 194*
　──症　*59, 60, 62, 64, 90, 103, 106-109, 111-113, 115, 118, 125, 196, 206, 228, 229, 231, 233, 243*
　──の向上　*170*
　──のゆがみ　*91*
　──療法　*91, 163, 194*
　──力　*148*
認知-運動の維持　*44*
ノーマライゼーション　*49, 139, 178, 195*
脳器質
　──性障害（organic brain syndrome = OBS）　*103*
　──的　*166*
脳血管性認知症（vascular dementia = VD）　*103, 105-107*
脳梗塞　*29, 53, 106, 107, 147*
脳出血　*106*
脳性麻痺（cerebral palsy = CP）　*55, 141, 152, 153, 154, 155, 156, 237*
脳損傷（traumatic brain injury）　*54*
能動的音楽活動　*79, 201*
脳内化学物質　*187*
脳内伝達物質　*159, 207*
ノルアドレナリン　*88, 159, 189, 190*

は
パーキンソン病　*53, 88, 106, 107, 116-120, 227*
パーソナリティ　*123*
パーソン・センタード・セラピー（person centered therapy = PCT）　*79, 94-96*
ハーモニー　*8*
梅毒　*81*
ハイポマニア（hypomania）　*189*
罰（punishment）　*48, 73, 75, 236*
発達　*122, 125, 145, 170*
　──障害　*122, 127, 139, 151*
パニック
　──障害　*163, 192, 213*
　──発作　*93, 185, 192-194, 214*
バロック音楽　*24*
バロック時代　*24*
般化　*55, 68, 69, 170, 173, 174, 176*

反抗挑戦性障害　　75, 162
汎適応症候群（GAS）　　210
反射　　68
反社会性人格障害　　162, 165
反ショック相　　210, 211
ハンチントン病　　106
反動形成（reaction formation）　　85
反応　　28, 49, 68, 70, 72, 73, 236
　　——定義　　41
被害妄想　　103, 104, 186
美学　　10
引きこもり　　163
疲憊期　　211
微細運動　　156
非進行性　　153
ヒステリー　　81
ピック病　　106
筆者の定義　　6
非適用　　219
人（person）　　79
否認（denial）　　84
ヒューマニスティック　　163
　　——心理学　　79
　　——セラピー　　94, 95
評価　　50
表徴（イメージ）　　130, 131
　　——機能　　130
標的行動（target behavior）　　41, 160, 172
広場恐怖症　　93, 194
不安
　　——階層表　　92
　　——障害　　103, 116, 184, 192, 205, 218-220, 229
　　——神経症　　162
　　——の対象物　　93
フィルタリング　　10, 166
フェニルケトン尿症候群（PKU）　　142
フェノシアジン　　187
副交感神経　　219, 221
腹式呼吸　　63
符号化　　75, 76

不適応行動　　61, 145, 162, 236, 237
不登校　　163
負の強化（negative reinforcement）　　48, 72-74, 146, 236
　　——子　　74
フラッシュバック　　93, 193
フリギア旋法　　24
ブローカ野　　53
フロイト派　　90
プロセシング　　179
分離（separation）　　86
分離不安　　126
分裂した
　　——言語　　186
　　——行動　　186
ベースライン　　57
β アミロイド　　104
閉所恐怖症　　93, 194
平坦で鈍い情緒　　186
ペインクリニック（痛み管理）　　60
変数　　87
防衛機制（defense mechanisms）　　83, 86
防衛手段　　83
防御反応　　209, 210
方向転換　　44, 52, 54, 60-62, 191, 199, 215, 242
報酬　　70-72, 74, 75, 137, 146, 148, 160, 169, 235, 236
保持　　75, 76
ホスピス　　51
母性剥奪　　126
保存　　131, 132, 145
ホメオスタシス　　208, 209
ホメオダイナミック　　209

ま
マスキング　　62, 199, 200
間違った記憶（false memory）　　91
味覚記憶　　76
未分化型　　186
ミラリング　　154, 155

無意識　　82, 83, 90
無快感　　186
無条件刺激　　68, 69, 70
無条件反射　　68
命題　　133
メラトニン　　88
メロディー　　8
メロディック・イントネーション・セラピー（MIT）　　53
免疫機能　　63
モーター　　55
妄想　　103-105, 186
　──型　　186
網様体賦活系　　170
モデリング　　93, 94, 235
モノアミンオキシダーゼ　　190
物盗られ妄想　　104

や

薬物障害　　185
ユダヤ文化　　16
擁護教育　　74
　──者　　26
陽性症状　　186, 199
予期不安　　192, 213
抑圧（repression）　　84
抑うつ状態　　88, 183, 205
予防　　52, 63

ら

ライフサイクル　　122, 125
ラポール　　7, 38, 44, 47, 97, 98, 116, 149, 163, 172, 173, 175, 233, 235
理学療法　　5, 136, 154
　──士　　5, 26
リズム（拍）　　8
リタリン　　159, 160
リディア旋法　　24
リハビリテーション　　29, 52
領域　　53
臨床心理士　　5, 26, 162-165, 218, 226
ルバート　　217
ルネッサンス　　24
レヴェル　　190
レスポンスコスト法（response cost）　　73
レセプター　　190
レックリングハウゼン病　　142
レット障害　　180
恋愛起源　　21
連合野　　10
ロールシャッハテスト　　33
ロールプレイ（role play）　　94, 149
ロクリア旋法　　24
老年医学　　100
老年性
　──（晩年性）アルツハイマー型認知症　　105
　──うつ病　　103, 116, 206, 229, 233
労働起源　　21
ロッキング　　152, 167, 169
ロボトミー　　89

わ

ワンコードチューニング　　57, 173, 235

著者紹介

津山祐子（つやま・ゆうこ）

　桐朋学園大学，イタリア国立ヴェルディ音楽院（ミラノ）等でピアノおよび作曲理論を学ぶ。
　その後，北欧ノルウェイに拠点を移し，国立ベルゲン・シンフォニーオーケストラの鍵盤楽器奏者などを勤めながら，"グリーグの家"における日本人アーティストとして初めてリサイタルを行うなど，ソロおよびアンサンブル奏者としてヨーロッパ各地で演奏活動を行う。その間，福祉先進国北欧の音楽療法に興味を抱き，研鑽と障害者施設での実践を積む。
　徳島文理大学では，主に障害をもつ人々を対象に自ら音楽療法セッションを行うほか，学生の実習指導やピアノ実技指導にあたっている。
　近年ではアメリカ・シェナンドー大学で最新の音楽療法研究を行い，成果をあげている。
　現在徳島文理大学音楽学部教授・シェナンドー大学音楽療法研究所アドヴァイザー
　全米認定音楽療法士（MT-BC）

音楽療法──実践者のためのガイドブック

2008年 3 月30日　初版第 1 刷発行
2008年 8 月20日　初版第 2 刷発行

定価はカヴァーに表示してあります

著　者　津山祐子
発行者　中西健夫
発行所　株式会社ナカニシヤ出版
　　　　〒606-8161　京都市左京区一乗寺木ノ本町15番地
　　　　　　　　　　Telephone　075-723-0111
　　　　　　　　　　Facsimile　075-723-0095
　　　　　　　Website　http://www.nakanishiya.co.jp/
　　　　　　　Email　　iihon-ippai@nakanishiya.co.jp
　　　　　　　　　　郵便振替　01030-0-13128

装幀＝白沢　正／印刷・製本＝ファインワークス
Copyright © 2008 by Yuuko Tsuyama
Printed in Japan.
ISBN978-4-7795-0229-3